Eiger
Eigerjoch
3470
3619
Klein Eiger
3769
3300
3307
3299
Bergli
Clubhütte
Unter-
Mönch Joch
Ober
3630
3560
3687
4105
3618
3600
3488
3933

Jon Krakauer Auf den Gipfeln der Welt

Jon Krakauer

Auf den Gipfeln der Welt

Die Eiger-Nordwand und andere Träume

Aus dem
Amerikanischen von
Wolfgang Rhiel

MALIK

Die Originalausgabe erschien 1990
unter dem Titel »Eiger Dreams« bei
Lyons & Burford in New York.

Für Linda,
in Erinnerung an die Green Mountain Falls,
die Wind Rivers und die Roanoke Street.

ISBN 3-89029-116-3

Die Landkarte auf Umschlag und Vorsatz
ist entnommen aus:
»Eiger. Die vertikale Arena«,
AS Verlag, Zürich
Gesamtherstellung: Ebner Ulm
Printed in Germany

Die ältesten und weitverbreitetsten Geschichten der Welt sind Geschichten von Abenteuern, von Helden, die in sagenhafte Länder aufbrechen, dabei ihr Leben aufs Spiel setzen und mit Berichten von der jenseitigen Welt zurückkommen... Man könnte anführen ... daß die Kunst des Erzählens selbst aus dem Bedürfnis entstanden ist, Abenteuer zu erzählen, daß der Mensch, der in gefahrvollen Begegnungen sein Leben wagt, die ursprüngliche Definition dessen begründet, was wert ist, berichtet zu werden.

Paul Zweig

The Adventurer, London 1974

In einem Abenteuer zu stecken beweist, daß jemand unfähig ist, daß jemand sich vertan hat. Ein Abenteuer ist rückblickend recht interessant, vor allem für den, der es nicht bestehen mußte; in dem Augenblick, wo es geschieht, ist es meistens ein höchst unangenehmes Erlebnis.

Vilhjalmur Stefansson

Das Geheimnis der Eskimos, Leipzig 1925

INHALT

VORBEMERKUNG DES AUTORS		9
KAPITEL EINS	Eiger-Träume	15
KAPITEL ZWEI	Gill	35
KAPITEL DREI	Valdez-Eis	55
KAPITEL VIER	Ans Zelt gefesselt	77
KAPITEL FÜNF	Die Flieger von Talkeetna	91
KAPITEL SECHS	Club Denali	111
KAPITEL SIEBEN	Chamonix	141
KAPITEL ACHT	Canyoning	169
KAPITEL NEUN	Ein höherer Berg als der Everest?	187
KAPITEL ZEHN	Die Burgess Boys	207
KAPITEL ELF	Ein schlechter Sommer am K2	235
KAPITEL ZWÖLF	Der Devils Thumb	255

VORBEMERKUNG DES AUTORS

Die meisten Nichtbergsteiger haben, wenn überhaupt, vom Bergsteigen eine verschwommene Vorstellung. Bergsteigen ist ein beliebtes Thema für schlechte Filme und falsche Bilder. Ein Traum von der Ersteigung irgendeines gewaltigen, zerschrundenen Alpengipfels – da kann sich ein Seelendoktor so richtig austoben. Die Tätigkeit ist verpackt in Geschichten von Kühnheit und Tragödien, gegen die sich andere Sportarten vergleichsweise harmlos ausnehmen. Klettern bringt in der Phantasie der Öffentlichkeit die Saite zum Klingen, die am ehesten mit Haien und Killerbienen assoziiert wird.

Es ist das Ziel dieses Buches, diesen mystischen Wildwuchs ein wenig zu stutzen – damit etwas Licht hineinkommt. Die meisten Kletterer sind nicht wirklich gestört, sondern lediglich infiziert von einem besonders virulenten Zug menschlicher Veranlagung.

Damit dies keine Mogelpackung wird, sollte ich gleich hier feststellen, daß dieses Buch nirgendwo richtig Farbe bekennt und frontal die eigentliche Frage angeht: Warum macht ein geistig normaler Mensch solche Sachen? Ich umkreise das Thema ununterbrochen, stupse es dann und wann mit einem langen Stock von hinten an, aber ich springe niemals mitten in den Käfig, um direkt mit dem Ungeheuer zu ringen, sozusagen Auge in Auge. Trotzdem denke ich, daß der

Leser oder die Leserin am Ende des Buches nicht nur besser versteht, warum Kletterer klettern, sondern auch, warum sie oft so verdammt besessen sind.

Die Ursprünge meiner eigenen Besessenheit führe ich auf das Jahr 1962 zurück. Ich wuchs als ganz normaler Junge in Corvallis in Oregon auf. Mein Vater war ein vernünftiger, strenger Mann, der seine fünf Kinder ständig nervte, Mathematik und Latein zu lernen, ordentlich zu büffeln und frühzeitig und unbeirrt eine Karriere als Arzt oder Rechtsanwalt anzustreben. Unerklärlicherweise schenkte mir dieser unnachsichtige Zuchtmeister zu meinem achten Geburtstag einen kleinen Eispickel und nahm mich zu meiner ersten Bergtour mit. Ich kann mir, wenn ich zurückdenke, nicht vorstellen, was der alte Herr sich dabei gedacht hat; hätte er mir eine Harley und das Recht auf Mitgliedschaft bei den Hell's Angels geschenkt, er hätte seine erzieherischen Bestrebungen nicht nachhaltiger sabotieren können.

Als ich achtzehn war, gab es für mich nur noch eins: Klettern – Arbeit, Schule, Freundschaft, Berufspläne, Sex, Schlafen, das alles hatte sich dem Klettern unterzuordnen oder wurde, was noch häufiger vorkam, einfach nicht beachtet. 1974 nahm meine Vernarrtheit noch krassere Formen an. Das Schlüsselereignis war meine erste Alaska-Expedition, ein einmonatiger Trip mit sechs Kameraden zu den Arrigetch Peaks, einer Gruppe schlanker Granittürme, von strenger, betörender Schönheit. An einem Junimorgen früh um halb drei stand ich nach zwölfstündiger Kletterei auf dem Gipfel eines Berges, der Xanadu hieß. Die Spitze war ein beängstigend schmaler Felszacken, wahrscheinlich der höchste Punkt der ganzen Gegend. Und wir waren die ersten, die ihre Füße auf ihn setzten. Weit unter uns erglühten orangefarben die Spitzen und Wände der Gipfel ringsum, wie von innen erleuchtet in der unheimlichen, die ganze Nacht andauernden Dämmerung des arktischen Sommers. Vom Beaufortsee heulte ein grimmiger Wind über die Tundra und verwandelte meine Hände in Holz. Ich war so glücklich wie noch nie zuvor im Leben.

Im September 1975 schaffte ich mit Ach und Krach den Collegeabschluß. Die nächsten acht Jahre verbrachte ich als wandernder Zimmermann und Berufsfischer in Colorado, Seattle und Alaska, lebte in Einzimmerwohnungen mit Backsteinwänden, fuhr ein Hundert-Dollar-Auto und arbeitete nur so viel, daß ich die Miete und die nächste Klettertour finanzieren konnte. Irgendwann wurde es eintönig. Ich lag nachts wach und machte noch einmal all die heiklen Situationen durch, die ich in den Bergen überstanden hatte. Wenn ich auf irgendeiner schlammigen Baustelle im Regen Balken sägte, wanderten meine Gedanken immer häufiger zu Mitschülern, die eine Familie gründeten, sich ein Haus kauften, Gartenmöbel erwarben und unverdrossen Reichtümer anhäuften.

Ich beschloß, das Klettern an den Nagel zu hängen, und sagte das auch der Frau, mit der ich damals zusammen war. Diese Ankündigung überraschte sie so, daß sie einwilligte, mich zu heiraten. Ich hatte allerdings die Macht, mit der das Klettern mich gepackt hatte, weit unterschätzt; es aufzugeben erwies sich als sehr viel schwieriger, als ich mir vorgestellt hatte. Meine Enthaltsamkeit hatte nur knapp ein Jahr Bestand, und als sie endete, sah es eine Weile so aus, als wäre das gleichzeitig auch das Ende unserer ehelichen

Abmachungen. Obwohl alles dagegensprach, schaffte ich es irgendwie, verheiratet zu bleiben *und* weiter zu klettern. Ich empfand allerdings nicht mehr den Zwang, bis an meine Grenzen zu gehen, in jedem Gipfel Gott zu sehen, immer extremere Klettertouren zu wählen. Heute komme ich mir wie ein Alkoholiker vor, dem es gelungen ist, statt tagelang zu saufen, am Samstagabend ein paar Bier zu trinken. Ich bin zufrieden ins alpine Mittelmaß gerutscht.

Mein Ehrgeiz als Kletterer war umgekehrt proportional zu meinen Bemühungen als Autor. 1981 verkaufte ich meinen ersten Artikel an eine heimische Zeitschrift; im November 1983 erwarb ich einen Computer, legte den Klettergurt zum, wie ich hoffte, letzten Mal ab und begann, mir mit dem Schreiben mein Geld zu verdienen. Und das mache ich seitdem hauptberuflich. Inzwischen geht es bei meiner Arbeit, wie es scheint, immer mehr um Architektur oder Naturgeschichte oder Popkultur – ich habe für den *Rolling Stone* über das Laufen über glühende Kohlen geschrieben, für *Smithsonian* über Perücken, für den *Architectural Digest* über Neo-Regency –, doch Geschichten über das Bergsteigen sind meinem Herzen nach wie vor am nächsten und liebsten.

Elf der zwölf zwischen diesen Buchdeckeln gesammelten Artikel wurden ursprünglich für Zeitschriften geschrieben (die letzte Geschichte, »Der Teufelsdaumen«, habe ich eigens für dieses Buch verfaßt). Daher haben sie von der Aufmerksamkeit einer kleinen Schar von Redakteuren und Rechercheuren profitiert, die sie druckreif gemacht haben – und gelegentlich auch darunter gelitten. Besonderen Dank schulde ich Mark Bryant und John Rasmus von *Outside* sowie Jack Wiley,

Jim Doherty und Don Moser von *Smithsonian* für das, was sie an unschätzbarer Arbeit zu diesen Artikeln beigetragen haben. Alle fünf sind hervorragende Autoren und auch exzellente Redakteure, was in der Einfühlsamkeit und Zurückhaltung zum Ausdruck kam, mit der sie mich ein ums andere Mal auf den richtigen Weg führten, wenn ich mich verstiegen hatte.

Zu Dank verpflichtet bin ich außerdem Larry Burke, Mike McRae, Dave Schonauer, Todd Balf, Alison Carpenter Davis, Marilyn Johnson, Michelle Stacey, Liz Kaufmann, Barbara Rowley, Susan Campbell, Larry Evans, Joe Crump, Laura Hohnhold, Lisa Chase, Sue Smith, Matthew Childs und Rob Story von *Outside*; Caroline Despard, Ed Rich, Connie Bond, Judy Harkison, Bruce Hathaway, Tim Foote und Frances Glennon von *Smithsonian*; Phil Zaleski und David Abramson vom *New Age Journal*; H. Adams Carter vom *The American Alpine Journal*; Michael Kennedy und Alison Osius von *Climbing*; Ken Wilson von *Mountain*; Peter Burford für seine Hilfe bei der Gestaltung dieser Sammlung; Deborah Shaw und Nick Miller für ihre Gastfreundschaft; meinem Agenten John Ware sowie meinem freischaffenden Kollegen Greg Child, mit dem ich an einer frühen Fassung von »Ein schlechter Sommer am K2« zusammengearbeitet habe.

Für gemeinsame und denkwürdige Tage am Seil in den Bergen danke ich Fritz Wiessner, Bernd Arnold, David Trione, Ed Trione, Tom Davies, Mark Francis Twight, Mark Fagan, Dave Jones, Matt Hale, Chris Gulick, Laura Brown, Jack Tackle, Yvon Chouinard, Lou Dawson, Roman Dial, Kate Bull, Brian Teale, John Weiland, Bob Shelton, Nate Zinsser, Larry Bruce, Molly Higgins, Pam Brown, Bill Bullard, Helen

Apthorp, Jeff White, Holly Crary, Ben Reed, Mark Rademacher, Jim Balog, Mighty Joe Hladick, Scott Johnston, Mark Hesse, Chip Lee, Henry Barber, Pete Athans, Harry Kent, Dan Cauthorn und Robert Gully.

Ganz besonders danken aber möchte ich Lew und Carol Krakauer für ihr schlechtes Urteilsvermögen, ihren achtjährigen Sohn mit auf die South Sister zu nehmen; Steve Rottler, daß er mich so viele Jahre hindurch in Boulder, Seattle und Port Alexander immer wieder angestellt hat; Ed Ward, dem größten Naturtalent unter den Kletterern, das ich je erlebt habe, der mir gezeigt hat, wie man schwere Routen klettert und dabei am Leben bleibt; David Roberts, der mir Alaska erschlossen und mir das Schreiben beigebracht hat; und schließlich Linda Mariam Moore, meiner besten Lektorin und meinem vertrauten Kumpel.

KAPITEL EINS

Eiger-Träume

GLEICH ZU BEGINN DES FILMS »IM AUFTRAG DES DRACHEN« schlendert Clint Eastwood in die schwach erleuchtete Zentrale von C-2, um sich zu erkundigen, wen er als nächstes ausschalten soll. Dragon, der finstere Albino, der die CIA-ähnliche Organisation leitet, erklärt Eastwood, daß man zwar noch nicht den Namen der Zielperson kenne, aber schon herausgefunden habe, daß »unser Mann diesen Sommer in den Alpen klettern wird. Und wir wissen auch schon, an welchem Berg: am Eiger.«

Für Eastwood ist gleich klar, welche Route er nehmen wird – »Die Nordwand selbstverständlich« –, und er läßt einfließen, daß er mit dieser Wand vertraut ist. »Ich habe zweimal versucht, sie zu durchsteigen, und sie hat zweimal versucht, mich umzubringen... Wenn die Zielperson beabsichtigt, den Eiger zu besteigen, habe ich gute Chancen, daß der Berg die Arbeit für mich erledigt.«

Das Problem beim Durchsteigen der Eiger-Nordwand ist, daß man nicht nur senkrechte 1800 Meter brüchigen Kalkstein und schwarzes Eis hinauf, sondern auch einige furchterregende Legenden überwinden muß. Die schwierigsten Schritte bei jedem Aufstieg sind immer die mentalen, die psychischen Verrenkungen, die die Angst in Schach halten sollen, und die grimmige Aura des Eiger ist einschüchternd genug, jeden aus dem Gleichgewicht zu bringen. Die Dramen, die sich in der Nordwand abgespielt haben, sind durch mehr als 2000 Zeitungs- und Zeitschriftenartikel in allen gräßlichen Details ins kollektive Unterbewußtsein der Welt eingegangen. Die Umschläge von Büchern wie *Todeswand Eiger* erinnern uns daran, daß die Nordwand »Hunderte besiegt und vierundvierzig getötet hat«. Diejenigen, die abgestürzt sind, wurden – manchmal erst nach Jahren – ausgetrocknet und zerschmettert gefunden. Der Körper eines italienischen Bergsteigers hing unerreichbar, aber für die Neugierigen im Tal gut sichtbar, drei Jahre im Seil, abwechselnd in den Eispanzer der Wand eingefroren, dann wieder im Sommerwind hin und her schwingend.

Die Geschichte der Berge ist voll von Kämpfen solch heroischer Gestalten wie Buhl, Bonatti, Messner, Rebuffat, Terray, Haston und Harlin, von Eastwood ganz zu schweigen. Die Namen einiger Passagen der Wand – Hinterstoisser-Quergang, Eisschlauch, Todesbiwak, Weiße Spinne – sind für aktive Alpinisten wie für Flachlandtouristen von Tokio bis Buenos Aires geläufige Begriffe, deren bloße Erwähnung die Hände jedes Kletterers feucht werden läßt. Die Steinschläge und Lawinen, die pausenlos durch die Nordwand poltern, sind berüchtigt. Und das ist auch das Wetter: Selbst wenn der Himmel über dem übrigen Europa wolkenlos ist, brauen sich über dem Eiger heftige Stürme zusammen, jenen düsteren Wolken ähnlich, die in Vampirfilmen immer über den transsylvanischen Schlössern schweben.

Überflüssig zu sagen, daß all das die Eiger-Nordwand zu einer der begehrtesten Kletterrouten der Welt gemacht hat.

Die Nordwand wurde 1938 zum ersten Mal vollständig durchstiegen und hat seitdem über 150 Begehungen erlebt, darunter eine Solobegehung im Jahr 1983, die ganze fünfeinhalb Stunden dauerte, aber erzählen Sie um Gottes willen Staff Sergeant Carlos J. Ragone von der amerikanischen Luftwaffe nicht, daß der Eiger zu einem landschaftlich reizvollen Spaziergang geworden sei. Im letzten Herbst saß ich mit Marc Twight vor unseren Zelten oberhalb der Kleinen Scheidegg, der Ansammlung von Hotels und Restaurants am Fuß des Eiger, als Ragone unter einem prallgefüllten Rucksack ins Lager spazierte und verkündete, daß er die Nordwand durchsteigen wolle. In dem Gespräch, das sich nun ergab, erfuhren wir, daß er sich unerlaubt von der Truppe, einem Luftstützpunkt in England, entfernt hatte. Sein Kommandeur hatte sich geweigert, Ragone Urlaub zu geben, als er erfahren hatte, wie Ragone ihn verbringen wollte, aber Ragone war trotzdem losgezogen. »Diese Tour kostet mich wahrscheinlich meine Uniform«, meinte er, »aber andererseits, wenn ich die Mutter hier hochkomme, vielleicht befördern sie mich dann.«

Unglücklicherweise kam Ragone die Mutter nicht hoch. Der September war als der nasseste seit 1864 in die schweizerischen Annalen eingegangen, und die Wand befand sich in einem erbärmlichen Zustand, noch schlimmer als üblich, mit einer Eiskruste überzogen und vollgepackt mit Lockerschnee. In der Wettervorhersage war von anhaltenden Schneefällen und Sturm die Rede. Zwei Gefährten, mit denen Ragone hatte zusammentreffen wollen, waren aufgrund der widrigen Umstände ausgestiegen. Ragone hatte jedoch nicht vor, aufzugeben, nur weil er keine Begleiter mehr hatte. Am 3. Oktober ging er die Tour allein an. Noch im unteren Wandbereich, nahe dem Kopf des Ersten Pfeilers, unterlief ihm ein Fehltritt. Seine Eispickel und Steigeisen brachen aus dem spröden Eis, und Ragone flog aus der Wand. 150 Meter weiter unten schlug er auf.

Unglaublich, aber sein Sturz wurde durch eine Ansammlung von Pulverschnee am Fuß der Wand so abgefangen, daß Ragone mit lediglich ein paar Schrammen und einer leichten Prellung am Rücken davonkam. Er humpelte durch den Schneesturm ins Bahnhofsbuffet, fragte nach einem Zimmer, ging nach oben und schlief sofort ein. Irgendwo auf seinem Sturz zum Wandfuß hatte er einen Eispickel und sein Portemonnaie verloren, in dem sich all seine Papiere und sein Geld befanden. Als es am nächsten Morgen Zeit war, die Zimmerrechnung zu begleichen, konnte Ragone nur seinen verbliebenen Eispickel als Bezahlung anbieten. Der Chef vom »Bahnhof« war nicht sehr erbaut. Bevor er sich aus der Scheidegg stahl, kam Ragone noch bei uns im Lager vorbei und fragte, ob wir daran interessiert wären, seine restliche Kletterausrüstung zu erstehen. Wir machten ihm klar, daß wir ihm zwar gerne geholfen hätten, aber selbst gerade etwas klamm seien. Ragone, der den Eindruck machte, für eine Weile keine sonderlich große Lust zum Klettern zu haben, erklärte daraufhin, daß er uns das Zeug schenken wolle. »Dieser Berg ist ein Monster«, giftete er und warf einen letzten Blick auf die Nordwand. Dann trottete er durch den Schnee davon Richtung England, um sich dem Strafgericht seines Kommandeurs zu stellen.

Wie Ragone waren auch Marc und ich in die Schweiz gekommen, um die Nordwand zu durchsteigen. Marc, acht Jahre jünger als ich, trägt zwei Ringe im linken Ohr und hat purpurne Haare, die jedem Punker zur Ehre gereichen würden. Außerdem ist er ein leidenschaftlicher Kletterer. Ein Unterschied zwischen uns war der, daß Marc unbedingt die Eigerwand durchsteigen wollte, während ich nur unbedingt die Eigerwand in meiner Erfolgsbilanz haben wollte. Marc ist in dem Alter, in dem die Hypophyse im Überfluß Hormone ausschüttet, die differenziertere Emotionen wie etwa Angst unterdrücken. Er neigt dazu, Dinge wie Klettern um Leben oder Tod mit Spaß zu verwechseln. Ich bin ein freundlicher Mensch und beabsichtigte, Marc an all den besonders spaßigen Passagen der Nordwand vorsteigen zu lassen.

Im Gegensatz zu Ragone waren Marc und ich nicht bereit, in die Wand einzusteigen, wenn sich die Bedingungen nicht besserten. Da die Nordwand leicht konkav geformt ist, sind bei Schneefall nur wenige Abschnitte nicht lawinengefährdet. Im Sommer, wenn alles gutgeht, braucht eine starke Seilschaft normalerweise zwei oder drei Tage, um die Wand zu durchsteigen. Im Herbst, wenn die Tage kürzer und die Bedingungen eisiger sind, sind drei bis vier Tage die Norm. Um möglichst gute Chancen zu haben, den Eiger ohne unangenehme Zwischenfälle hinauf- und wieder herunterzukommen, brauchten wir, wie wir meinten, mindestens vier Tage gutes Wetter am Stück: einen Tag, damit der Neuschnee als Lawinen abgehen konnte, und drei Tage für die Durchsteigung der Wand sowie den Abstieg über die Westflanke.

Jeden Morgen krochen wir aus unseren Zelten an

der Scheidegg, pflügten durch die Schneewehen hinunter zum Bahnhof und riefen in Genf und Zürich an, um uns eine Wettervorhersage für vier Tage geben zu lassen. Jeden Tag bekamen wir das gleiche zu hören: weiterhin unbeständiges Wetter, in den Tälern Regen, in den Bergen Schnee. Uns blieb nichts als zu fluchen und zu warten, und das Warten war schrecklich. Das sagenumwobene Gewicht des Eiger lastete vor allem an den verlorenen Tagen schwer auf uns, und man wurde leicht veranlaßt, zuviel nachzudenken.

An einem Nachmittag fuhren wir, um uns abzulenken, mit der Bahn zum Jungfraujoch, einer Zahnradbahn, die von der Kleinen Scheidegg zu einem Sattel oben im Eiger- und Jungfraumassiv führt. Das erwies sich als ein Fehler. Die Bahn durchquert die Eingeweide des Eiger in einem Tunnel, der 1912 in den Berg gesprengt wurde. Auf halbem Weg liegt eine Zwischenstation mit ein paar riesigen Fenstern, durch die man in die senkrechte Nordwand blickt.

Der Blick aus diesen Fenstern ist so schwindelerregend, daß auf den Fensterbänken Spucktüten liegen – die gleichen, die im Flugzeug in den Sitzlehnen stekken. Direkt vor den Scheiben wirbelten die Wolken. Der schwarze Fels der Nordwand, der dort, wo er überhing, mit filigranen Reifgebilden und Eiszapfen überzogen war, verschwand lotrecht in den Nebelschwaden. Kleine Lawinen zischten vorbei. Falls wir während unserer Tour in ähnliche Verhältnisse geraten sollten, würden wir in größte Schwierigkeiten kommen. Unter solchen Bedingungen zu klettern würde katastrophal, wenn nicht unmöglich sein.

Am Eiger vermischen sich Phantasiegebilde irgendwie mit der Wirklichkeit, und die Station in der Eigerwand ähnelte etwas zu sehr der Szene aus einem Traum, den ich seit Jahren immer wieder träume und in dem ich bei Sturm in einer nicht enden wollenden Bergtour um mein Leben kämpfe und schließlich an eine Tür im Fels komme. Die Tür führt in einen warmen Raum mit einer Feuerstelle, Tischen, auf denen dampfendes Essen steht, und einem bequemen Bett. In diesem Traum ist die Tür immer verschlossen.

Etwa vierhundert Meter unterhalb der großen Fenster der Mittelstation gibt es tatsächlich eine kleine hölzerne – immer unverschlossene – Tür, die hinaus in die Nordwand führt. Die Normalroute durch die Wand kommt ganz nahe an dieser Tür vorbei, und schon mancher Kletterer hat sich durch sie vor einem Sturm geflüchtet.

Ein solcher Fluchtweg birgt aber auch seine Gefahren. 1981 rettete sich Mugs Stump, einer der besten Bergsteiger Amerikas, durch diese Tür, nachdem ein Sturm ihn gezwungen hatte, eine Solobegehung der Nordwand abzubrechen, und lief in Richtung Tunneleingang, der etwa eineinhalb Kilometer unterhalb liegt. Bevor er das Tageslicht erreichen konnte, stieß er auf eine von unten kommende Bahn. Das Innere des Eiger besteht aus hartem, schwarzem Kalkstein, was den Tunnelbau sehr erschwerte, und als der Tunnel gebaut wurde, machten die Techniker ihn nicht breiter als unbedingt nötig. Stump wurde rasch klar, daß zwischen den Wagen und der Tunnelwand vielleicht dreißig Zentimeter Platz waren, plus oder minus ein paar Zentimeter. Die Schweizer sind sehr stolz darauf, daß ihre Bahnen pünktlich sind, und es wurde auch klar, daß dieser Bahnführer nicht vorhatte, seinen Fahrplan umzuwerfen, nur weil irgend so ein dämlicher Kletterer auf den Schienen herumturnte. Stump blieb folglich nichts anderes übrig, als die Luft anzuhalten, sich an den Fels zu pressen und sich so schmal wie möglich zu machen. Er überlebte die Vorbeifahrt der Bahn, doch das Erlebnis war genauso haarsträubend wie jede einzelne der kritischen Situationen, die er schon draußen am Berg überstanden hatte.

In der dritten Woche, in der wir auf einen Wetterumschwung warteten, fuhren Marc und ich mit der Bahn nach Wengen und Lauterbrunnen, um einmal etwas anderes als Schnee zu sehen. Nach einem angenehmen Tag, an dem wir die Landschaft und einige Biere genossen hatten, gelang es uns, die letzte Bahn zurück zur Scheidegg zu verpassen, und so stand uns ein langer Marsch in unser Lager bevor. Marc legte ein mörderisches Tempo vor, um vor Einbruch der Dunkelheit dort anzukommen, aber ich beschloß, keine Eile zu haben, zurück in den Schatten des Eiger und die Schneeregion zu kommen, und meinte, daß ein, zwei weitere Bierchen den Weg erträglicher gestalten würden.

Als ich Wengen hinter mir ließ, war es schon dunkel, doch die Wege im Oberland sind zwar steil (die Schweizer glauben offenbar nicht an Serpentinen), aber breit, gut gepflegt und nicht zu verfehlen. Noch wichtiger aber war, daß es auf diesem Weg keine Elektrozäune gab, wie Marc und ich sie an einem regnerischen Abend auf dem Weg von Grindelwald zur Scheidegg in der Woche zuvor erlebt hatten (nachdem wir wieder einmal eine Bahn verpaßt hatten). Diese Zäune sollen Rindviecher am Ausreißen hindern und sind im Dunkeln nach ein paar Bier nicht mehr zu sehen. Sie erwischen einen 1,75 Meter großen Menschen an einer höchst empfindlichen Stelle genau 15 Zentimeter unterhalb der Gürtellinie, und wenn man durchnäßte Turnschuhe anhat, teilen sie einen Schlag aus, der ausreicht, sich zu Vergehen zu bekennen, die man noch gar nicht begangen hat.

Der Marsch von Wengen verlief ohne Zwischenfälle, bis ich mich der Baumgrenze näherte und ein immer wieder unterbrochenes Röhren hörte, das so klang, als würde jemand einer Boeing 747 die Sporen geben. Der erste Windstoß traf mich, als ich um die Schulter des Lauberhorns kam und mich in Richtung Wengernalp wandte. Ein Schlag kam aus dem Nichts, und schon saß ich auf dem Hintern. Es war der Föhn, der vom Eiger herunterblies.

Der Föhn im Berner Oberland – ein Vetter der Santa-Ana-Winde, die in Abständen immer wieder Südkalifornien in Brand setzen, und der Chinooks, die sich brüllend aus den Rocky Mountains hinunter nach Colorado stürzen – kann eine erstaunliche Kraft entwickeln. Er soll unverhältnismäßig viele positive Ionen enthalten und die Menschen verrückt machen. »In der Schweiz«, schreibt Joan Didion in *Slouching Towards Bethlehem*, »steigt die Selbstmordrate bei Föhn, und die Gerichte einiger Schweizer Kantone erkennen den Wind als mildernden Umstand bei Verbrechen an.« Der Föhn spielt in vielen Eiger-Sagen eine wichtige Rolle. Er ist ein trockener, relativ warmer Wind, der, da er den Schnee und das Eis am Eiger zum Schmelzen bringt, furchtbare Lawinen auslöst. Unmittelbar auf einen Föhnsturm folgt normalerweise ein starker Kälteeinbruch, der die Wand mit einer tückischen dünnen Eisglasur überzieht. Viele Unglücksfälle in der Nordwand sind direkt auf den Föhn zurückzuführen; in dem Film *Im Auftrag des Drachen* wird ein Föhn Clint Eastwood fast zum Verhängnis.

Ich konnte auf dem Weg durch die Viehweiden kaum etwas gegen den Föhn machen. Ich schauderte bei dem Gedanken, von einem solchen Sturm oben in der Wand überrascht zu werden. Der Wind trieb mir Sand in die Augen und blies mich immer wieder um. Ein paarmal mußte ich schlicht in die Knie gehen und eine Flaute zwischen den Böen abwarten. Als ich schließlich durch die Tür vom Bahnhof an der Scheidegg torkelte, wimmelte es in der Halle von Bahnarbeitern, Köchen, Dienstmädchen, Bedienungen und Touristen, die der Sturm dort festgehalten hatte. Der Föhn, der draußen tobte, hatte alle auf der Scheidegg in eine Art irrsinnigen Rausch versetzt, und es war eine ausgelassene Party im Gange. In einer Ecke wurde zur Musik aus einer plärrenden Musikbox getanzt, in einer anderen standen die Leute auf den Tischen und grölten deutsche Stimmungslieder; und überall wurde nach der Bedienung gerufen und Bier und Schnaps bestellt.

Ich wollte mich schon in das Getümmel stürzen, als ich Marc entdeckte, der mit einem wirren Ausdruck in den Augen auf mich zukam. »Jon«, platzte er heraus, »die Zelte sind weg!«

»Du, das ist mir im Moment egal«, erwiderte ich und versuchte, die Bedienung herzuwinken. »Wir nehmen uns hier heute ein Zimmer und stellen die Zelte morgen wieder auf.«

»Nein, nein, du kapierst nicht. Sie sind nicht zusammengefallen, die Scheißdinger sind richtig weg. Das gelbe hab ich fünfzig Meter von seinem Platz entfernt wiedergefunden, aber das braune ist weg, Mensch. Ich hab überall gesucht, aber nichts gefunden. Wahrscheinlich ist es inzwischen in Grindelwald.«

Die Zelte waren an Baumstümpfen, Betonklötzen und einer Eisschraube befestigt gewesen, die wir in den gefrorenen Grasboden gedreht hatten. In den Zelten waren mindestens zwei Zentner Proviant und Geräte gewesen. Sie konnten unmöglich vom Sturm weggeweht worden sein, aber trotzdem war es so. Das eine Zelt, das vermißt wurde, hatte unsere Schlafsäcke, Kleidung, meine Kletterschuhe, den Kocher und Töpfe, etwas Proviant und weiß Gott was sonst noch enthalten. Wenn wir es nicht wiederfanden, war die wochenlange Warterei umsonst gewesen. Ich machte meinen Anorak zu und stürzte mich wieder hinaus in den Föhnsturm.

Durch reinen Zufall fand ich das Zelt etwa vierhundert Meter vom Standort entfernt mitten auf den Bahngeleisen nach Grindelwald, wo es der Sturm hingeweht hatte. Es war ein wüster Haufen aus zerfetztem Nylon und geknickten, verbogenen Stangen. Nachdem wir es zum Bahnhof zurückgeschleppt hatten, stellten wir fest, daß aus dem Kocher Butan gelaufen war und alles durchtränkt hatte. Außerdem hatte ein Dutzend Eier die Kleidung und die Schlafsäcke mit einer ekligen gelben Sauce überzogen, aber offensichtlich war bei dem Ausflug von der Scheidegg kein wichtiges Gerät verlorengegangen. Wir schmissen alles in eine Ecke und gingen zu der Party zurück, um zu feiern.

Die Windgeschwindigkeit an jenem Abend an der Scheidegg wurde mit 170 Stundenkilometern gemessen. Außer der Verwüstung in unserem Lager knickte der Sturm das große Teleskop auf dem Balkon des Geschenkeladens ab und beförderte eine LKW-große

Liftgondel auf die Geleise vor dem Bahnhof. Gegen Mitternacht flaute der Sturm ab. Es folgte ein Temperatursturz, und am Morgen hatten dreißig Zentimeter frischer Pulverschnee den Schnee ersetzt, den der Föhn zuvor weggeschmolzen hatte. Als wir aber dann den Wetterdienst in Genf anriefen, hörten wir fassungslos, daß in ein paar Tagen eine ausgedehnte Schönwetterperiode eintreffen sollte. »Gütiger Gott«, dachte ich, »wir werden tatsächlich noch durch die Wand steigen müssen.«

Die Sonne meldete sich am 8. Oktober zurück, und die Meteorologen versprachen mindestens fünf Tage ohne Niederschläge. Wir ließen der Nordwand noch den Morgen, um sich von dem Schnee zu befreien, der sich nach dem Föhn angesammelt hatte, und marschierten dann durch hüfthohe Verwehungen hinüber zum Einstieg, wo wir ein hastig zusammengeflicktes Zelt aufstellten. Wir lagen früh im Schlafsack, aber ich war so aufgeregt, daß ich nicht einmal so tat, als würde ich schlafen.

Um drei Uhr früh, als wir in die Wand einsteigen wollten, regnete es, und von oben kam ein Bombardement aus Eis und Steinen. Die Tour war gelaufen. Mit heimlicher Erleichterung legte ich mich wieder hin und fiel sofort in tiefen Schlaf. Um neun Uhr morgens wachte ich bei Vogelgezwitscher auf. Das Wetter hatte sich wieder zum Guten gewendet. Hastig packten wir unsere Sachen zusammen. Als wir in die Nordwand einstiegen, hatte ich ein Gefühl im Magen, als ob ein Hund die ganze Nacht darauf herumgekaut hätte.

Von Freunden, die die Nordwand schon durchstiegen hatten, hatten wir erfahren, daß das erste Drittel der Normalroute »ziemlich locker« sei. Das stimmt nicht, zumindest nicht unter den Bedingungen, die wir vorfanden. Auch wenn nur einige Passagen technisch anspruchsvoll waren, war die Situation doch ständig unsicher. Eine dünne Eisschicht überzog den tiefen, lockeren Pulverschnee. Es war leicht nachzuvollziehen, wie Ragone gestürzt war; man hatte das Gefühl, als könnte jeden Moment der Untergrund zusammenbrechen. Wo die Wand steiler wurde, war auch die Schneeauflage dünner, und unsere Pickel prallten ein paar Zentimeter unter der Eiskruste vom Fels ab. Es war unmöglich, in oder unter dem morschen Schnee und Eis irgendeinen Halt zu finden, so daß wir auf den ersten sechshundert Metern die Seile im Rucksack ließen und gemeinsam »solo« gingen.

Unsere Rucksäcke waren lästig und drohten uns jedesmal nach hinten zu ziehen, wenn wir uns zurücklehnten, um die Route über uns zu sondieren. Wir hatten uns bemüht, das Gepäck auf das Wesentlichste zu beschränken, aber der schlechte Ruf des Eiger hatte uns veranlaßt, noch zusätzlich etwas Proviant, Brennstoff und Kleidung einzupacken für den Fall, daß uns ein Sturm in der Wand festhielt, und so viel Kletterausrüstung, um ein Schiff zu versenken. Es war schwierig gewesen zu entscheiden, was mitkommen und was zurückbleiben sollte. Marc entschloß sich schließlich, statt des Schlafsacks einen Walkman und seine beiden Lieblingskassetten mitzunehmen, mit der Begründung, daß, wenn die Lage hoffnungslos würde, der Seelenfrieden, den man beim Anhören der Dead Kennedys und der Angry Samoans empfinde, wichtiger sei, als nachts warm zu bleiben.

Als wir gegen vier Uhr nachmittags die Rote Fluh

erreichten, eine überhängende Wand, konnten wir endlich ein paar solide Haken setzen, die ersten während des Anstiegs. Der Überhang bot Schutz vor den unbekannten fallenden Objekten, die gelegentlich vorbeisausten, und so beschlossen wir, dort zu biwakieren, obwohl wir noch über eine Stunde Tageslicht gehabt hätten. Wir schaufelten dort, wo der Schneehang auf den Fels traf, eine lange, schmale Plattform frei und konnten relativ bequem liegen, Kopf an Kopf, den Kocher zwischen uns.

Am nächsten Morgen standen wir um drei Uhr auf und hatten unseren kleinen Absatz eine Stunde vor Tagesanbruch verlassen. Wir kletterten mit Stirnlampe. Eine Seillänge oberhalb des Biwaks stieg Marc eine Passage mit Schwierigkeitsgrad 5.4 (IV+) vor. Marc war ein 5.12-Kletterer (IX. Grad), und deshalb wurde ich etwas unruhig, als er anfing, vor sich hin zu murmeln, und schließlich nicht weiterstieg. Er versuchte, nach links auszuweichen, dann nach rechts, doch eine eierschalendünne Eisschicht auf dem senkrechten Fels verdeckte jeden Griff, den es eventuell gegeben hätte. Quälend langsam schob er sich nach oben, immer nur wenige Zentimeter, indem er die Spitzen der Steigeisen und die Hauen seiner Eispickel an winzigen Felsvorsprüngen aufsetzte, die unter dem Eispanzer gar nicht zu erkennen waren. Fünfmal rutschte er weg, fing sich aber jedesmal nach nur ein, zwei Metern wieder.

Zwei Stunden vergingen, in denen Marc über mir auf die Wand einschlug. Die Sonne kam heraus. Ich wurde ungeduldig. »Marc«, schrie ich, »wenn du das Stück nicht vorsteigen willst, dann komm runter, und ich versuch's mal.« Der Bluff wirkte: Marc bearbeitete das Steilstück mit neuer Entschlossenheit und hatte es bald überwunden. Als ich jedoch zu seinem Standplatz nachstieg, kamen mir Bedenken. Wir hatten für 25 Meter fast drei Stunden gebraucht. An der Nordwand sind 2400 Meter zu klettern (wenn man alle Traversen mit einrechnet), und davon waren einige ein gutes Stück schwieriger als diese paar Meter.

Das nächste Problem war der berüchtigte Hinterstoisser-Quergang, eine 42 Meter lange Umgehung einiger unüberwindlicher Überhänge und die Schlüsselstelle, um in den oberen Teil der Nordwand zu kommen. Er wurde erstmals 1936 von Andreas Hinterstoisser überwunden, dessen Querung der glatten Platten ein klettertechnisches Meisterstück war. Oberhalb der Passage wurden er und seine drei Gefährten jedoch von einem Sturm überrascht und zur Umkehr gezwungen. Der Sturm hatte die Traverse jedoch total vereist, und die Bergsteiger waren nicht in der Lage, die heikle Stelle im Abstieg zu passieren. Alle vier kamen um. Seit diesem Unglück achten die Bergsteiger darauf, ein Fixseil am Quergang zurückzulassen, um sich den Rückweg zu sichern.

Die Platten des Hinterstoisser-Quergangs waren fünf Zentimeter dick mit Eis überzogen. So dünn es war, es war doch fest genug für unsere Eispickel, wenn wir sie gefühlvoll einsetzten. Außerdem schaute an einigen Stellen ein altes, zersplissenes Fixseil aus dem Eis. Behutsam tasteten wir uns auf den Frontalzacken der Steigeisen über das Eis, wobei wir keine Hemmungen hatten, wann immer möglich das alte Seil zu pakken, und überwanden so den Quergang ohne Probleme.

Nach dem Quergang führte die Route steil aufwärts, über Stellen, die im Mittelpunkt meiner Alpträume standen, seit ich zehn war: Schwalbennest, Erstes Eisfeld, Eisschlauch. Die Kletterei erreichte nie mehr die Schwierigkeit der Passage, die Marc vor dem Hinterstoisser-Quergang geführt hatte, aber es gelang uns selten, einen Haken zu setzen. Wenn einer von uns ausglitt, würden wir beide am Wandfuß landen.

Der Tag schleppte sich dahin, und ich merkte, wie mein Nervenkostüm immer dünner wurde. An einer Stelle, als wir über verkrustetes, brüchiges Steileis im Eisschlauch stiegen, überwältigte mich urplötzlich der Gedanke, daß das einzige, was mich daran hinderte, hinauszufliegen, zwei feine Stahlhauen waren, die ein, zwei Zentimeter tief in einer Substanz steckten, die jener in meinem Gefrierschrank ähnelte, wenn er abgetaut werden mußte. Ich blickte hinunter zum Boden mehr als 900 Meter unter mir und fühlte mich benommen, als ob ich kurz davor wäre, ohnmächtig zu werden. Ich mußte die Augen schließen und mehrere Male tief durchatmen, bevor ich weitersteigen konnte.

Ein 50 Meter langer Abschnitt nach dem Eisschlauch brachte uns zum unteren Rand des Zweiten Eisfelds, knapp oberhalb der Wandmitte. Der erste geschützte Platz, wo wir die Nacht verbringen konnten, war das Todesbiwak, das Band, wo Max Sedlmayer und Karl Mehringer 1935 beim ersten Versuch, die Nordwand zu durchsteigen, in einem Sturm umgekommen waren. Trotz des furchterregenden Namens ist das Todesbiwak wahrscheinlich der sicherste und bequemste Platz zum Biwakieren in der Wand. Um dorthin zu gelangen, mußten wir jedoch noch 540 Meter schräg über das Zweite Eisfeld aufsteigen und dann noch mehrere zig tückische Meter zum höchsten Punkt eines Pfeilers, dem sogenannten Bügeleisen.

Es war ein Uhr mittags. In den acht Stunden, seit dem Verlassen des Biwaks an der Roten Fluh, hatten wir nur etwa 420 Höhenmeter geschafft. Das Zweite Eisfeld machte zwar einen leichten Eindruck, das Bügeleisen darüber aber nicht, und ich hatte erhebliche Zweifel, ob wir in den fünf uns noch verbleibenden Stunden Tageslicht bis zum Todesbiwak kommen würden, das über 600 Meter entfernt war. Wenn es dunkel würde, bevor wir das Todesbiwak erreichten, würden wir gezwungen sein, die Nacht an einem Platz zu verbringen, der schutzlos den Lawinen und Steinen ausgeliefert war, die aus der berüchtigtsten Stelle der Nordwand in die Tiefe rauschten: dem Eisfeld der Spinne.

»Marc«, sagte ich, »wir sollten absteigen.«

»Was?!« rief er entgeistert. »Warum?«

Ich zählte ihm meine Gründe auf: unser langsames Tempo, die Entfernung zum Todesbiwak, der schlechte Zustand der Wand, die steigende Lawinengefahr aufgrund der zunehmenden Tageserwärmung. Noch während wir miteinander sprachen, rieselten kleine Lawinen aus Schneestaub aus der Spinne über uns ins Tal. Nach einer Viertelstunde räumte Marc widerstrebend ein, daß ich recht hatte, und wir begannen mit dem Abstieg.

Wo immer wir Haken finden konnten, seilten wir ab, wo nicht, kletterten wir ab. Als die Sonne unterging, fand Marc unter einer Stelle, die der Schwierige Riß heißt, eine Höhle, in der wir biwakierten. Zu dem Zeitpunkt spielten wir insgeheim schon mit dem Gedanken, ganz aufzugeben, und wir sprachen an dem Abend wenig miteinander.

Bei Tagesanbruch, als wir gerade den Abstieg

begonnen hatten, hörten wir Stimmen in der Wand unter uns. Bald tauchten zwei Kletterer auf, ein Mann und eine Frau, die zügig in den Stufen hinaufstiegen, die wir vor zwei Tagen getreten hatten. Aus ihren flüssigen, sicheren Bewegungen war ersichtlich, daß beide außerordentlich gute Kletterer sein mußten. Der Mann war, wie sich herausstellte, Christophe Profit, ein berühmter französischer Alpinist. Er bedankte sich bei uns, daß wir all die Stufen getreten hatten, dann gingen die beiden in einem erstaunlichen Tempo weiter Richtung Schwieriger Riß.

Einen Tag, nachdem wir das Handtuch geworfen hatten, weil die Wand »in schlechtem Zustand« war, sah es so aus, als ob zwei französische Bergsteiger den Aufstieg wie einen Sonntagsspaziergang angingen. Ich blickte kurz zu Marc hinüber, und es hatte den Anschein, als würde er jeden Augenblick losheulen. Wir trennten uns an dieser Stelle und setzten unseren unersprießlichen Abstieg auf getrennten Wegen fort.

Zwei Stunden später stand ich auf dem Schnee am Fuß der Wand. In Wellen überkam mich die Erleichterung. Der Schraubstock, der mir die Schläfen und die Eingeweide zusammengepreßt hatte, war urplötzlich nicht mehr da. Bei Gott, ich hatte überlebt! Ich setzte mich in den Schnee und fing an zu lachen.

Marc saß ein paar hundert Meter entfernt auf einem Felsen. Als ich ihn erreichte, sah ich, daß er weinte, aber nicht vor Glück. Nach Marcs Einschätzung reichte es nicht, die Nordwand nur zu überleben. »Also«, hörte ich mich sagen, »wenn die Franzmänner da hochkommen, können wir immer noch nach Wengen fahren, neuen Proviant kaufen und es dann noch mal versuchen.« Bei diesem Vorschlag hob Marc augenblicklich den Kopf, und bevor ich etwas zurücknehmen konnte, rannte er zum Zelt, um den Weg der französischen Kletterer mit dem Fernglas zu verfolgen.

Dann nahm mein Glück mit der Nordwand jedoch eine Wendung zum Besseren: Christophe Profit und seine Partnerin kamen nur bis zur Roten Fluh, wo wir unser erstes Biwak eingerichtet hatten. Dort ging eine riesige Lawine nieder, die sie so beeindruckte, daß auch sie umkehrten. Einen Tag später, bevor sich mein Eiger-Glück erneut hätte wenden können, saß ich in einem Flugzeug Richtung Heimat.

KAPITEL ZWEI

Gill

GLEICH WESTLICH VON PUEBLO IM BUNDESSTAAT COLORADO weicht die weite Ebene der Great Plains den ersten hügeligen Ausläufern der Rocky Mountains. Hier, zwischen den Zwergeichen und Kakteen, erhebt sich ein mächtiger Felsbrocken von der Farbe und Beschaffenheit eines verwitterten Ziegelsteins etwa fünf Meter aus dem verdorrten Gras. Der Klotz ist sehr viel länger als hoch und hat eine leicht überhängende Flanke, die wie der rostige Rumpf eines seit langem gestrandeten Schiffes aus dem Sand ragt. Für das Auge des Laien ist die Oberfläche des Blocks fast völlig glatt: Da und dort eine rundliche Ausbuchtung, ein paar winzige Löcher, gelegentlich ein bleistiftschmales Band. Es scheint unmöglich, diesen Sandsteinklotz zu erklettern. Und genau das ist es, was John Gill anzieht.

Gill bestäubt seine Finger mit Magnesia und tritt entschlossen an den Fuß des Felsens. Er klammert sich an kleine Einkerbungen in der Oberfläche und balanciert auf erbsengroßen Vorsprüngen und schafft es irgendwie, den Körper vom Boden hochzuziehen, als würde er frei schweben. Für Gill ist die steile Wand ein Puzzle, das mit Fingerkraft, phantasievollen Bewegungsabläufen und Willenskraft zu lösen ist. Stück für Stück setzt er das Puzzle zusammen, verlagert vorsichtig das Körpergewicht von einem winzigen Griff oder Tritt zum nächsten, bis er schließlich einen Meter unter der oberen Kante des Blocks an den Fingerspitzen hängt. Dort scheint er am Ende zu sein; die Beine baumeln schlaff in der Luft, und seine Stellung ist so vertrackt, daß er mit keiner Hand loslassen kann, um höher zu greifen, ohne zu stürzen.

Mit einem Ausdruck verzückter Ruhe, der nichts von der furchtbaren Anspannung ahnen läßt, unter der seine Muskeln stehen, richtet Gill den Blick nach oben, zieht die Schultern etwas an und schnellt sich dann urplötzlich aus seiner erbarmungswürdigen Position zur Kante hoch. Frei bewegt sich sein Körper wenige Zentimeter durch die Luft empor, bevor der höchste Punkt seines Fluges erreicht ist, aber genau in dem Augenblick, als er wieder erdwärts gezogen wird, stößt seine linke Hand wie eine Schlange, die sich auf eine Ratte stürzt, hinauf zur Kante und krallt sich sicher dort fest. Ein paar Sekunden später steht er oben.

John Gill ist für Kletterer in drei Kontinenten eine lebende Legende, ein Mann, dem die Besten dieses Sports mit Achtung begegnen. Normalerweise erlangt jemand durch todesverachtende Besteigungen im Himalaja, in Alaska, den Alpen oder an den mächtigen Granitwänden des Yosemite Eingang in die Geschichte des Bergsteigens. Gills Ruf beruht dagegen ausschließlich auf Anstiegen, die nicht einmal zehn Meter hoch sind: Er hat sich in die erlesene Gesellschaft von Hermann Buhl, Sir Edmund Hillary, Royal Robbins und Reinhold Messner eingereiht, indem er lediglich auf Felsbrocken steigt.

Damit keine Irrtümer aufkommen: Gills Anstiege mögen sehr kurz sein, aber sie sind in keiner Hinsicht einfach, wie immer man es wendet. Die Felsen, die er erklettert, sind meistens überhängend und weisen keinerlei Risse oder Wülste auf, die so markant wären, daß ein schlechterer Kletterer sie erkennen, geschweige denn an ihnen Halt finden könnte. Gills Routen bieten tatsächlich alle Schwierigkeiten eines ganzen Berges in einem einzigen Klotz aus Granit oder Sandstein von der Größe eines Müllwagens oder Einfamilienhäuschens. Es ist keine Übertreibung zu behaupten, daß die meisten Bergsteiger eher den Gipfel des Mount Everest erreichen könnten als den höchsten Punkt der meisten Felsblöcke, an denen Gill klettert.

Für Gill sind Gipfel denn auch gar nicht so wichtig. Der eigentliche Spaß des »Boulderns« – der Felsblock heißt im Englischen *boulder* – liegt mehr im Tun als im Erreichen des Ziels. »Beim Bouldern geht es fast ebensosehr um den Stil wie um den Erfolg«, sagt Gill. »Bouldern ist eigentlich kein Sport. Es ist eine Klettertätigkeit mit metaphysischen, mystischen und philosophischen Bezügen.«

Gill ist Anfang Fünfzig, ein hochgewachsener Mann in bester körperlicher Verfassung mit traurigen Augen und sanften, bewußten Bewegungen. Und so, wie er sich bewegt, spricht er auch – langsam, überlegt, mit sorgfältig gewählten Worten, in grammatisch ausgefeilten Sätzen. Gill lebt mit seiner Frau Dorothy und einigen gutgenährten Haustieren, die er angeblich verachtet, in einem schlichten zweigeschossigen Haus in Pueblo, einer Stahlstadt in der sonnendurchglühten Prärie Südcolorados, die einmal bessere Tage gesehen hat. Bis auf vielleicht etwas zu lange Arme und zu breite Schultern läßt nichts an Gills Auftreten oder körperlicher Erscheinung, wenn er auf ebener Erde vor einem steht, darauf schließen, daß er eine legendäre Gestalt ist, ein Mann, dessen Betätigung an aberwitzig steilen Felswänden zu der Vermutung Anlaß gibt, er habe einige Schlupflöcher in den Gesetzen der Schwerkraft gefunden. Mit dem schütter werdenden Haar und dem sauber gestutzten Spitzbart sieht er ganz wie ein sanftmütiger Mathematikprofessor aus – der er tatsächlich ist.

Daß Gill ein überragender Boulderkletterer und Mathematiker ist, ist kein Zufall; er sieht deutliche Parallelen zwischen diesen beiden scheinbar unzusammenhängenden Tätigkeiten. »Als ich mit dem Klettern anfing, lernte ich mehrere andere Kletterer kennen, die Forschungsmathematiker waren«, sagte Gill nachdenklich. »Ich habe mich gefragt, warum sind von den wenigen Leuten, die ich beim Klettern kennenlerne, so viele Forschungsmathematiker? Auch wenn die eine Tätigkeit fast vollständig geistiger Art und die andere überwiegend körperlich ist, haben Bouldern und die mathematische Forschung etwas gemein. Ich glaube, es hat etwas mit dem Erkennen von Mustern zu tun, mit einem natürlichen Instinkt, Muster zu analysieren.«

Unmöglich erscheinende mathematische Aufgaben, so Gill, werden gelöst durch »Quantensprünge der Eingebung, und das gleiche gilt für die Boulderkletterei«. Es ist kein Zufall, daß Boulderklettereien im Jargon der amerikanischen Kletterer »Probleme« genannt werden.

Ob ein überhängender Sandsteinblock oder der Beweis eines verzwickten Lehrsatzes, die Probleme, die Gill am meisten Freude machen, sind die, die noch niemand gelöst hat. »Es gefällt mir, ein Stück Fels zu entdecken, über das noch nie jemand geklettert ist, auf diesem Fels einige Griffmuster zu erspähen und dann hinaufzuklettern. Und je schwächer das Muster ist, je schwerer der Fels erscheint, desto größer ist die Befriedigung. Es kann möglicherweise etwas geschaffen werden, wenn man Einsicht und Eingebung einsetzt, um diesen Quantensprung durchzuführen. Man stellt fest, daß eine Boulderroute nicht dadurch bewältigt werden kann, daß man Zentimeter für Zentimeter nach jedem winzigen Griff sucht, sondern dadurch, daß man das Problem als Ganzes betrachtet.«

Sowohl ambitionierten Boulderkletterern als auch ambitionierten Mathematikern genügt es nach Gills Worten nicht, ein bestimmtes Problem lediglich zu lösen: »Beide haben das Ziel, einen interessanten – idealerweise ungewöhnlichen – Lösungsweg zu finden, auf elegante Art, reibungslos und unter Anwendung überraschend einfacher Schritte. Es geht um die Frage des Stils.« Aber darüber hinaus, so fügt er hinzu, »sowohl zum Boulderkletterer wie auch zum Mathematiker braucht man diese natürliche Neigung, nach etwas zu schürfen, einen starken, zutiefst inneren Ansporn, sich an der Grenze zu bewegen, Dinge zu entdecken. Der Lohn bei beiden Tätigkeiten ist ein fast beständig klarer Kopf, und das ist ein großartiges Gefühl.«

Gill, einziges Kind eines Universitätsprofessors, der alle paar Jahre in eine andere Stadt zog, beschreibt seine Kindheit als »zuweilen etwas einsam. Ich war nie sportlich, habe nie im Verein Sport betrieben.« Viel Zeit verbrachte er damit, allein durch die Wälder zu streifen, wo er gern auf Bäume kletterte. In den Ferien mit der Familie, er war damals sieben oder acht, bat er seine Eltern, wie sie ihm erzählen, anzuhalten, sobald sie mit dem Wagen an einem Hang vorbeikamen, damit er hinaufkrabbeln konnte.

»In der High-School«, so Gill weiter, »habe ich im Chor gesungen. Ich war gelegentlich ein ganz schöner Langweiler.« An der High-School in Atlanta lernte Gill jedoch ein Mädchen kennen, das im Westen schon einmal ein bißchen geklettert war. An einem Wochenende lud sie ihn ein, zusammen mit ein paar anderen Schülern eine Klettertour im Norden Georgias zu machen. Gill sah sich die Sache eine Zeitlang an und versuchte es dann selbst. »Ich war ziemlich tapsig«, erinnerte er sich, »aber ich fand das alles ungeheuer aufregend. Es war das Intensivste, was ich bis dahin unternommen hatte. Es bot eine andere Perspektive. Irgend etwas an den Felsen hat mir tatsächlich ein Zeichen gegeben.«

Im Sommer 1954, nach dem Abschluß der High-School, fuhr er mit einem Freund zum Klettern nach Colorado. Vielleicht war Gill ja tapsig, aber er war auch mutig: Einmal kletterte er solo durch die steile Ostwand des Longs Peak, bis ein einheimischer Bergführer, der Gill für einen übergeschnappten Touristen hielt, hinterherstieg, um ihn zu retten. Nachdem er im oberen Wandbereich zu Gill aufgeschlossen und mit ihm gesprochen hatte, »kam der Führer«, wie Gill erzählt, »zu dem Schluß, daß ich gar nicht so ein Spinner war, wie er von unten angenommen hatte, und gemeinsam kletterten wir weiter bis zum Gipfel.« Weitere ähnlich aufregende Klettertouren folgten, und als der Sommer dem Ende zuging, wußte Gill, daß er seinen Lebensinhalt gefunden hatte.

Im darauffolgenden Herbst, Gill war Erstsemester am Georgia Tech, mußte er einen Turnkurs mitmachen. Man zeigte den Teilnehmern einen Film über Olympiaturner an den Ringen, und Gill, der diese Sportart noch nie gesehen hatte, war »fasziniert, mit welcher Sicherheit diese Turner ihre Übungen absolvierten. Sie machten ungeheuer schwierige Dinge und schienen dabei doch ganz entspannt und beherrscht zu sein.« Der Film hinterließ einen tiefen Eindruck bei ihm, er war wie eine Offenbarung. Gill dachte nach: War Felsklettern wirklich nichts anderes als eine Art freies Turnen? Augenblicklich machte er sich daran, die Werkzeuge des Turnens – das gezielte Training, die geistige Disziplin, Magnesia für die Hände zur Steigerung der Griffigkeit – zu nutzen, um die traditionellen Grenzen des Bergsteigens herauszufordern.

Gill durchkämmte die Berge von Georgia und Alabama nach kletterbaren Felsen. Da es in diesen Bundesstaaten an hohen Kletterwänden mangelte, richtete er sein Augenmerk auf kleine Felsgruppen und Findlinge. Damit es ihm nicht langweilig wurde, nutzte er seine neu erworbenen turnerischen Fähigkeiten, um seinen Miniaturalpen auch das letzte bißchen an Herausforderungen zu entlocken. Und so wurde das Bouldern geboren. (Bergsteiger hatten schon lange vor Gill an kleinen Felsen trainiert, aber für sie war Bouldern nichts weiter als ein Training und eine Nebenbeschäftigung zum »richtigen« Klettern; Gill betrieb das Bouldern als erster als eigenständigen Sport.)

In seinen Collegejahren trieb sich Gill in den Sommerferien oft in den Tetons und anderen Ecken der Rockies herum. Bei seinen ersten Touren in den Westen erstieg er mehrere größere Gipfel wie etwa den

Grand Teton, aber er widmete sich mehr und mehr immer kleineren (und immer schwierigeren) Felsen. In Pat Aments *Master of Rock*, einer Monographie über Gill, erinnert sich Yvon Chouinard an die gemeinsamen Tage mit Gill in den Tetons Ende der fünfziger Jahre. Chouinard zufolge gehörte Gill zu der Handvoll exzentrischer Kletterer, die sich in den Sommermonaten in den Tetons aufhielten, ganz dem Klettern lebten, »sich mit fünfzig Cents am Tag durchschlugen und Haferschleim aßen«. Gill mied inzwischen die Gipfel, wie Chouinard schreibt, und »tat alles nur um des reinen Kletterns willen, das nirgendwohin führte. In den Augen des American Alpine Club waren das absurde Klettereien.«

Bald gab Gill das herkömmliche Klettern am Seil ganz auf und widmete sich nur noch dem Klettern an kleinen Felsen mit außergewöhnlicher Schwierigkeit. Er kletterte in aller Abgeschiedenheit, was ihm nicht geringen Spott seitens der traditionellen Kletterer eintrug. Diejenigen, die ihn überhaupt noch beachteten, nahmen meistens an, daß seine Nerven nicht mehr mitspielten und er zuviel Höhenangst entwickelt habe, um noch höher als sechs Meter über dem Boden zu klettern. In Wirklichkeit war Gill auf einer intensiven persönlichen Suche – erprobte und testete die Grenzen der Schwerkraft, der Steine, der Muskeln und des Geistes, um herauszufinden, wohin, außer auf topographische Gipfel, ihn das Klettern führen konnte.

Dem Klettersport fehlt es eindeutig an Personen, die sagen, wo es entlang geht, und an offiziellen Regeln. Trotzdem – oder vielleicht deshalb – hat die enge Gemeinschaft der etablierten amerikanischen Kletterer immer einen sehr ausgeprägten Sinn dafür gehabt, wie das Spiel gespielt werden sollte, und man übt versteckten Druck aus, um die Kletterer dazu zu bringen, sich der allgemeinen Meinung anzuschließen.

»Bereits 1957«, schreibt Gill, »erkannte ich, daß die vorherrschende Kletterphilosophie eine sehr bindende Kraft ist, die einen in einer festgefahrenen Richtung gefangenhalten kann, und das gefiel mir nicht. Mir geht die Freiheit des Kletterns über alles. Ich bin im tiefen Süden aufgewachsen, wo man umgeben ist von kräftigen, lieblichen Bäumen, und man kann vor Feuchtigkeit kaum den Himmel sehen. Die Gegend ist im wesentlichen flach. Die Natur stellt sich einem dort nicht entgegen. Für mich war es ein gewaltiger Wechsel, als ich zum erstenmal in den Westen kam. Ich war überwältigt von den Felsen, von der Größe, von der Weite. Das Herrliche am Klettern war für mich, der in einer ziemlich abgeschlossenen Umgebung groß geworden war, die Heiterkeit, draußen in diesem natürlichen Zustand zu sein, wo es diese großen Herausforderungen durch die Welt ringsum gab und diese Freiheit zu handeln.

»Als mir zum erstenmal die gewaltige Kraft einer herrschenden Meinung bewußt wurde«, fährt Gill fort, »der gewaltige Einfluß, den eine Klettergemeinschaft auf deine eigene Entwicklung als Kletterer ausüben kann, wurde mir klar, daß ich mit dem Klettern experimentieren wollte, daß ich nicht daran interessiert war, meine Kletterei irgendwo einzuordnen, in irgend jemandes Fußstapfen zu gehen oder mich inoffiziellen Regeln unterzuordnen, auch wenn sie ungeschrieben waren. Ich kam zu dem Schluß, daß ein einfacher Weg, der restriktiven herrschenden Meinung auszuweichen, der war, in der Abgeschiedenheit zu klettern. Ich empfand es schlicht als äußerst schwierig, zu experimentieren, wenn ich zusammen mit anderen kletterte oder mich auch nur in einem Klettergebiet aufhielt. Wenn ich ganz allein kletterte, erlebte ich, wie ich merkte, wunderbare innere Abenteuer.«

Heute ist es nichts Ungewöhnliches mehr, wenn Teenager, die ihre freie Zeit sonst vielleicht beim Softball oder Basketball verbracht hätten, sich Kletterschuhe und Magnesiabeutel packen und zum Bouldern gehen. Da Bouldern für jeden zugänglich ist, wenig Aufwand erfordert und ein intensives Erleben bietet, ist es gegenwärtig sehr in Mode. Man vergißt leicht, daß Gill sich allein gegen eine mächtige Flut stemmte, als er sich vor dreißig Jahren auf minimalistisches Klettern spezialisierte. Inzwischen warnt er andere Boulderer davor, sich zu sehr von eingespielten Praktiken der Boulderkletterei vereinnahmen zu lassen; immer wieder beschwört er kommende Kletterasse, sich von innen leiten zu lassen.

In einem Artikel mit dem Titel »Anmerkungen zum Bouldern – Der senkrechte Weg« schrieb Gill:

Hinterfrage Kletterideale immer wieder. Ziehen sie dich zurück in die Klettergemeinschaft? Oder führen sie dich auf dem [innerlich geleiteten] Weg? Dieses Hinterfragen erzeugt eine Spannung, die durch Desillusionierung gesteigert wird. Man erreicht schließlich eine Leere, und dort führt unser ursprünglich spontanes Wesen zum Beginn des Weges... Danach kann man beständig abseits der vordergründigen Welt des Kletterns stehen, wird jedoch zuweilen eventuell heftig in sie hineingezogen. Philosophische und mystische Bereiche tauchen auf, wenn die beiden Welten zusammengebracht werden.

Gills Prosa kann genauso dicht und tiefgründig wie einer seiner mathematischen Beweise sein, aber für diejenigen, die seine Leidenschaft zur Senkrechten teilen, klingt sie rein und wahrhaftig. Es ist nichts Ungewöhnliches, daß heranwachsende, kurzgeschorene Ausnahmekletterer aus irgendeinem von Gills Artikeln über das Bouldern zitieren, die er für Bergzeitschriften geschrieben hat. Der freundliche mittelalte Mathematiker ist zu einem Boulder-Guru geworden, einem Vorbild für eine ganze Generation junger Männer und Frauen, die gelbgrüne, enge Kletterhosen tragen, mit goldenen Nasensteckern herumlaufen und zu den apokalyptischen Rhythmen von Jane's Addiction oder der Fine Young Cannibals klettern, die aus den Kopfhörern ihres Walkmans dröhnen.

Kein Mensch, das sollte man festhalten, hätte Gill oder seinen neuen Ideen Beachtung geschenkt, wenn er lediglich irgendein Boulderer gewesen wäre und kein außergewöhnlicher Boulderer. Gill wird als Held betrachtet, nicht als Sonderling, weil er gelegentlich seinen mystischen Weg verlassen und sich »energisch eingemischt« hat in die herkömmliche Vorstellung vom Klettern, wobei er bewiesen hat, daß er die traditionellen Spielregeln genauso gut beherrscht wie jeder andere.

Klettern kann ein gnadenloser Kampfsport sein. Das Fehlen festgeschriebener Wettkampfregeln erschwert das Erstellen einer objektiven Rangliste der Kletterkünstler, aber in den fünfziger Jahren entwickelte man in Südkalifornien ein überraschend genaues, wenn auch kompliziertes System zur Bewertung der Schwierigkeit beim Felsklettern, das dem Kletterer ein gewisses Gefühl dafür vermittelt, wo er steht. Die Methode, das Yosemite Grading, bewertet die Schwierigkeit technischer Kletteranstiege nach einer Skala, die ursprünglich von 5.0 bis 5.9 reichte.

Schon wenige Jahre, nachdem er mit dem Klettern begonnen hatte, kletterte Gill erstmals konventionelle Führen im VI. Grad (5.9), also die höchste Schwierigkeitsstufe, unter anderem am Disappointment Peak und anderen Tetonwänden. Ende der fünfziger Jahre, als er sich intensiv dem Bouldern zuwandte, erwiesen sich fast alle Probleme, die er »aufgriff«, als so schwierig, daß sie in der Yosemite-Skala überhaupt nicht erfaßt werden konnten. Gill kletterte gut zwanzig Jahre, bevor eine solche Bewertung überhaupt aufkam, bereits im IX. Grad (5.12). – (Die Maßstäbe wurden beim Klettern, wie auch in anderen Sportarten, in den letzten dreißig Jahren deutlich angehoben: Die Bewertung 5.10 (VII) kam in den sechziger Jahren hinzu, die Bewertung 5.11 (VIII) in den siebziger Jahren, 5.12, 5.13 und 5.14 (IX, X und XI) in den achtziger Jahren.

1961 präsentierte Gill ein Boulderproblem, über das noch immer in ehrfürchtigem Flüsterton gesprochen wird: die Thimble-Nordwand, ein neun Meter hoher überhängender Turm in den Needles von Süddakota. Gills Führe auf den Thimble (Fingerhut) verlangt alles, was ein ultimatives Boulderproblem ausmacht – ungewöhnliche Folgen gleichermaßen feiner wie anstrengender Fingergriffe –, und noch mehr: Die Route befindet sich direkt über dem Geländer eines Parkplatzes, so daß ein Sturz wahrscheinlich den Tod zur Folge hätte. Als diese Zeilen geschrieben wurden, fast dreißig Jahre später, wartete Gills seilfreier Aufstieg noch immer darauf, wiederholt zu werden.

Gill ist sich nicht völlig sicher, was ihn bewegt hat,

den Fingerhut zu erklettern. Das Felsgebilde, so seine Worte, »war ästhetisch und absolut unberührt. Es gab nur wenige Griffe. Damals habe ich mir um Sicherheit noch weit weniger Gedanken gemacht als heute. Heute möchte ich ein Seil anlegen, wenn ich die Straße überquere oder einen Randstein hochsteige. Mir war so, als müßte ich etwas tun, das ein Element der Gefahr barg, etwas Schwieriges.«

Nachdem er sich die Wand sehr genau angesehen und festgelegt hatte, »für welche Art von Bewegungsabläufen ich verantwortlich sein würde, falls ich bereit wäre, in die Route einzusteigen«, trainierte Gill einen ganzen Winter in der Sporthalle des Luftwaffenstützpunktes in Montana, wo er zu der Zeit stationiert war. »Ich machte Preßübungen«, erzählt er, »denn ich hatte gesehen, daß es in der Wand einige kleine Kuppen gab, die ich würde pressen müssen, wenn die horizontalen Griffe ausgingen. Und sie gingen sehr bald aus. Ich trainierte an Schrauben und Bolzen, die aus der Wand der Sporthalle ragten. Ich preßte die Bolzen und zog mich hoch. Der Fingerhut beschäftigte mich in jenem Winter ausgiebig.«

Im folgenden Frühjahr kehrte Gill in die Black Hills zurück, wo die Needles stehen, um den Aufstieg zu wagen. Er stieg die untere Hälfte der Wand immer wieder hinauf und hinunter, merkte sich die Griff- und Trittfolgen und tankte Selbstvertrauen, »speicherte alles«. Er erzählt: »Ich stieg auf und ab, auf und ab, und steigerte mich in eine so fiebrige Erregung, daß ich mich dem oberen Teil regelrecht auslieferte und ihn mit viel Glück auch schaffte. Es ist wie bei vielen anderen Sportarten. Man putscht sich nicht nur auf, sondern wird fast bis zu dem Punkt hypnotisiert oder gebannt, wo der Kopf leer ist, und dann klettert man nach angezüchtetem Instinkt.«

Die Ersteigung des Fingerhuts stellte einen Wendepunkt in Gills Leben dar. Kurz darauf heiratete er und unternahm keine Kletteranstiege mehr, die er für gefährlich hielt. »Die Gefahr kann süchtig machen«, erklärt er, »und ich wollte nicht abhängig werden. Die Intensität nimmt nicht nur zu, sondern ändert ihr Wesen, wenn man Wände klettert, aus denen rauszufliegen man sich einfach nicht leisten kann. Es ist schwer, das in Worte zu fassen, aber ich geriet in einen fast anderen Bewußtseinszustand, wenn ich ohne Seil eine gefährliche Passage kletterte. Meine Glieder wurden ganz leicht, die Atmung änderte sich kaum merklich, und ich bin sicher, daß es zu Gefäßveränderungen kam, derer ich mir damals gar nicht richtig bewußt war. Ich merkte, daß ich bei lebensgefährlichen Aufstiegen in einen anderen physiologischen Zustand kam. Es war anregend und sehr intensiv, aber auf eine beinahe entspannte Art. Es konnte beklemmende Augenblicke geben, aber durch den gesamten Anstieg zog sich doch immer dieser Faden der Entspannung. Es war faszinierend, aber ich wollte mich davon nicht einfangen lassen.«

Daß Gill so viel besser war als die anderen Felskletterer damals, kann man seinem experimentellen, aufgeschlossenen Vorgehen zuschreiben. Wenn er nicht im Fels war, trainierte er intensiv an Turngeräten und machte Kraftübungen, die so weit gingen, daß er Klimmzüge an einem einzigen Finger schaffte. Als langjähriger Anhänger des Zen bereitete er den Geist genauso sorgfältig vor wie die Muskulatur. Er fühlte sich zur Meditation hingezogen und stellte fest, daß die Konzentration etwa auf einen Grashalm oder eine Bergformation vor dem Klettern Klarheit in seinem Kopf schaffte, seinen Körper vorbereitete und ihm die ruhige Gewißheit gab, die er brauchte, um kritisches Gelände zu überwinden. Für Gill besteht eines der wichtigsten Ziele beim Klettern darin, in Augenblicken höchster Anspannung innere Ruhe zu bewahren. »Wenn man ein so hohes Niveau an technischem Können erreicht, daß man die Anstrengung eigentlich gar nicht spürt«, erklärt er, »fängt man erst wirklich an, das Klettern zu empfinden. Man wird niemals Freude an der Bewegung empfinden, wenn man sich abmüht. Man muß gut und stark genug sein, um zu dem Punkt zu kommen, an dem man diese reine Leichtigkeit empfinden kann. Natürlich ist es eine Illusion, aber es ist herrlich, bei dieser Illusion verweilen zu können. Ich fühle mich bei einem Boulderproblem nicht uneingeschränkt erfolgreich, wenn sich dieses Gefühl der Leichtigkeit nicht einstellt.«

Auch mit vierundfünfzig kann Gill es noch mit einigen Boulderproblemen aufnehmen, bei denen sich »total austrainierte« zweiundzwanzigjährige Sportkletterer eine Abfuhr holen. In den letzten zwanzig Jahren hat er beim Bouldern neben der reinen Schwierigkeit zunehmend nach anderen Dingen Ausschau gehalten und versucht, »Wege zu finden, aus immer weniger immer mehr herauszuholen«, wie er sich ausdrückt. Seinem Ruf zum Trotz, niemals höher als zehn Meter zu klettern, unternimmt Gill regelmäßig – allein und ohne Seil – für sein Verständnis einfache Touren an 250 Meter hohen Wänden in der Nähe seines Hauses, eine Übung in »kinästhetischer Meditation«.

»Ich habe, glaube ich, einige interessante Erfahrungen gesammelt«, sagt er, »weil ich für einige dieser langen, einfachen Aufstiege, die ich wieder und wieder mache, in gewisser Hinsicht ›übertrainiert‹ bin. Ich habe diese Routen in einem solchen Maß verinnerlicht, daß ich nicht mehr auf einer bewußten Ebene über das Klettern nachdenken muß. Ich werde so in den Ablauf und die Struktur der Route hineingezogen, daß ich den Bezug dazu verliere, wer ich bin und was ich bin, und Teil der Felsen werde – ich habe zuweilen tatsächlich das Gefühl gehabt, in den Fels hineinzugleiten und wieder heraus.«

»Ich weiß nicht, wieviel von dem ich preisgeben sollte«, sagt Gill zögernd mit sanfter Baritonstimme, »denn ich möchte nicht, daß die Leute mich für zugekifft halten, aber ich glaube, daß die vielen Jahre geistiger und körperlicher Vorbereitung, die ich mit der Entwicklung meiner klettertechnischen und mathematischen Fähigkeiten verbracht habe – die lange Konzentration auf einen einzigen Steinkristall oder die intensive Beschäftigung mit einem mathematischen Problem –, es mir sehr erleichtert haben, bestimmte mystische Erfahrungen zu machen.

»Mitte der siebziger Jahre«, führt Gill aus, »entwikkelte ein guter Freund großes Interesse an den Büchern von Carlos Castaneda und versuchte immer wieder, mich dazu zu bringen, sie zu lesen. Ich habe nie Halluzinogene genommen und interessiere mich nicht für Drogen und habe es abgelehnt, diese Bücher zu lesen, weil ich glaubte, es gehe in ihnen immer um Drogen. Aber mein Freund überzeugte mich schließlich davon, daß dem nicht so ist, und ich las sie und fand sie faszinierend. Ich glaube, in seinem zweiten Buch – ich bin mir aber nicht sicher – beschreibt seine Hauptfigur das Procedere, sich in die Kunst des Träumens einzuarbeiten. Das hat mich so neugierig gemacht, daß ich beschloß, es zu versuchen. Und ich hatte *sofort* Erfolg!

»Es gibt verschiedene Stadien in diesem Traum- oder hypnotischen Zustand, dieser anderen Wirklichkeit. Man ist bei vollem Bewußtsein, fast mehr als im normalen Wachzustand. Manchmal kann man über einer Stadt schweben oder ähnliche Dinge tun, aber an anderen Tagen ähnelt es wieder sehr unserer normalen Daseinsart, bei der die herkömmlichen Regeln der Schwerkraft gelten; man ist nur irgendwo anders.

Ich habe festgestellt, daß ich diesen hypnotischen Zustand am leichtesten mitten in der Nacht erreiche, wenn ich wach werde und dann langsam wieder einschlafe. Aber einen ähnlichen Zustand habe ich auch beim Klettern erlebt, insbesondere wenn ich solo diese langen, einfachen Touren gehe – dann, wenn ich das Gefühl habe, mit dem Fels verwachsen zu sein. Dann kann ich dieser zweiten Wirklichkeit, diesem Gefühl der Leichtigkeit, am nächsten kommen. Und das ist tatsächlich die transzendentale Poesie des Kletterns. Ich halte es für viel wichtiger, diesen hypnotischen Zustand zu erreichen, als extrem schwierige Boulderprobleme zu meistern, die noch kein Mensch geklettert ist.«

In letzter Zeit beschäftigt Gill mehr denn je die metaphysische Seite des Boulderns, das innere Klettererlebnis. Bei einem Glas Wein dachte Gill einmal über die Möglichkeit nach, daß »eine außergewöhnliche geistige Haltung« eine telekinetische Fähigkeit zum freien Schweben hervorrufen könne, wenn auch nur ein bißchen. »Ein paar Gramm könnten einen gewaltigen

Unterschied ausmachen«, sinniert er. »Ich habe Menschen erlebt, die über ihre Grenzen gegangen sind.« Hunderte, vielleicht Tausende hervorragender Kletterer haben sich unzählige Stunden am Fuß der Felsen von John Gill abgemüht und vergeblich versucht, mit beiden Beinen vom Boden wegzukommen. Viele von ihnen neigen normalerweise vielleicht dazu zu spotten, wenn man auf Telekinese und ähnliches zu sprechen kommt, aber wenn Gill über freies Schweben spricht, hören sie ganz genau zu.

KAPITEL DREI

Valdez-Eis

VALDEZ IN ALASKA IST EINE KLEINE STADT MIT ZWEI gewichtigen Gründen, berühmt zu sein. Erstens wurde diese Gemeinde von 4000 Seelen, die versteckt zwischen dem Fuß der Chugach Mountains und einem schmalen Meeresarm liegt, am Karfreitag 1964 vom stärksten Erdbeben erschüttert, das je in Nordamerika registriert wurde und das dreiunddreißig Einwohner tötete. Zweitens ist Valdez auch der Ort der größten Umweltkatastrophe, die Nordamerika je erlebt hat: Über zehn Millionen Gallonen Rohöl der Sorte North Slope liefen damals aus.

Daß das viele Erdöl 1989 auslief, ist Selbstgefälligkeit, unternehmerischer Habgier, der Vorliebe eines Kapitäns für den Teufel Alkohol und Murphys ehernem Gesetz zuzuschreiben, daß das Erdöl sich in den Valdez Arm ergoß und nicht in ein anderes Gewässer, einer klimatischen Laune: Die Transalaska-Pipeline führt nach Valdez, und folglich laufen Supertanker wie die Exxon *Valdez* Valdez an, weil Valdez der nördlichste eisfreie Hafen des Kontinents ist.

Die Gewässer des Valdez Arm sind zwar das ganze Jahr hindurch frei von Eis, das sie umgebende Land allerdings ganz und gar nicht. Die fetten blauen Zungen mehrerer Gletscher schieben sich bis an die Stadtgrenze von Valdez, und in den Wintermonaten verbünden sich eisige Temperaturen und die feuchte

Meeresluft und versiegeln die Straßen der Innenstadt mit einem tückischen Panzer aus schwarzem Eis. Die eindrucksvollsten Eisformationen finden sich allerdings an den unteren Flanken der kilometerhohen Berge, deren Gipfel direkt hinter dem Stadtrand wie Haifischzähne aufragen, eine zerklüftete Reihe hinter der anderen.

Im Sommer stürzen Hunderte von Wasserfällen die regengetränkten Steilhänge herab; sobald der November kommt, erstarren die Kaskaden auf halber Höhe, und die stürzende Gischt verwandelt sich in der winterlichen Kälte in Eiszapfen im Wolkenkratzerformat – himmelwärts ragende Pfeiler und eigenartige Vorhänge aus zerbrechlich wirkendem Eis, die im tiefen subarktischen Licht in blassen Aquamarin- und Saphirtönen leuchten.

Etwa 24 Kilometer vom Zentrum von Valdez entfernt führt der einzige Highway aus der Stadt in den Keystone-Canyon, einen 250 Meter tiefen engen Spalt quer durch den Felskamm der Chugach Range, durch den der Lower River zum Meer braust. Obwohl der Canyon von einem Ende zum anderen nur vier Kilometer lang ist, hängen im Winter über fünfzig gefrorene Wasserfälle von seinen senkrechten und überhängenden Wänden.

Vor zehn Jahren fuhr der Schiffsagent Bob Pudwill unter diesen abschreckenden Felsen durch den Keystone-Canyon, als, wie er sich erinnert, »ich zufällig nach oben sah und eine kleine Gestalt erblickte, die auf einem Absatz mitten in den Bridal Veil Falls stand«, einer der größten Kaskaden, die sich von November bis Mai in ein fünfzig Stock hohes Gitterwerk aus feinen blauen Eiszapfen verwandelt. Die Gestalt oben im

Wasserfall, erklärt Pudwill, »stampfte mit den Füßen und schlug die Hände gegeneinander und gab ein Seil aus, das zu einer zweiten winzigen Gestalt hinauflief, die am Eis zu kleben schien, Arme und Beine gespreizt, wer weiß wie, geschweige denn warum. Mir fiel dazu nur ein, daß Sie dafür bezahlt würden.«

Natürlich wurden sie nicht bezahlt, und sie versuchten sich auch nicht, wie Pudwill als zweite Möglichkeit annahm, in einer neuen Variante des Selbstmords; die beiden kletterten am Wasserfall aus dem einfachen Grund, weil er da war: Die Tätigkeit, deren Zeuge Pudwill wurde, war, so irrsinnig sie zu sein schien, nichts weiter als die letzte, höchst logische Weiterentwicklung des altehrwürdigen Bergsteigens. Binnen eines Jahres war Pudwill selbst ein leidenschaftlicher Wasserfallkletterer.

Als das Bergsteigen vor zweihundert Jahren in den Alpen erfunden wurde, war es ein bewundernswert einfacher Sport: Man suchte sich einen Berg, je höher desto besser, und versuchte, auf seinen Gipfel zu steigen. Mit der Zeit wurden jedoch alle hohen Berge bestiegen, und die Alpinisten, die sich ein Denkmal setzen wollten, waren gezwungen, sich immer schwierigeren Wänden und Graten an Bergen zuzuwenden, die bereits erstiegen waren. Schließlich gelangte die Suche nach immer größeren Herausforderungen und jungfräulichen Steilwänden an den Punkt, wo es für eine ganze Reihe guter Kletterer völlig uninteressant wurde, irgendeinen geographisch bedeutenden Gipfel zu besteigen; solange das Klettern so schwierig und steil war, daß reichlich Adrenalin floß, war es unwichtig, ob man einen Himalajagipfel erstieg oder in einem englischen Steinbruch herumkraxelte. Oder eben an einem gefrorenen Wasserfall in Valdez in Alaska.

Ein Wasserfall namens Wowie Zowie bei Valdez war am 25. Januar 1987 zufällig das Ziel von John Weiland und Bob Shelton. Da der Wowie Zowie in einem Stück 120 Meter über eine Lippe einer überhängenden Felswand in die Tiefe stürzt und ihr 9,5-Millimeter-Seil 90 Meter lang war, beabsichtigten die beiden Kletterer, den Rieseneiszapfen in zwei Etappen anzugehen, also in zwei Seillängen, wovon die erste bis zu einer kleinen Aushöhlung hinter dem Eisfall in 60 Meter Höhe führen sollte.

Shelton begann mit der ersten Seillänge um 9 Uhr morgens. In jeder Hand hatte er ein Eisbeil (eine 15 Zentimeter lange Stahlhacke, die an einem 40 Zentimeter langen Fiberglasschaft angebracht war), an die Kletterschuhe waren Steigeisen geschnallt (mit jeweils zwölf fünf Zentimeter langen Stahlzacken, davon zwei Frontalzacken).

Shelton setzte die Hacken seiner Eisbeile mit exakt geführten Schwüngen und balancierte auf den Frontalzacken seiner Steigeisen, die er ein bis zwei Zentimeter ins Eis gestoßen hatte, und zog sich wie ein spinnenartiges Tier mit Frontalzackentechnik die senkrechte Wand empor.

Um den Aufstieg soweit wie möglich abzusichern, machte Shelton alle sechs oder acht Meter halt, um eine Eisschraube zu setzen (ein 20 Zentimeter langes Aluminium- oder Titanrohr mit Außengewinde und einer Öffnung am Ende), einen Karabiner (ein Aluminiumbügel mit Schnappverschluß) in die Öse der Schraube zu klinken und dann das Seil, das von seinem Hüftgurt hing, in den Karabiner einzuhängen.

Wenn er zum Beispiel fünf Meter über einer Eisschraube den Halt im Eis verlor, konnte Shelton damit rechnen, etwa zwölf Meter tief zu stürzen, bevor der ihn sichernde Weiland den Sturz aufhalten konnte (beim Sichern wird das Seil so ausgegeben, daß es im Fall eines Sturzes sofort arretiert werden kann): Shelton würde die fünf Meter bis zur Eisschraube fallen, dann weitere fünf Meter und schließlich noch zwei, drei Meter, bis sich das Seil spannt und die Sturzenergie aufgefangen wird. Da ein Zwölf-Meter-Sturz, bei dem einem die gut funktionierende Nachbildung jenes Werkzeugs um die Ohren fliegt, mit dem Trotzki erschlagen wurde, zweifellos zu schweren Verletzungen führen kann, setzte Shelton alles daran, die Devise »der Vorsteigende soll nicht stürzen« zu beherzigen.

30 Meter über dem Boden, nach zwei Stunden kräftezehrendem Kampf mit der Schwerkraft und dem spröden Eis des Wowie Zowie, erreichte Shelton einen Überhang in dem riesigen Eiszapfen, eine Stelle, wo sich der Pfeiler wie eine zerfetzte, zerschlissene Markise über ihm wölbte. »Mit knirschendem Gerät arbeitete ich mich so weit es ging bis unter den Überhang vor«, erinnert sich Shelton, »und drosch eine weitere Schraube ins Eis. Dann lehnte ich mich nach außen über die Dachkante hinaus, schlug die Hacken in den Pfeiler, schrie Johnny unten zu, die Ohren steifzuhalten, und los ging's: Ich holte mit den Armen aus, zog mich abwechselnd rechts und links hoch und setzte die Frontalzacken ein.«

Zu seinem großen Mißfallen merkte Shelton, daß das Eis des absolut lotrechten oberen Pfeilers ein zweifelhaftes, mit Luftblasen durchsetztes Gemisch war, das mehr Ähnlichkeit mit Styropor als mit Eis hatte. Den

Überhang, den er soeben überwunden hatte, zurückzuklettern war jedoch unmöglich, und so stieg er weiter in der Hoffnung, daß das Eis weiter oben vielleicht besser würde. Doch es wurde immer schlechter. Mit brennenden Armen schwang er die Beile und versuchte vergebens, durch das schlechte Eis zu dringen, um etwas Festeres zu finden, in das er die Hacken hätte schlagen können. Es fiel ihm immer schwerer, mit dem Gerät Halt zu finden. Dann, erzählt Shelton, »bröselte plötzlich alles, und weg war ich«.

»Losfliegen«, »etwas Luft schnappen«, »die Flatter machen«, »eine Flugnummer einlegen«, »eine Flugstunde nehmen«: mit solchen und ähnlichen spaßigen Formulierungen bezeichnen die Kletterer das Stürzen. Als Shelton kopfüber an der Kante des Überhangs vorbeisauste und die Macht des Sturzes die oberste Eisschraube wie einen Zahnstocher aus einem Cocktailhappen riß, sah es so aus, als ob er »einen Krater schlagen« würde, ein Ausdruck, der den Gelegenheiten vorbehalten ist, wenn ein Kletterer das Pech hat, ungebremst bis zum Boden zu stürzen. Das Glück war an diesem Sonntag jedoch auf Sheltons Seite, denn die nächste Schraube hielt, und er wurde nach nur 20 Metern vom elastischen Nylonseil abgefangen, handelte sich zwar ein paar blaue Flecken ein, blieb aber ansonsten unverletzt.

Gefrorene Wasserfälle wie der Wowie Zowie sind, wie wir festhalten sollten, ziemlich neu auf der Liste dessen, was Kletterer klettern, und zwar aus dem einfachen Grund, weil bis zu den späten sechziger Jahren niemand die Mittel hatte, an ihnen aufzusteigen. Selbstverständlich haben Alpinisten seit den Anfängen des

Bergsteigens Eiswände und Couloirs durchstiegen, aber nur, wenn das Gefälle deutlich geringer als senkrecht war.

Im 19. Jahrhundert bewältigten Bergsteiger in Nagelschuhen 40 bis 50 Grad steile Eisflanken am Montblanc und den benachbarten Felsnadeln, den Aiguilles, indem sie mit plumpen, schweren Eispickeln in mühsamer Arbeit lange Stufenreihen und Griffe in den Hang schlugen. 1908 wurde die Obergrenze in Sachen Steilheit ein paar Grade in Richtung Senkrecht verschoben, als ein englischer Kletterer namens Oscar Eckenstein ein Steigeisen mit zehn gerade ausgerichteten Zacken erfand.

In den dreißiger Jahren bekam das Steigeisen die beiden zusätzlichen horizontalen Frontalzacken, und Mitte der sechziger Jahre wurden in die Hacken der Eisbeile Zähne gefräst. Dank dieser Verbesserungen konnte sich die verwegene Frontalzackentechnik entwickeln, die das Stufenschlagen völlig überflüssig machte und es den führenden Bergsteigern ihrer Zeit ermöglichte, bis zu 70 Grad steile Eiscouloirs in den französischen Alpen, dem Schottischen Hochland und den Rocky Mountains zu bewältigen.

Als die Kletterer versuchten, die Grenze noch weiter hinauszuschieben, stellten sie jedoch fest, daß ihre Geräte dem in keiner Weise gewachsen waren. Auf Eis, das steiler als 70 Grad war, erklärt Yvon Chouinard, ein gedrungener Kalifornier französisch-kanadischer Abstammung und vielleicht der beste Eisgeher der sechziger Jahre, »brachen selbst die besten Eisbeile oft aus und verletzten einen am Auge, wenn sie viel Körpergewicht halten mußten«.

Chouinard, ein autodidaktischer Schmied, schlug

sich damals mühsam mit dem Verkauf moderner Haken, Karabiner und anderer Kletterausrüstung durch, die er selbst entwarf und anfertigte. Nachdem Chouinard immer wieder enttäuscht von den mangelhaften Geräten war, die er zum Durchsteigen der großen Eiswände am Montblancmassiv benutzt hatte, entschloß er sich 1966, es mit etwas Besserem zu versuchen: einem speziellen Eisbeil, das auch in senkrechtem Eis sicher hielt. »An einem verregneten Tag in jenem Sommer«, erinnert er sich, »ging ich auf den Bossonsgletscher oberhalb von Chamonix, um alle damals verfügbaren Eisbeile zu testen und herauszufinden, warum sie nichts taugen.«

Ihm fiel sofort auf, daß alle Eisbeile, die er testete, eine gerade Hacke hatten, die rechtwinklig zum Schaft angebracht war. Einer Ahnung folgend entwarf Chouinard – mit Unterstützung seines Klettergefährten Tom Frost, eines Flugzeugingenieurs – ein Eisbeil mit einer Hacke, die leicht nach unten gekrümmt war und der Kurve entsprach, die das Beil beim Schlagen beschrieb.

Die Ahnung erwies sich als ein Geniestreich: Mit einem Eisbeil von Chouinard-Frost in jeder Hand konnte ein Kletterer mit kräftigen Armen und Herz über senkrechtes und sogar überhängendes Eis in Frontalzackentechnik aufsteigen. 1970 hielt das Eisbeil von Chouinard-Frost weltweit Einzug in alle Klettershops und ermöglichte eine Reihe bis dahin unvorstellbarer Routen an surrealen und monströsen Eiszapfen von Alaska bis Kenia, New Hampshire bis Norwegen, von denen Chouinard selbst mehrere als erster beging.

Von den späten fünfziger bis zu den späten sechziger Jahren, als Chouinard in den Zwanzigern war und sich erste Sporen als Erfinder außergewöhnlicher Kletterausrüstung verdiente, verbrachte er viele Monate im Jahr unterwegs auf Fahrten von einem Klettergebiet zum anderen, immer mit einer tragbaren, kohlegefeuerten Schmiede, »nur Klettern und Geräte verkaufen, die ich aus dem Kofferraum meines Wagens heraus bastelte«, wie er sagt. Sein Verdienst in dieser Zeit war bestenfalls bescheiden. Häufig war seine Finanzlage derart mager, daß er und seine Klettergefährten sich von Backenhörnchen und Stachelschweinen ernähren mußten, während sie in relativ üppigen Zeiten »schlemmten und beschädigte Dosen Katzenfutter aßen«, wie Chouinard sich erinnert. »Wir erstanden sie für zehn Cent das Stück und deckten uns für den ganzen Sommer ein.« Aber damit niemand auf falsche Gedanken kommt, fügte Chouinard sofort hinzu, daß »es das besonders delikate Katzenfutter war, das mit dem Thunfischgeschmack. Ich bin schließlich nicht der Typ, der Hundefutter oder so was essen würde.«

Chouinard, der heute einundfünfzig ist, klettert immer noch schwierige Routen und stellt immer noch Eisklettergeräte her, die weithin als die besten der Welt gelten. Aber inzwischen kann man wohl mit Sicherheit annehmen, daß er nicht mehr sehr viel Katzenfutter ißt, auch nicht die delikate Mischung, denn die Ausrüstungsfirma, die er 1957 aus seinem altersschwachen Ford heraus aufbaute, hat sich zu einer Kette von Betrieben entwickelt, die über 70 Millionen Dollar Umsatz im Jahr machen.

Der Großteil dieser Erträge kommt nicht aus dem Verkauf von Eisschrauben, Eisbeilen und Steigeisen, sondern aus dem Verkauf modischer Freizeitkleidung – Parkas, Regenbekleidung, Unterwäsche –, die unter dem Label »Patagonia« vertrieben wird. Chouinard räumt selbst ein, an den Eisgeräten nie Geld verdient zu haben, und er rechnet auch in Zukunft nicht damit, weil Eisklettern eine so kalte, ausgefallene, unheimliche Tätigkeit ist, daß der Markt für diese Ausrüstung immer sehr begrenzt bleiben wird. Von den geschätzten 150000 Amerikanern, die sich als ernsthafte Bergsteiger bezeichnen würden, klettert höchstens ein Prozent regelmäßig an gefrorenen Wasserfällen. »Die einzigen, die Eiskletterei betreiben«, erklärt der Meister der Eisgeher nüchtern, »sind eine Handvoll milieugestörter Exoten.«

Es überrascht nicht, daß unverhältnismäßig viele dieser milieugestörten Exoten in der Gegend von Valdez in Alaska leben. Einige der Eiskletterer von Valdez, wie Dr. Andrew Embick, einer der drei Ärzte der Stadt, waren Kletterfanatiker aus dem Süden des Bundesstaates, die zumindest teilweise in das Gebiet emigrierten, um von dessen eisiger Großzügigkeit zu profitieren; andere waren normale, nichtkletternde Menschen, die bei ihrer Ankunft in der Gegend keine Ahnung davon hatten, daß es überhaupt einen so seltsamen Sport wie Wasserfallklettern gibt, geschweige denn davon, daß sie selbst eines Tages damit anfangen würden.

Eisklettern kann ein verführerischer Zeitvertreib sein. Wenn John Weiland – der das Wasserfallklettern 1975 nach Valdez brachte – über seine frühen Klettererfahrungen spricht, muß man sich immer wieder in Erinnerung rufen, daß er von einem Sport redet, nicht von einer Form chronischer Abhängigkeit. »Mein Vater war ein besessener Kletterer«, erzählt der bedächtige einundvierzigjährige Zimmermann, »ich kam also schon in jungen Jahren mit der Kletterei in Berührung und bin dem Sport ebenfalls völlig verfallen. Klettern war für mich wie eine Droge, es bedeutete mir alles.«

1976, nicht lange nachdem er und Jeff Lowe, ein Besucher aus Colorado, in drei Tagen die erste Durchsteigung der Keystone Green Steps abschlossen, des mit 215 Metern höchsten Wasserfalls in Valdez, begann es Weiland zu mißfallen, wie diese prächtige Obsession sein Leben beherrschte. Er zwang sich dazu, das Klettern aufzugeben, eine radikale Entziehungskur, und schaffte es, fast sechs Jahre clean zu bleiben. 1981, in einer schwachen Sekunde, entstaubte er jedoch sein Eisgerät und kletterte ein bißchen, nur um sich zu beweisen, daß er jederzeit wieder aufhören konnte, und treibt sich seitdem wieder an den gefrorenen Wasserfällen herum. Weiland beharrt jedoch ganz nüchtern darauf, daß er »wirklich langsam wieder zurück in die Sache kam, und ich habe aufgepaßt, diesmal nicht verrückt zu spielen. Ich habe das Gefühl, es jetzt im Griff zu haben.«

Abhängigkeit ist selbstverständlich nicht die einzige Gefahr, die auf den Eisgeher lauert. Die Tätigkeit ist so eindeutig gefährlich, daß sie im allgemeinen alle abschreckt, die nicht wissen, was sie tun, bevor sie weit genug vom Boden wegkommen, um sich umzubringen. Auf jeden Fall hat es bisher erstaunlich wenige Eiskletterunfälle in Valdez gegeben und noch keinen tödlichen. »Eisklettern ist bestimmt kein vollkommen harmloser Sport«, stellt Andy Embick klar, »aber wir haben in Valdez im Verlauf von neun Jahren aggressiven Wasserfallkletterns nur acht oder neun Verletzungen erlebt, wobei die schwerste ein Paar gebrochene Beine waren.«

Dr. Embick – ein besessener, muskulöser Allgemeinmediziner mit Harvard-Ausbildung, ein Mittvierziger mit Nickelbrille und Abraham-Lincoln-Bart – ist so verrückt auf Eisklettern, daß er es Patienten schon als vorbeugende Maßnahme verordnet hat. »Die Bewohner Alaskas«, erklärt er, »sind im Winter gesundheitlich oft nicht gut drauf. Viele sind in dieser Jahreszeit ohne Arbeit, und der Mangel an Betätigung, die kurzen Tage, das lausige Wetter, all das führt dazu, daß sie viel in der Stube hocken. Eine der Folgen ist der jährliche Babyboom im Oktober, eine andere, daß die Leute herumsitzen, sich nicht wohl fühlen, viel zuviel trinken und ihre Frauen oder Ehemänner verprügeln. Die Dunkelheit setzt den Menschen böse zu, was jedes Jahr ein oder zwei Selbstmorde nach sich zieht. Alles, was einen aus dem Haus treibt, was einen körperlich fordert, ist eine gute Therapie und wehrt die Winterprobleme ab. Und eine der wenigen Betätigungsmöglichkeiten, die die Menschen hier im Winter haben, ist das Eisklettern.«

Die Tatsache, daß nur wenige von Embicks Patienten tatsächlich dazu gebracht werden konnten, gerade diese Heilmethode anzuwenden, hat der Begeisterung des guten Arztes für seinen rutschigen Zeitvertreib offenbar keinen Abbruch getan. Es ist eine Leidenschaft, die sich auf viele Arten ausdrückt, darunter nicht zuletzt in »The Book«, einem Meisterstück, an dem Embick seit neun Jahren arbeitet und das, sollte es je erscheinen, den Titel tragen wird *Blue Ice and Black Gold: An Ice Climber's Guide to the Frozen Waterfalls of Valdez, Alaska*. Neben der Beschreibung aller 164 Wasserfälle, die bis jetzt durchstiegen worden sind, nennt das Buch auch die Namen der Erstbesteiger (Embicks Name steht unter fünfzig der Anstiege) und bewertet die Schwierigkeit jedes Wasserfalls auf einer von I bis VI reichenden Skala.

Auch wenn Eisklettern ein Spiel ist, das ohne Schiedsrichter, offizielle Regeln oder organisierte Wettkämpfe auskommt, ist es dennoch äußerst wettbewerbsorientiert. Die besten Eiskletterer, die mit dem Ehrgeiz von Olympiakandidaten trainieren, betrachten Embicks Buch und ähnliche Führer weniger als Baedeker denn als praktische Möglichkeit, eine Hackordnung zu manifestieren: Wer einen Wasserfall durchstiegen hat, den das Buch mit der Schwierigkeit VI bewertet, hat mehr Recht, sich aufzuplustern, als jemand, der eine V+ geklettert ist.

Erstbegehungen sind offenbar mit besonderem Prestige verbunden. Wer als erster bei einem Wasserfall erfolgreich war, wird nicht nur im Buch verewigt, sondern hat auch das Recht, die Tour nach eigenem Belieben zu benennen. Ein kurzer Blick ins Buch zeigt, daß der einheimische Geschmack bei den Namen der Wasserfälle so einfallsreiche Blüten treibt wie Killer Death Fang Falls, Deo Gratias, Never Again, Necromancer, Thrash & Bash, Too Loose Lautrec, No Way Jose, Dire Straits und Marginal Desperation. Mehrere nicht druckreife Benennungen sind von Körperfunktionen und sexuellen Erwachsenenfixierungen inspiriert, die den Entwicklungsstillstand des typischen Eiskletterers widerspiegeln.

Um das Wasserfallklettern generell und das in Valdez im besonderen zu fördern, veranstaltete Embick im Februar 1983 das erste jährliche Eiskletterfest in Valdez, eine zwanglose Gelegenheit für die einheimischen Kletterer, zu plaudern, Bier zu trinken und mit ihren auswärtigen Kameraden zu klettern. Seitdem veranstaltet die Gemeinde das Ereignis jeden Februar. In den letzten Jahren hat das Fest Eisgeher aus Gegenden wie Österreich, Neuseeland, Japan und Kentucky angelockt.

Damit die auswärtigen Kletterer einen unvergeßlichen Aufenthalt haben, führen die Kollegen aus Valdez ihren Gästen gern die »wirklich klassischen« Wasserfälle der Stadt vor. 1985 zum Beispiel führte Brian Teale, eines der heimischen Asse, Shomo Suzuki – vielleicht Japans besten Eisgeher – den Wowie Zowie hinauf, der zu der Zeit noch so klassisch war, daß er seit der ersten Begehung 1981 durch Embick und den brillanten Kletterer Carl Tobin aus Fairbanks erst einmal wieder durchstiegen worden war. Hätte Suzuki Gelegenheit gehabt, einen Blick in Embicks Buch zu werfen, hätte er den Wasserfall als einen »eindrucksvollen überhängenden Pfeiler« beschrieben gefunden, mit Eis von »sehr schlechter Beschaffenheit« und einem langen Abschnitt, an dem »die Chance zum Anhalten oder Umkehren unmöglich ist«. Als Suzuki nach der Durchsteigung gefragt wurde, wie Wowie Zowie im Vergleich mit den Wasserfällen in seiner Heimat abschneide, soll er ohne zu zögern geantwortet haben: »In Japan ist noch nie jemand in einem solchen Eis geklettert, und ich für meine Person habe nicht die Absicht, es jemals wieder zu versuchen.«

Ich kam 1987 zum Eisfestival nach Valdez und fand noch dreiundsechzig andere Kletterer vor, von denen vierzig jede Nacht auf dem Fußboden von Embicks Haus Wange an Backe biwakierten. Auch ich machte die Erfahrung, daß meine Gastgeber sich mit der gleichen Gastfreundlichkeit, die sie Shomo Suzuki erwiesen hatten, die größte Mühe gaben, damit auch ich einen denkwürdigen Aufenthalt habe. In der Woche, die ich in Alaska verbrachte, hatte ich Gelegenheit, acht Klassiker zu klettern, von denen der klassischste ein Wasserfall mit dem unschuldig klingenden Namen Love's Way war.

Der 108 Meter hohe Wasserfall war 1980 von Embick und Tobin zum erstenmal durchstiegen worden – Embick taufte ihn wegen seiner bevorstehenden Hochzeit Love's Way – und hatte erst zwei Monate vor meiner Ankunft seine zweite Begehung erlebt. Nachdem ich zugestimmt hatte, einen draufgängerischen jungen Kletterer namens Roman Dial aus Fairbanks beim Durchsteigungsversuch zu begleiten, las ich mit wachsender Besorgnis im Buch, Love's Way sei »ein überhängender, kerzenständerartiger, freihängender Pfeiler ohne Verbindung zum Fels... Wie bei überhängendem Eis typisch, sind sowohl Geräte als auch Schrauben bestenfalls schwierig zu plazieren.« Warnend hieß es dann weiter, daß »bloße Kraft und Ausdauer« allein nicht ausreichten, um erfolgreich zu sein, sondern daß außerdem notwendig sei, »an brüchigen Eispfeilern kompliziert zu stemmen, zu verklemmen und sich zurückzulegen« – anspruchsvolle Methoden, die der technischen Felskletterei entliehen waren.

Wer eine schwierige Eiskletterei angeht, tut das in aller Regel zu zweit. Eingedenk des geselligen Geistes des Eisfestivals hatten sich zu Roman und mir aber noch Kate Bull, eine siebenundzwanzigjährige Geologin, und Brian Teale gesellt. Love's Way wird von zwei breiten Absätzen unterteilt, die die Tour in drei logische Abschnitte gliedern. Sowohl Brian als auch Roman sind, wie die meisten Extremkletterer, notorische »Leithammel«: Für sie ist Klettern als Seilzweiter oder -dritter mit einer Sicherung von oben so erstrebenswert wie Pokern ohne Geld, und sie verzichten folglich nur widerwillig auf das sogenannte scharfe Ende des Seils.

Nach einer langen Diskussion einigten wir uns darauf, daß Brian die erste Seillänge vorsteigen sollte. Sie erwies sich als nur mäßig schwierig, und er stieg in Frontalzackentechnik rasch bis zum Absatz, wo er drei Eisschrauben setzte, sich an dieser Verankerung selbst sicherte und dann Kate, Roman und mich beim Nachsteigen sicherte. Direkt über uns hing, drohend wie ein Damoklesschwert, der extreme zweite Abschnitt der Route, ein zwölf Stockwerke hoher Pfeiler, dessen erste sieben Stockwerke aus kopflastigen, freistehenden Bündeln gebrechlich wirkender Eiszapfen bestanden, die an der Basis des Pfeilers größtenteils nicht dicker als ein schmächtiger Baumstamm waren.

Nach eingehender Betrachtung des Pfeilers von unserem Stand aus hatte der Streit darum, wer die Ehre haben sollte, die zweite Seillänge zu führen, merklich an Schärfe verloren. Als Brian ganz unerwartet anbot, »okay, Roman, wenn du unbedingt führen möchtest, ich laß dich«, glaubte ich einen Augenblick, ein paar Risse in Romans normalerweise furchtlosem Auftreten zu entdecken. Sein Zögern mochte mit einem Unfall im Vormonat zu tun haben, als er erlebt hatte, wie ein Gefährte namens Chuck Comstock an einem beunruhigend ähnlichen freistehenden Pfeiler in der nahen Wrangell Range um ein Haar gestürzt wäre.

Comstock, ein rothaariger Farmerjunge aus Iowa, der bis zu seinem Eintritt in den staatlichen Küstenwach- und Rettungsdienst und seiner Verlegung nach

Valdez noch nie etwas von Eisklettern gehört hatte, hatte an besagtem Pfeiler geführt, dem letzten Steilstück eines 450 Meter hohen Wasserfalls, als der riesige Eiszapfen, an dem er in Frontalzackentechnik rumkletterte, ganz komisch anfing zu knacken und zu ächzen. Als das Ächzen plötzlich stärker wurde, brach Comstock den weiteren Aufstieg ab und zog sich fluchtartig zurück. Ein paar Sekunden, nachdem er den Pfeilerfuß erreicht hatte und zur Seite hastete, brach der Pfeiler vor Romans Augen donnernd unter dem eigenen instabilen Gewicht zusammen.

Den Beinahesturz seines Freundes sicher noch frisch in Erinnerung, schlug Roman in der zweiten Seillänge des Love's Way seine Eisgeräte so gefühlvoll wie ein Steinschneider, der einen kostbaren Edelstein zerteilt. Der Aufstieg erforderte eine schwer miteinander zu vereinbarende Mischung aus Kraft und großer Behutsamkeit; das Klettern war unglaublich diffizil. Das Eis des Pfeilers war so brüchig und morsch, daß Roman gar keine Zeit mit dem Versuch vergeudete, sich mit Eisschrauben zu sichern, bis er gut zwölf Meter über dem Absatz war, und als er schließlich doch eine Schraube setzte, war das Eis, in dem sie steckte, so schlecht, daß das Vibrieren seines Seils beim Weiterklettern die Schraube wieder herauslöste.

Erst 25 Meter über dem Absatz konnte Roman eine sichere Eisschraube setzen. Hätte er davor einen Schwächeanfall erlitten oder einen einzigen Fehler gemacht – wenn zum Beispiel sein Eisgerät wie bei Bob Shelton am Wowie Zowie aus dem Eis gebrochen wäre –, wäre Roman höchstwahrscheinlich zu Tode gestürzt. Die meisten Leute wären an seiner Stelle vor Angst buchstäblich wie gelähmt gewesen, was ihren

Untergang nur noch beschleunigt hätte. In Romans Fall trug der Ernst der Lage jedoch dazu bei, seine Konzentration zu schärfen und die Müdigkeit in seinen Armen zu dämpfen, und so erreichte er den Absatz am Ende der zweiten Seillänge ohne Zwischenfall, wenngleich geistig wie körperlich völlig ausgepumpt.

Als nächster war ich an der Reihe. Nachdem die Krämpfe in seinen Armen abgeklungen waren, holte Roman das Seil ein und rief »Stand!« hinunter, mein Stichwort, den Pfeiler anzugehen. Das gut verankerte Seil von oben bedeutete, daß ich mir keine Sorgen zu machen brauchte, solange ich meine Rettungsleine nicht versehentlich mit einem Eisbeil durchtrennte oder den Pfeiler zusammenschlug. Ich setzte mein Eisgerät daher mit Bedacht ein und schlug so vorsichtig wie möglich. Trotzdem hallte der ganze Pfeiler jedesmal, wenn ich ein Eisbeil oder die Steigeisen einschlug, mit einem lauten PANK! wider und erzitterte beunruhigend unter den Füßen, was mir das Gefühl gab, mich auf einem Baum zu befinden, der gerade gefällt wurde.

Ich versuchte, das graue, morsche Eis zu meiden, und zielte mit den Beilen nur dorthin, wo der Pfeiler ein dunkles Blaugrün aufwies und damit relativ fest war. Aber selbst das grüne Eis war mit versteckten Hohlräumen und Luftblasen durchsetzt, so daß es nicht möglich war, das Gerät fest zu verankern. Und egal wie behutsam ich die Eisbeile einsetzte, immer wieder brachen Stücke – manche zwanzig oder dreißig Pfund schwer – unter meinen Schlägen aus dem Eis, stürzten an meinem Kopf vorbei, wurden mit einem leichten Pfeifen immer schneller und zerplatzten zwanzig Stockwerke unter mir am Hang, während ich wie gebannt zusah.

Wegen des kläglichen Durchmessers des Pfeilers mußte ich die Steigeisen dicht nebeneinander und in einer unangenehm engen Stellung einsetzen, wodurch es schwerer wurde, im Gleichgewicht zu bleiben: Jedesmal, wenn ich etwa das linke Eisen aus dem Eis zog, um es höher wieder zu verankern, drehte sich mein Körper links vom überhängenden Pfeiler weg, wie die Tür eines Schranks, der nicht im Lot steht und die daher nicht geschlossen bleibt.

Weil das Eis überhängend war, mußten die Arme während der dreißig oder vierzig Minuten, die mein Aufstieg dauerte, etwa achtzig Prozent meines Körpergewichts halten. Die körperliche Anstrengung war etwa vergleichbar mit einem halbstündigen Üben von Klimmzügen, wobei man nach jedem Aufschwung an einem Arm hing und mit dem anderen mehrmals einen zwei Pfund schweren Hammer schwang. Als ich die zweite Seillänge von Love's Way etwa zur Hälfte durchstiegen hatte, zitterten meine Arme vor Anstrengung, ich japste nach Luft, und die Kleidung unter meinem Anzug war trotz der Kälte schweißnaß; als ich mich schließlich auf den Absatz fallen ließ, wo Roman sicherte, waren meine Hände so verkrampft, daß ich kaum den Karabiner öffnen konnte.

Als nächste kam Kate hoch, dann Brian, und kurz vor Sonnenuntergang wandten wir uns unruhig der letzten Seillänge zu. Zur allgemeinen Erleichterung war diese jedoch nur senkrecht und nicht überhängend und ein Spaziergang im Vergleich mit dem Mittelteil. Als die beißende abendliche Kälte sich über Valdez legte, schüttelte sich unser buntgemischtes Team neben einer Gruppe verkrüppelter Erlen, die den höchsten Punkt von Love's Way markierten, die Hände.

Es ist nicht zu leugnen, daß Wasserfallklettern im allgemeinen gruselig, manchmal schrecklich und gelegentlich sogar regelrecht lebensgefährlich ist. Den meisten Nichtkletterern wird es beim besten Willen kaum möglich sein, den Reiz dieser Sportart zu verstehen. Aber jeder, der gehört hätte, wie die Wände des Keystone-Canyon das Jubeln von Kate Bull zurückwarfen, als sie am Endpunkt von Love's Way ankam, hätte damit keinerlei Schwierigkeiten.

KAPITEL VIER

Ans Zelt gefesselt

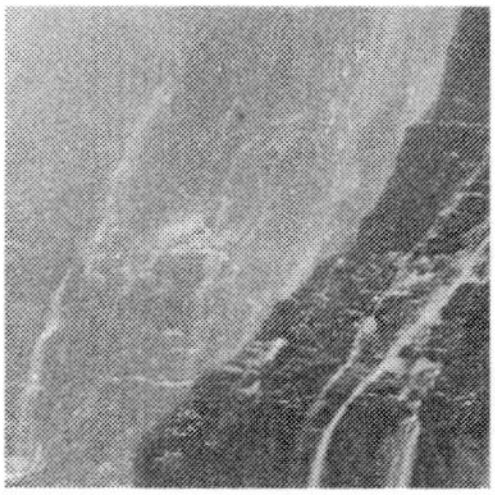

WENN SIE DAS NÄCHSTE MAL EINEN AUSFLUG IN DIE Pampa planen, weil irgendein herrlicher Bildband mit Fotos von schneebedeckten Gipfeln unter strahlend blauem Himmel Ihre Begeisterung geweckt hat, täten Sie gut daran, darüber nachzudenken, woher diese wunderbare Schneeauflage gekommen ist. Es liegt in der Natur der Berge, den Winden die Feuchtigkeit abzutrotzen, die sie zufällig mitführen. Das wissen Sie natürlich längst, wenn nicht aus dem naturwissenschaftlichen Unterricht in der Schule, dann von durchnäßten Ferien in den Adirondack Mountains und den North Cascades. Doch Optimismus ist bedenklich unempfänglich für einfache Tatsachen und die harten Lehren der Erfahrung. Es kann schwerfallen zuzugeben, daß der Aufenthalt in der unberührten Natur viel zu oft bedeutet, zwischen den Wänden eines feuchten Nylonzelts eingesperrt zu sein, ans Zelt gefesselt.

Natürlich haben einige Berge und Jahreszeiten scheußlicheres Wetter als andere, und wenn man Orte wie den Himalaja in der Monsunzeit oder Patagonien (wo, wie die Einheimischen sagen, »der Wind das Land fegt wie der Besen Gottes«) das ganze Jahr meidet, wird man wahrscheinlich hin und wieder blauen Himmel sehen. Aber auch Moskitos und Kriebelmükken können uns bei herrlichstem Sonnenschein ins Zelt verbannen, genauso wie Sandstürme. Ans Zelt gefesselt zu werden ist demnach immer möglich, egal wie der Wetterbericht ausfällt.

Es stimmt: Wenn das Zeltleben in den niedrigeren Bergen an Reiz verliert, zumindest im Sommer, kann man normalerweise klamme Regenkleidung anziehen und sich trotz der Sintflut hinauswagen, um soviel Freude wie möglich aus den nebelverhangenen Bergen zu ziehen. Aber wenn es einem der rauhere und aufregendere Charme irgendeiner abgelegenen, vergletscherten Hochregion angetan hat, riskiert man, sich in ein Zelt eingesperrt wiederzufinden, als Geisel der Elemente, tagelang, vielleicht auch wochenlang.

Ans Zelt gefesselt zu sein ist jedoch nicht nur Qual. Die ersten paar Stunden können in schläfriger Euphorie vergehen, in denen man friedlich im Schlafsack liegt und die Regentropfen beobachtet, die draußen an der durchsichtigen Zelthaut herunterlaufen, oder die Schneewehen, die sich langsam die Wände hocharbeiten. Wohlig eingepackt in Daunen oder den neuesten Errungenschaften der chemischen Industrie, die rauhen Bedingungen des Tageslichts durch Nylon zu sanftem Zwielicht gefiltert, herrscht eine Atmosphäre unschuldiger Erleichterung. Das Unwetter hat dir eine wetterfeste Ausrede beschieden, nicht das Leben riskieren zu müssen beim Versuch der ersten freien Direttissima an jenem schrecklichen Gipfel hinten im Tal oder sich nicht noch über einen weiteren hohen Paß quälen zu müssen, der Teil des abwegigen Plans des Gefährten ist, um die nächste Wasserscheide im Osten zu erkunden. Dein Leben ist für mindestens einen weiteren Tag sicher; unnütze Plackerei ist abgewendet worden; das Gesicht wurde gewahrt – und all das ohne

Qual oder Gewissensbisse. Es gibt nichts weiter zu tun, als wieder in seligen Schlaf zu sinken.

Es kann jedoch auch des Guten zuviel werden. Selbst ein begnadeter Faulpelz muß irgendwann an den Punkt kommen, wo weiteres Schlafen unmöglich wird. Ich habe ungewöhnlich begabte Alpinisten kennengelernt, die sich wiederholt sechzehn oder zwanzig Stunden am Tag bewußtlos stellen konnten, aber selbst dann bleibt immer noch eine ganze Menge Zeit totzuschlagen, und die weniger Begnadeten stehen, selbst mit noch soviel Erfahrung, plötzlich da und haben zehn oder zwölf wache Stunden am Tag auszufüllen.

Langeweile bedeutet eine sehr reale, wenn auch schleichende Gefahr. Um Blaine Harden von der *Washington Post* zu zitieren: »Langeweile tötet, und diejenigen, die sie nicht tötet, macht sie zu Krüppeln, und diejenigen, die sie nicht zu Krüppeln macht, saugt sie aus wie ein Blutegel, so daß ihre Opfer am Ende bleich, apathisch und vergrübelt sind. Beispiele gibt es zuhauf... Ratten, die in angenehmer Isolation gehalten werden, werden rasch unruhig, gereizt und aggressiv. Der Körper zuckt, der Schwanz wird schuppig.« Wer in die Pampa reist, muß sich also nicht nur Kenntnisse im Umgang mit Karte und Kompaß oder dem Verhüten und Behandeln von Blasen aneignen, sondern sich auch geistig und körperlich wappnen, mit der Langeweile fertig zu werden, damit er keine Schuppen ansetzt.

Als gesellige Wesen suchen wir in erster Linie bei unseren Zeltgenossen Hilfe gegen die Trübsal eines unter Wasser stehenden Lagers. Es ist gar nicht möglich, zuviel Sorgfalt auf die Auswahl der Gefährten zu verwenden. Das Repertoire eines Kandidaten an lustigen Geschichten, ein Grundstock an Smalltalk und Sinn für Humor, der in der Haft aufblüht, sollten mindestens genauso wichtig genommen werden wie die Ausdauer auf Bergpfaden oder die Erfahrung im Eisklettern.

Noch wichtiger als die Fähigkeit zu unterhalten ist ein Charakter, der einem nicht auf die Nerven geht. Ihr Kumpel kann vielleicht hinreißend Frank Zappa nachahmen, aber wie kommt dieser Zappa bei Ihnen an, wenn Sie ihn fast pausenlos sechsundneunzig Stunden im Zelt hören? Leute, welche die abenteuerlichsten Touren überlebt haben, raten dringend von hyperaktiven Begleitern ab. Reizbare Zeltgefährten, die nicht fähig sind, die Bedeutung von Langsamkeit und Bedächtigkeit zu begreifen, können die anfällige, träge Atmosphäre eines Lagers im Nu zerstören und das sowieso ernste Defizit an Betätigungsmöglichkeiten zum Ausfüllen der bleiernen Stunden noch verschärfen.

Das normale Bergsteigerzelt bietet selten mehr Bewegungsfreiheit als eine Telefonzelle und weniger Liegefläche als ein französisches Bett. Wenn man zu solch unentrinnbarer Nähe gezwungen wird, liegen die Nerven schnell blank, und die geringste Störung kann im Nu zu unerträglichem Ärger führen. Fingerknacken, Nasenbohren, Schnarchen und das Verletzen des Hoheitsraums eines Zeltgenossen mit dem durchweichten Fußende eines Schlafsacks können zur Saat der Gewalt werden. Einer der besten Alaska-Alpinisten der sechziger und siebziger Jahre erinnert sich an einen sturmumtosten Trip mit seinem besten Freund David Roberts zum Mount Deborah:

Unsere Unterhaltung ging entweder in Langeweile unter

oder führte zum Streit. Ich war vom Wetter derart mitgenommen, daß ich meinen Ärger an irgend etwas auslassen mußte; Don war das nächste und einzige Objekt, das zu einer Reaktion fähig war... Ich hatte mir angewöhnt, auf Dons wohlerzogenes Benehmen anzusprechen – darauf, wie er sein Messer putzte oder sein Buch hielt oder sogar atmete. Die Versuchung, rationale Erklärungen zu erfinden, war groß: Ich sagte mir, daß mich seine bedächtige Art aufregte, mit der er sein Frühstücksmüsli löffelte, weil das ein Zeichen für sein stets planmäßiges Vorgehen war, was wiederum Ausdruck geistiger Langsamkeit war, die der Grund dafür war, daß er meine Ungeduld nicht mochte und sich dagegen auflehnte... Der Stillstand unserer Situation machte mich sowohl aggressiv als auch paranoid. Deshalb versuchte ich, nicht mehr darüber nachzudenken; statt dessen gab ich mich Tagträumen über die Freuden eines wärmeren und einfacheren Daseins hin. Aber die ganze Zeit steigerte ich mich in eine stille Wut über das Geräusch hinein, das Don beim Kauen eines Schokoriegels machte.

Wenn Sie sich Sorgen wegen der psychischen Verfassung künftiger Zeltgenossen machen, sollten Sie vielleicht in einen rosafarbenen Stoffvorhang investieren. Verhaltenspsychologen vermuten, daß das menschliche Auge hormonelle Neurotransmitter enthält, die durch die diskreten Wellenlängen bestimmter Farben angeregt werden. Diese sollen die hormonelle Ausschüttung des Hypothalamus, der Zirbeldrüse und der Hypophyse beeinflussen, was sich auf die Stimmungslage auswirkt. In mehreren stark beachteten Experimenten wurden Testpersonen in einem kleinen Raum untergebracht, der in sogenanntem Baker-Miller-Rosa gestrichen war. Innerhalb von fünfzehn Minuten nach Betreten des Raumes, so die Forscher, waren die Muskeln bis zur Erschlaffung entspannt, und Kriminelle, paranoide Schizophrene und »aufsässige Jugendliche« zeigten einen außergewöhnlichen Rückgang bei »gewalttätigem, anomalem, aggressivem und selbstverstümmelndem Verhalten«.

Es ist schon viel über die Freuden des Alleinseins in der freien Natur geschrieben worden, aber wenn man in einem Zelt eingepfercht ist, hilft einem die Welt draußen vor dem feuchten Nylon nicht mehr viel. Daher auch der Reiz geselliger, überfüllter Lager wie Lonesome Lake in der Wind River Range oder Southeast Fork von Kahiltna am Mount McKinley. Der allgegenwärtige Anblick und Geruch von Müll und menschlichen Abfällen, die dröhnenden Kassettendecks und das Menschengewimmel könnten für den Erschöpften oder Uneingeweihten ein Grund sein, dem auszuweichen, aber für den, der weiter denkt, ist der Vorteil, bei einem sechs Tage wütenden Sturm auf ein Nachbarzelt blikken zu können, einleuchtend genug.

Daß es unsinnig ist, hinaus in die freie Natur zu gehen, um sich ins Gewühl zu stürzen, sollte nicht ins andere Extrem verkehrt werden, nur allein oder zu zweit hinauszugehen. Es ist absolut unmöglich, daß die Teilnehmer einer ausgedehnten Zweimannexpedition ohne dauerhafte psychische Narben davonkommen, wenn das Wetter schlecht wird. Und was das Alleingehen betrifft, warnte Victor F. Nelson (ein Lebenslänglicher und Experte für die Feinheiten der Einzelhaft) 1933, daß »der Mensch im großen ganzen sich selbst ein sehr schlechter Begleiter ist; wo er sich für längere Zeit selbst gegenübersteht, entwickelt er eine tiefe Abscheu und ruhelose Angst, die ihn fast nach jedem Fluchtweg suchen lassen«. Bei einer Solotour gibt es keine Auseinandersetzungen darüber, wer mit dem Abwasch an der Reihe ist, aber wenn es hart auf hart kommt und die Wettervorhersage nichts Gutes verheißt, ziehen die meisten eine schlechte Gesellschaft gar keiner Gesellschaft vor. Meckern vertreibt wenigstens die Zeit.

Sich einen Begleiter der weniger lebhaften Sorte auszusuchen ist natürlich ein guter Kompromiß zwischen der Einsamkeit des Alleingehens und der Wahrscheinlichkeit, daß das Zusammenleben in einem Zelt nach ein paar Tagen schwierig wird. Das Konversationsgeschick eines Hundes läßt etwas zu wünschen übrig, und ein nasser Hund riecht noch strenger als ein nasser Kletterer, allerdings hört ein guter Hund mit nicht erlahmender Freundlichkeit und Anteilnahme zu und ist, wie jeder weiß, das ideale Objekt, seinen Frust abzulassen.

Wenn die Tage der vom Sturm erzwungenen Gefangenschaft sich mehren und die tropfenden Zeltwände immer tiefer sinken, befällt Mattigkeit die Insassen. Die Augen nehmen einen leeren Blick an, das sogenannte aleutische Starren, und man bringt keinerlei Energie mehr zum Gespräch auf, außer wenn es in einen Streit ausartet. Dies ist kein Symptom, das für die gegenwärtige Generation der Expeditionsteilnehmer typisch wäre. In *The Worst Journey in the World*, einem Bericht über Robert Falcon Scotts unglückliches Wettrennen zum Südpol 1910–13, schreibt Apsley Cherry-Garrard über den antarktischen Winter und wie man ihm trotzt:

Eine große Gefahr bedrohte all unsere Mahlzeiten in der Hütte, nämlich der »Cag«. Ein »Cag« ist ein Streitgespräch über irgend etwas unter der Sonne, manchmal gebildet und immer hitzig... Sie begannen mit kleinen Entschuldigungen, sie gingen weiter und holten weit, weit aus, um Monate später wieder eingeholt und verdreht und entstellt zu werden... die besten Steigeisen in der Antarktis, und der beste Platz in London für Austern; die ideale Pferdedecke; würde der Weinkellner im Ritz ein erstauntes Gesicht machen, wenn man ihn um ein Glas Bier bitten würde?

Cherry-Garrard und seinesgleichen konnten viele dieser Streitgespräche dadurch lösen, daß sie im *Times Atlas* oder in *Chambers Encyclopedia* nachschlugen. Da sie zu faul sind, so zuverlässige, wenn auch schwere, Nachschlagewerke mitzuschleppen, verlassen sich die Outdoor-Fans von heute auf die Wette (»setz was oder sei ruhig«), um eine Diskussion zu beenden. Die Klugen halten alle Wetten schriftlich fest.

Wenn spontane Gespräche zu beliebig werden, können Spiele einen besseren Kanal bieten, um Frust abzureagieren und sich die Zeit auf kultivierte Weise zu vertreiben. Spiele gibt es genug, und wenn jemand ein Kartenspiel dabeihat, können Streichhölzer als Geld dienen, wenngleich man aufpassen muß, daß sie in den Pfützen auf dem Zeltboden nicht naß werden, sonst ist das warme Essen gefährdet. Geld ist wohl immer ein sehr abstraktes Gut, wenn man fern jeder Zivilisation ist, so daß ein Spiel wohl spannender ist, wenn sich der Einsatz auf Dinge beschränkt, die von unmittelbarem Wert auf der Tour sind – etwa eine Tagesration, wenn der Proviant knapp wird, ein vielleicht noch trockenes Kleidungsstück, zusätzliche Quadratzentimeter Liegefläche oder das Angebot, beim Abmarsch einen merklichen Teil des Gepäcks zu tragen.

Unzählige Brettspiele können mit einem Stift, einer

Isomatte und Strandgut aus dem Lager hergestellt werden. Ein Monopoly neu aufzuzeichnen ist immer eine Riesensache (allein sich an die richtige Anordnung auf dem Brett und an den Inhalt der Ereigniskarten zu erinnern kann schon einiges an Zeit bringen). Der Favorit bei Kletterern ist jedoch »Peak Experience«, ein lange dauerndes, kompliziertes Spiel, das ungeheuer realistisch ist, weil es unmöglich sein kann, den »Gipfel« zu erreichen. Tragbare oder in die Armbanduhr integrierte elektronische Spiele sind lustig, aber ihr pausenloses Piepen hat offenbar etwas mit der hohen Rate unvorhergesehener Unterbrechungen zu tun, wenn der Besitzer des Spiels draußen ist und »nach den Pferden sieht«.

Aber egal, wie gut ein Spiel ist, in den späteren Stadien einer längeren Einkerkerung kommt der Punkt, an dem man, wenn auch keinen Abscheu, so doch den dringenden Wunsch hat, den Kontakt zu anderen Menschen auf ein Minimum zu reduzieren – was auch den Streit und selbst ein wortloses Kartenspiel ausschließt –, und man beschäftigt sich nur noch mit sich selbst.

Bücher sind zwar nicht leicht, haben aber doch ein Verhältnis zwischen Gewicht und Unterhaltung, das beim Vergleich mit berauschenden Getränken recht gut abschneidet. Eine Lehrmeinung geht dahin, das Leben im Zelt lähme den Geist derart, daß nur einfältige, oberflächliche und actionorientierte Literatur Interesse wecken könne, also Science-fiction, Pornographie und Thriller. Andere empfehlen, anspruchsvollere Werke mitzunehmen, die man schon immer meinte lesen zu müssen, aber doch nie angerührt hat: Wenn es einem langweilig genug ist, liest man am

Ende ohnehin alles, was greifbar ist, wahrscheinlich sogar mehr als einmal. Also, warum nicht die beispiellose Tristesse des sturmumtosten Lagers nutzen und zumindest anfangen mit Proust?

Die wohl beste Lektüre fürs Zelt sind jedoch Schilderungen von Expeditionen, was anregend und auch unterhaltend sein kann. Wenn Sie in einem Sumpf aus Selbstmitleid versinken, nur weil sie Ihren ganzen Jahresurlaub eingesperrt in einem nassen Zelt verbringen, das wie dreckige Socken riecht, hilft es Ihnen vielleicht dabei, sich wieder zu fangen, wenn Sie von den unsäglichen Strapazen lesen, die frühe Polarforscher wie Nansen, Shackelton und Scott durchgemacht haben. Ihre eigenen Schwierigkeiten werden relativiert durch Berichte von Expeditionen, die drei Jahre gedauert haben, von Kälte, die tatsächlich Zähne sprengte (Cherry-Garrard schrieb, dankbar für einen Tag gewesen zu sein, der sich auf –45° C »erwärmte«), von Schneestürmen, die sechs Wochen ohne Unterlaß mit der Wucht eines Hurrikans wüteten, von Skorbut, Verhungern und angreifenden Seeleoparden.

Wenn zwischenmenschliche Spannungen gemeinsamen Zeitvertreib unmöglich machen und Sie fahrlässigerweise versäumt haben, ein Buch einzupacken, bleiben nicht mehr viele Alternativen. Dem Kochen und Essen sind durch den Vorrat an Proviant und Brennstoff, der immer knapp ist, Grenzen gesetzt. Sie können die Suppentüten studieren, die Namen der vielsilbigen Konservierungsstoffe auswendig lernen oder die Nähte im Zeltdach zählen, aber diese Freuden dauern nicht ewig, so daß Sie am Ende vielleicht in einen Zustand driften, den Victor Nelson wie folgt beschreibt: »Ich lag im Bett, das Gesicht der dunklen

Seite der Zelle zugewandt, klammerte mich fest an alte und an künftige Zeiten... Die unmittelbare Wirklichkeit war unerträglich trist.«

In derart trostloser Lage plündern, wie man weiß, selbst die Aufrechtesten in ihrer letzten Verzweiflung den Erste-Hilfe-Kasten. Aber Stürme in den Bergen haben die Angewohnheit, den Notvorrat an Percodan oder Codein zu überdauern, und eine Klaustrophobie erzeugende, muffige Nylonumhüllung ist nicht der beste Ort, um durch die Hölle des Medikamentenentzugs zu gehen.

Manchmal lächelt das Schicksal den Zeltgeschädigten zu, oder grinst sie zumindest an, und unterbricht die Monotonie, indem es die Leidensgrenze anhebt, bis das Überleben selbst zur Debatte steht. Von einer Lawine erwischt oder von einem Blitz getroffen zu werden, das Zelt mit einem explodierenden Kocher einzuäschern, sich 300 Kilometer vom nächsten Krankenhaus eine Blinddarmentzündung zuzuziehen, von einem Grizzlybären angegriffen zu werden – nichts heilt den Lebensüberdruß so schnell wie eine akute Bedrohung der eigenen Existenz.

Es ist jedoch nur ein schmaler Grat zwischen der bloßen Niedergeschlagenheit und dem nervenaufreibenden, das Letzte fordernden Überlebenskampf. Die erste Seilschaft, die 1967 in den Revelation Mountains von Alaska kletterte und an über vierzig der zweiundfünfzig Tage am Berg von Stürmen festgehalten wurde, schaffte es, fast immer auf der richtigen Seite dieses schmalen Grates zu bleiben. Matt Hale erinnert sich, wie er gegen Ende der Expedition nach einem mehrtägigen vergeblichen Ausflug zum Sammeln von Schmetterlingen naß bis auf die Haut zum Basislager zurückkam, nur um eine Woche waagerechten Schneeregen erleben zu müssen. Der Regen, der vom Wind mit Sturmstärke durch die Zeltwände gedrückt wurde, überzog das Innere ihrer Unterkunft mit einem feinen, gleichmäßigen, ein Grad über Null kalten Spray, der den Körper bis auf die Knochen durchfror und die Schlafsäcke in triefende Knäuel aus Daunen und Nylon verwandelte.

Hale, der am Rande einer Unterkühlung stand, fand heraus, daß die trockenste Methode zu schlafen die war, die gesamte nasse Kleidung auszuziehen, sich, so gut es ging, in seinen klammen, aber doch einigermaßen wasserdichten Rucksack zu quetschen (wobei er sich bemühte zu übersehen, daß der mit den Überresten aufgeweichter Feigen ausgekleidet war), einen Regenparka darüberzustülpen und erst dann in seinen klatschnassen Schlafsack zu kriechen. »Nacht für Nacht«, erinnert er sich, »hatte ich diesen halbwachen Fiebertraum, in dem ich den Gletscher hinunterstieg und zu einer warmen, trockenen Hütte kam. Und gerade wenn ich die Tür öffnen wollte, wachte ich jedesmal auf, zitterte unkontrolliert, war naß und klebrig von den Feigenresten.« Auch wenn die Heimsuchungen jener Woche im Zelt ein breites Spektrum an Mißlichkeiten abdeckten, betont Hale jedoch, daß »Langeweile nie ein Problem war«.

Rund zwanzig Jahre nach dieser Expedition spricht Hale im Gegenteil mit großer Hingabe von diesem Martyrium; der Bursche würde sofort wieder in die Revelations fahren – mit scheußlichem Wetter und allem, was dazu gehört –, wenn sich die Gelegenheit ergäbe. Sir Francis Younghusband, einer der großen Alpinisten des 19. Jahrhunderts, hat einmal gesagt:

»Weil sie so viel zu geben haben und es so freizügig geben…, lieben die Menschen die Berge und kehren immer wieder dorthin zurück.«

KAPITEL FÜNF

Die Flieger von Talkeetna

ES IST EIN GANZ NORMALER JUNIMORGEN IN TALkeetna, dem kulturellen Mittelpunkt des oberen Susitnatals in Alaska, das in guten Zeiten vielleicht 250 Einwohner hat. Der frühmorgendliche Wind bringt den Geruch von Fichten und feuchter Erde mit; eine Elchkuh quert die verlassene Hauptstraße der Siedlung und bleibt stehen, um den Kopf am Zaun des örtlichen Sportplatzes zu scheuern. Draußen auf dem Flugplatz am Ortsrand wird der Frieden des jungen Tages abrupt unterbrochen, als der Motor eines kleinen roten Flugzeugs zwei-, dreimal hustet und dann brüllend anspringt.

Der Mann am Steuerknüppel ist ein zottiger Bär namens Doug Geeting. Während die Maschine zum Ende der Startbahn rollt, meldet sich Geeting über Funk und gibt im knappen, unverständlichen Jargon, der überall die Verkehrssprache der Flieger ist, einen Flugplan durch: »Talkeetna, vier sieben fox. Wir haben vier Personen zum Southeast Fork von Kahiltna. Drei Stunden Treibstoff. Anderthalb Stunden Flug.«

»Vier sieben fox, verstanden. Wind drei fünf null nach sechs, vorwiegend drei sechs. Höhenmesser zwo neun acht neun.«

»Zwo neun acht neun, verstanden. Wir starten.« Damit zieht der fünfunddreißigjährige Pilot den Gashebel, der Motor heult scheußlich auf, und die kleine

Maschine hüpft von der geteerten Rollbahn in den weiten Himmel Alaskas.

Jenseits der beiden Landebahnen von Talkeetna, einem halben Dutzend Feldwegen und einer Ansammlung von baufälligen Blockhütten, Wohnwagen, Wellblechbaracken und Andenkenläden liegt eine riesige Ebene mit schwarzen Fichten, undurchdringlichen Erlenwäldern und wasserdurchtränktem Moor – so, wie sich Moskitos das Paradies vorstellen, flach wie ein Backblech und kaum 100 Meter über dem Meeresspiegel. Aber nur 80 Kilometer entfernt steigt der gewaltige Wall des Mount McKinley – des höchsten Berges in Nordamerika – ohne Vorankündigung aus diesem Flachland auf. Geeting ist kaum in der Luft, da zieht er scharf nach links, brummt nach Westen über das verschlammte breite Band des Susitna River und hält mit der Maschine genau auf diese klotzige Silhouette zu.

Geeting fliegt eine Cessna 185, einen Sechssitzer, der etwa soviel Platz wie ein kleiner japanischer Kombiwagen bietet. Bei diesem Flug befördert er drei Passagiere, die wie Sardinen unter einem Haufen Rucksäcke, Schlafsäcke, Skier und Bergsteigerutensilien zusammengepfercht sind, die das Flugzeug bis unters Dach füllen. Die drei Männer sind Kletterer und haben Geeting je zweihundert Dollar gezahlt, damit er sie auf 2285 Meter Höhe auf einem Gletscher am Fuß des Mount McKinley absetzt, wo sie gut einen Monat bleiben wollen, um auf den 6193 Meter hohen Gipfel zu steigen.

Etwa eintausend Bergsteiger wagen sich jedes Jahr auf die Flanken des McKinley und seiner Nebengipfel, und es ist Doug Geetings Broterwerb, sie zu den hochgelegenen Gletschern der Alaska Range zu fliegen.

»Gletscherfliegen«, wie diese anspruchsvolle, gefährliche und kaum bekannte Variante des kommerziellen Fliegens allgemein heißt, wird weltweit nur von einer Handvoll Piloten betrieben, von denen acht oder neun in Talkeetna sitzen. Wie Jobs so sind, ist die Bezahlung nicht besonders und die Arbeitszeit unmenschlich, aber der Blick vom Arbeitsplatz ist kaum zu überbieten.

25 Minuten hinter Talkeetna wachsen die ersten Wälle des McKinleymassivs wie vorstehende Zähne steil aus dem Susitnatal und füllen die Windschutzscheibe von Geetings Cessna aus. Seit dem Start ist die Maschine kontinuierlich gestiegen. Sie hat inzwischen 2400 Meter Höhe erreicht, aber die Vorposten aus schneebedecktem Fels, die drohend direkt vor uns sichtbar werden, sind noch gute 450 Meter höher. Geeting, der etwa 15 000 Flugstunden mit kleinen Maschinen hinter sich hat und speziell diese Route seit über 15 Jahren fliegt, wirkt absolut gelassen, als das Flugzeug auf den rasch näherkommenden Gebirgswall zusteuert.

Wenige Augenblicke vor dem scheinbar unvermeidlichen Aufprall – als der Mund der Kletterer längst trocken und ihre Fingerknöchel weiß geworden sind – drückt Geeting eine Tragfläche hart nach unten, wirft die Maschine in eine schwindelerregende Rechtskurve und schlüpft durch eine enge Lücke, die hinter der Schulter einer der hochragenden Spitzen auftaucht. Die Bergflanken huschen so nahe vorbei, daß man einzelne Schneekristalle im Sonnenlicht aufblitzen sehen kann. »Diesen Einschnitt eben«, bemerkt Geeting auf der anderen Seite beiläufig, »nennen wir den ›Einmal-Paß‹.«

»Die wichtigste Regel beim Fliegen in den Bergen«, erklärt der Pilot weiter, »lautet, einen Paß nie direkt anzufliegen, denn wenn man unerwartet in Fallwinde kommt und die Sache nicht mehr in den Griff kriegt, ist der Ofen sehr schnell aus. Statt einen hohen Paß direkt anzugehen, nähere ich mich ihm, indem ich parallel zur Kammlinie fliege, bis ich fast neben dem Paß bin, und ziehe dann scharf hinein, so daß ich in einem Winkel von 45 Grad durch den Einschnitt komme. Wenn ich meinen Auftrieb verliere und merke, daß ich nicht hoch genug bin, um es zu schaffen, bin ich auf diese Weise in der Lage, im letzten Moment noch abzudrehen und mich davonzumachen. Wenn man länger in diesem Geschäft bleiben will, sollte man die hintere Tür immer offen und die Treppe draußen lassen.«

Auf der anderen Seite des Passes bietet sich eine Szenerie wie aus dem Pleistozän, eine fremde Welt aus schwarzem Fels, blauem Eis und blendendweißem Schnee, der sich von Horizont zu Horizont erstreckt. Unter den Tragflächen der Cessna liegt der Kahiltnagletscher, eine drei Kilometer breite und 65 Kilometer lange Eiszunge, die von einem knotigen Ausschlag aus Seracs und Spalten zerfurcht ist. Die Dimension der Landschaft übersteigt jede Phantasie. Die Berge, die den Kahiltna säumen, ragen steil anderthalb Kilometer und höher in einem Schwung vom Gletscher bis zum Gipfel auf; die Lawinen, die regelmäßig an diesen Wänden mit 150 Stundenkilometern und mehr ins Tal donnern, haben einen so weiten Weg, daß sie in Zeitlupe niederzugehen scheinen. Vor dieser gewaltigen Kulisse ist Geetings Flugzeug nur ein winziger roter Punkt, eine beinahe unsichtbare mechanische Mücke, die am Firmament zum McKinley summt.

Zehn Minuten später macht die Mücke eine Neunziggradkurve in Richtung eines Zuflusses des Hauptgletschers, die Southeast Fork, und beginnt mit dem Sinkflug. Eine primitive Landebahn im Schnee, markiert von mehreren Plastikmülltonnen, die an Tomatenstangen aus Bambus gebunden sind, taucht vor uns mitten im Gletscher zwischen einem Gewirr mächtiger Spalten auf. Als das Flugzeug näherkommt, wird deutlich, daß der Gletscher hier alles andere als eben ist, wie es aus der Ferne ausgesehen hatte; die Landebahn liegt in Wirklichkeit an einem Hang, der steil genug ist, um einen Skianfänger nachdenklich zu machen.

Die dünne Luft in dieser Höhe hat die Leistung der Cessna erheblich beeinträchtigt, und die Maschine wird bergauf in einer Sackgasse aus kilometerhohen Granitwänden landen. Geeting räumt denn auch fröhlich ein, »wenn man hier landet, ist so was wie Abbruch nicht drin. Man muß gleich beim ersten Mal perfekt runter.« Um unliebsamen Überraschungen vorzubeugen, sucht er die umliegenden Grate nach Schneefahnen ab, die das Vorhandensein gefährlicher Windturbulenzen anzeigen könnten. Ein paar Kilometer entfernt, am oberen Ende des Hauptarms des Gletschers, erspäht er einen Schleier aus dünnen, bauschigen Wolken, die über einen 3100 Meter hohen Sattel kriechen, den Kahiltnapaß. »Das sind Föhnwolken«, erklärt er. »Sie sind ein Zeichen für äußerst heftige hangabwärts gerichtete Winde – wir nennen sie Rotoren. Man sieht es nicht, aber die Luft wirbelt diese Hänge wie Brandungsbrecher hinunter. Ein Flugzeug in der Nähe solcher Wolken, und schon ist die Kacke unter Garantie am Dampfen.«

Wie auf ein Stichwort wird die Cessna von einem Schwall heftiger Turbulenzen durchgerüttelt, und das Warngerät plärrt, als die Maschine wie wild aufwärts, abwärts und zur Seite bockt. Geeting hat das Rütteln jedoch geahnt und die Geschwindigkeit erhöht, um dem zuvorzukommen. Ruhig fängt er die Stöße ab und läßt das Flugzeug sinken, bis der Gletscher uns entgegenwächst und die kurzen Alukufen der Maschine mit einem leichten Kuß begrüßt. Geeting läßt die Cessna bis zum äußersten Ende der Landebahn gleiten, dreht die Maschine mit einem kurzen Motorschub, so daß sie bergab steht zum Start, dann stellt er den Motor ab. »Da sind wir«, sagt er, »Kahiltna International Airport.«

Geetings Passagiere kriechen eilig hinaus in die Gletscherkälte, und drei andere Alpinisten, deren Gesichter nach einem Monat auf dem Berg purpurrot sind und sich schälen, klettern rasch an Bord, um sich zurück in das Land des Biers, der Toiletten mit Wasserspülung und grün wachsender Dinge fliegen zu lassen. Nach fünf Minuten auf dem Kahiltna International verabschiedet sich Geeting mit knappem Fliegergruß von der benommen wirkenden Mannschaft, die er soeben abgesetzt hat, wirft seine Cessna wieder an und röhrt den Landestreifen in einem vom Propeller aufgewirbelten Schneesturm hinunter, um die nächste Fuhre Bergsteiger aufzunehmen, die bereits ungeduldig in Talkeetna auf seine Ankunft warten.

Von Mai bis Ende Juni, der alpinistischen Hochsaison am McKinley, ist es nichts Ungewöhnliches, wenn der Himmel über Talkeetna von fünf Uhr früh bis nach

Mitternacht vom höllischen Heulen der Kufen-Cessnas, Hubschrauber und Leichtflugzeuge widerhallt. Sollte der Radau den Schönheitsschlaf von irgendwem stören, Beschwerden sind bisher keine eingegangen, denn Alaska ohne Flugzeuge ist ebenso undenkbar wie Iowa ohne Mais.

»Die Bewohner von Alaska«, schreibt Jean Potter in *The Flying North*, einer Geschichte der Piloten, die unerschlossene Gebiete anfliegen, »sind die flugbesessensten Menschen unter der amerikanischen Flagge und wahrscheinlich die flugbesessensten der Welt... 1939 beförderten die kleinen Fluggesellschaften des Territoriums dreiundzwanzigmal soviel Passagiere und tausendmal soviel Fracht pro Kopf wie die Gesellschaften der Vereinigten Staaten. Die Bundesregierung und die großen Unternehmen hatten damit wenig zu tun.« Die treibende Kraft hinter der Entwicklung des Flugverkehrs in Alaska war, wie Potter berichtet, ein bunt zusammengewürfelter Haufen selbstbewußter, gewitzter Piloten – legendäre Gestalten wie Carl Ben Eielson, Joe Crosson, Noel Wien und Bob Reeve, die dem Tod täglich ein Schnippchen schlugen, um Lebensmittel, Medikamente und Post zu den Außenposten am Rande der Welt zu bringen –, deren legitime geistige Erben Doug Geeting und seine die Gletscher herausfordernden Konkurrenten in Talkeetna sind.

Eine 3850 Meter hohe Spitze über der behelfsmäßigen Gletscher-Start- und -Landebahn des Kahiltna International trägt heute den Namen von Joe Crosson, was durchaus angemessen ist, denn es war Crosson, der im April 1932 die erste Gletscherlandung in Alaska schaffte, auf dem Muldrowgletscher am McKinley, wo er eine wissenschaftliche Expeditionstruppe absetzte, die kosmische Strahlen messen wollte. Wie eines der Expeditionsmitglieder erzählte, nahm Crosson die denkwürdige erste Landung »als etwas ziemlich Selbstverständliches und zündete sich eine Zigarre an, bevor er das Flugzeug verließ«, wohingegen Jean Potter berichtet, die Sache sei derart gefährlich gewesen und hätte zu erheblichen Schäden am Flugzeug geführt, so daß Crossons Arbeitgeber, die Alaskan Airways, ihm alle weiteren Gletscherflüge verbot.

Es blieb Bob Reeve vorbehalten – einem reizbaren Wanderschauspieler und Lebemann aus Wisconsin –, die Kunst des Gletscherfliegens zu vervollkommnen. 1929 war der siebenundzwanzigjährige Reeve mit der Gebirgsfliegerei in Berührung gekommen, als er als einer der ersten extrem gefährliche lange Luftpoststrecken über die Anden zwischen Lima, Santiago und Buenos Aires flog, wo er gelegentlich ein Fläschchen mit einem eleganten, romantischen französischen Flieger namens Antoine de Saint-Exupéry trank, der bald darauf *Der kleine Prinz* und eine sehr lyrische, äußerst erfolgreiche Darstellung über die frühe Fliegerei schrieb, *Wind, Sand und Sterne.*

Reeve verließ Südamerika 1932, nachdem er sich den Zorn seiner Vorgesetzten zugezogen hatte, weil er eine teure Lockheed Vega geschrottet hatte. Wieder in den Vereinigten Staaten, verlor er prompt sein ganzes Geld am Aktienmarkt und erkrankte an Kinderlähmung. Als die Weltwirtschaftskrise ihren Höhepunkt erreichte, war er völlig pleite und schwerkrank. Als blinder Passagier gelangte er an Bord eines Frachters nach Alaska, wo er in der schäbigen Hafenstadt Valdez ein neues Glück suchte.

Unglücklicherweise hatte Alaska in den Depressionsjahren bereits eine Menge ausgehungerter Piloten angelockt, und es gab nicht genug zahlende Kunden, um über die Runden zu kommen. Da er unbedingt Arbeit brauchte, beschloß Reeve, sich auf einen Bereich des Flugmarktes zu spezialisieren, auf den sich nicht einmal die verwegensten Piloten der Gegend gewagt hatten: die Beförderung der Arbeiter aus den Goldbergwerken und ihrer schweren Geräte auf die Gletscher, die aus dem Gipfelgewirr rings um Valdez ins Tal flossen. Durch ständiges Ausprobieren entwickelte Reeve ein Gespür dafür, den verborgenen Gletscherspalten auszuweichen, fand heraus, daß die Neigung eines Gletschers bei Landungen und Starts auf kurzen Pisten hilfreich, nicht nur hinderlich sein konnte, und lernte, daß er durch Abwerfen von Tannenreisig oder Jutesäcken auf den Schnee, bevor er runterging, einen Horizont einrichten und die Neigung eines Hangs an bewölkten Tagen einschätzen konnte, an denen es ansonsten unmöglich gewesen wäre, genau zu sagen, wo der Grund ist.

Reeve fand auch einen Weg, das Geschäft mit den Gletscherflügen in den Frühjahrs- und Sommermonaten lukrativ zu gestalten, wenn noch genug Schnee lag, um oben in den Bergen zu landen, aber nicht genug, daß ein Kufenflugzeug vom Flugplatz in Valdez auf Meereshöhe hätte starten können: Er beschichtete die Unterseite der hölzernen Flugzeugkufen mit rostfreiem Stahl, den er sich aus einer aufgegebenen Bar beschafft hatte, und benutzte als Sommerstartbahn die Schlammflächen der Valdez Bay, die sich zwischen den Gezeiten in eine glitschige Ebene aus Sand und Seegras verwandelten.

Als Bradford Washburn – ein einflußreicher Bergsteiger und Geograph, der später Direktor des Bostoner Wissenschaftsmuseums wurde – hörte, daß Reeve ganzjährig Gletscherlandungen machte, schrieb er dem Piloten umgehend und fragte an, ob er bereit sei, eine Bergexpedition auf einem abgelegenen Gletscher am 5227 Meter hohen Mount Lucania abzusetzen, dem damals höchsten unbestiegenen Berg Nordamerikas. Es war eine heikle Angelegenheit, die erforderte, die 770 Kilometer über wildes, unkartiertes Land zu fliegen und in einer Höhe zu landen, die 600 Meter über der lag, die je mit einem vollbeladenen Kufenflugzeug erreicht worden war. Trotzdem, so Washburn, »erhielt ich zehn Tage, nachdem ich den Brief abgeschickt hatte, ein Telegramm, das nur den einen Satz enthielt: ›Ich fliege, wohin Sie wollen. Bob Reeve‹.«

Der erste Flug nach Lucania Anfang Mai 1937, um 600 Pfund Vorräte zu deponieren, verlief ohne Schwierigkeiten, aber als Reeve einen Monat später zurückkam, um Washburn und einen weiteren Bergsteiger namens Bob Bates abzusetzen, versank die Fairchild 51 beim Aufsetzen bis zum Rumpf im nassen, grundlosen Schnee: Ungewöhnlich warme Temperaturen hatten den Gletscher in einen See aus Schneematsch verwandelt. Es gelang den drei Männern, die Maschine auszugraben und sie auf festeren Grund zu ziehen, aber Reeve blieb immer wieder stecken, wenn er zu starten versuchte, und verbrauchte dabei so viel Treibstoff, daß fraglich war, ob genug für den Rückflug nach Valdez bleiben würde.

Vier Tage und Nächte saß er fest. Am fünften Morgen, als es schon so aussah, als wäre das Flugzeug dazu verdammt, ein fester Bestandteil des Gletschers zu werden, sorgten etwas kältere Temperaturen für eine dünne Kruste auf dem Schneematsch. Reeve warf sein ganzes Werkzeug und die Notausrüstung hinaus, um das Flugzeug zu erleichtern, flachte die Blattsteigung des Propellers mit einem Schraubenschlüssel ab, um auch noch die letzten Pferdestärken aus dem Motor herauszuholen, und wagte dann den Start den Hang hinunter über die Kante eines Eisabbruchs.

»Er sackte über den Gletscherabbruch und war unseren Blicken entschwunden«, erinnert sich Washburn, »und dann war es still. Bates und ich waren sicher, daß er abgestürzt war. Dann hörten wir plötzlich das Dröhnen des Motors, und das Flugzeug kam wieder hoch und in Sicht. Reeve hatte es mit knapper Not geschafft.« Als die Fairchild auf der Schlammfläche in Valdez aufsetzte, stotterte der Motor bereits, weil kaum noch Sprit im Tank war.

Washburn war nach der Lucania-Tour sehr von Reeve beeindruckt und engagierte ihn danach noch für mehrere Expeditionen. In den fünfziger Jahren zog Reeve aus Valdez weg und stand für Gletscherflüge nicht mehr zur Verfügung, so daß Washburn sich nach jemand anderem umsehen mußte, als er einen Piloten für eine neunjährige Kartierung des Mount McKinley brauchte. Man empfahl ihm Don Sheldon, einen furchtlosen jungen Flieger aus Talkeetna. Washburn erzählt: Als er Reeve fragte, was er über Sheldon wisse, habe Reeve geantwortet: »Entweder ist er verrückt und bricht sich irgendwann das Genick, oder er wird einmal ein absolutes As als Pilot.« Letzteres sollte der Fall sein.

Sheldon nutzte die Vorzüge der gerade erfundenen Radkufen, die dem Piloten ermöglichten, mit Rädern von einer trockenen Bahn zu starten und dann in der

Luft die Kufen für die Landung auf Schnee in ihre Position abzusenken. 27 Jahre flog er kommerziell von Talkeetna und konnte jeden Sommer über 800 Flugstunden am widrigen Himmel über der Alaska Range sammeln. Dabei flog er 45 Maschinen, von denen er mit vier einen Totalschaden hatte, aber weder er selbst noch irgendein Passagier wurde jemals verletzt. Seine kühnen Landungen in großen Höhen und seine Rettungseinsätze machten ihn nicht nur in ganz Alaska berühmt, sondern auch in weiten Teilen der Welt. Als Don Sheldon 1975 an Dickdarmkrebs starb, war sein Name zum Synonym für mutiges Gletscherfliegen geworden.

Sheldons Karriere fiel in die Zeit, in der auch das Bergsteigen am McKinley gewaltig an Popularität gewann. In den letzten zehn Jahren seines Lebens flog Sheldon so viele Bergsteiger, daß er in den Frühjahrs- und Sommermonaten im Schnitt nur vier oder fünf Stunden Schlaf pro Nacht bekam. Aber trotz des gewaltigen Arbeitspensums verdiente Sheldon in den meisten Jahren kaum so viel, daß er seine Rechnungen bezahlen konnte. »Niemand, der ein Lufttaxiunternehmen hat, wird reich«, erklärt Roberta Reeve Sheldon – Dons Witwe und Bob Reeves Tochter –, die immer noch in einem bescheidenen Holzhaus am Ende der Start- und Landebahn von Talkeetna wohnt. »Alles Geld, was man verdient, geht wieder in die Flugzeuge. Ich weiß noch, wie wir einmal zur Bank gegangen sind und uns 40000 Dollar geliehen haben, um eine neue Cessna 180 zu kaufen. Drei Monate später hat Don sie am Mount Hayes zu Schrott geflogen. Ich kann Ihnen sagen, es tut weh, ein Flugzeug abzubezahlen, das man gar nicht mehr hat.«

Sheldons finanzielle Schwierigkeiten wurden noch dadurch verschärft, daß es einen zweiten, genauso talentierten Gletscherpiloten in der Stadt gab, einen Cliff Hudson, der ein paar Jahre nach Sheldon anfing, von Talkeetna aus zu fliegen. Es war keine freundschaftliche Konkurrenz: Sheldon und Hudson jagten sich gegenseitig die Kunden ab, und alte Talkeetnaer erinnern sich noch lebhaft an eine Schlägerei zwischen den beiden Piloten, bei der die Bonbontheke im B&K-Laden zu Bruch ging und beide Männer am Ende blaue Augen und aufgeplatzte Lippen hatten. Es wurde so schlimm, daß Sheldon Hudsons Maschine angeblich einmal in geringer Höhe überflog, ein Zwischenfall, der vor Gericht kam und Sheldon fast die Lizenz gekostet hätte.

Sheldon, ein großspuriger Excowboy von vierschrötiger Schönheit aus Wyoming, war von Kopf bis Fuß der verwegene Bergpilot. Hudson, der noch lebt und immer noch fliegt, könnte man dagegen ohne weiteres für einen streunenden Bettler aus der Bowery halten, mit seinem dreckigen Wollhemd, der speckigen Polyesterhose und den ausgelatschten schwarzen Slippern, seiner normalen Fliegeruniform. Hudsons modische Mängel haben seinem Ruf als großartigem Gletscherpiloten jedoch keinen Abbruch getan.

Der wichtige Windsack für den Dorfflugplatz hängt auf dem Dach einer verrufenen Kaschemme, dem Fairview Inn. Es passiert des öfteren, daß man in den schummrigen Räumlichkeiten des Fairview zufällig mit anhört, wie Piloten auf Barhockern über das Können von Hudson und Sheldon streiten, so wie Baseballfans Maris und Ruth vergleichen. Es gibt Stammgäste im Fairview, die behaupten, daß Hudson ein mindestens so guter Pilot wie Sheldon ist, wobei sie darauf hinweisen, daß Hudson noch immer seine erste Maschine zu Bruch fliegen muß, obwohl er schon mehr Gletscherflugstunden zu Buche stehen hat als jeder andere lebende Pilot.

Nach Sheldons Tod erlebte Hudson ein paar relativ gute Jahre ohne ernsthafte Konkurrenz, aber nur ein paar: 1984 gab es in Talkeetna nicht weniger als vier Lufttaxiunternehmen – Hudson Air Service, Doug Geeting Aviation, K2 Aviation und Talkeetna Air Taxi –, die alle auf Gletscherflüge spezialisiert waren und alle von ausgezeichneten Piloten geleitet wurden, die darauf brannten, die Nummer eins zu sein. Jim Okonek, der Eigentümer von K2 Aviation, gibt ganz offen zu, daß »jeder von uns sich für den besten Piloten der Stadt hält und sich nicht vorstellen kann, warum jemand jemals mit einem anderen fliegen möchte«.

Es ist kein Wunder, daß beim Zusammentreffen so vieler Typen mit gesundem Selbstbewußtsein an einem so kleinen Ort von Zeit zu Zeit die Fetzen fliegen. Man tauscht Beleidigungen aus, klaut sich Kunden. Ständig zeigen die Piloten sich gegenseitig bei den Behörden wegen tatsächlicher oder angeblicher Übertretungen von Bestimmungen an. Die Spannungen sind inzwischen so weit gediehen, daß Geeting nicht mehr mit Okonek und Lowell Thomas jr. spricht, dem Eigentümer von Talkeetna Air Taxi. Das Verhältnis zwischen Geeting und Thomas ist so vergiftet, daß Thomas – ein umgänglicher vierundsechzigjähriger Exvizegouverneur von Alaska und Sohn des berühmten Rundfunksprechers – es nicht einmal mehr über sich bringt, Geetings Namen auszusprechen: Wenn das Gespräch erfordert, daß Thomas die Existenz seines jüngeren Konkurrenten zur Kenntnis nehmen muß, spricht er einfach nur von »diesem anderen Typ«.

Das einzige Mal, wo die Piloten ihre Differenzen beiseite lassen, ist der Tag, an dem sie am jährlichen Memorial Day Flyover teilnehmen, bei dem Flugzeuge aller vier Unternehmen in dichter Formation in geringer Höhe über den Friedhof von Talkeetna fliegen, Tragfläche an Tragfläche, zu Ehren der Kriegstoten aus Talkeetna. Es ist ein erhebender Anblick. Aber nicht einmal bei diesem bedeutenden Ereignis lassen sich Geeting und Okonek dazu herab, miteinander zu sprechen.

Der derzeitige Wettbewerb in Talkeetna hat die Piloten dazu bewogen, sich auch nach anderen als den traditionellen Fluggästen wie Bergsteigern, Vermessungsingenieuren, Jägern und Bergleuten umzusehen. Geeting hat zum Beispiel einen Vertrag mit der Abteilung für Fisch und Wild und fliegt Grizzlybären, die sich ungebührlich verhalten, in entlegene Gebiete der Alaska Range. Bei einem dieser Flüge erwachte einmal einer der ungezogenen Passagiere aus der Betäubung und gab seinem Mißfallen dadurch Ausdruck, daß er die Flugzeugpolsterung zerfetzte, bevor es Geeting gelang, zu landen und ihn hinauszubefördern.

Von den vier Lufttaxieigentümern ist Okonek, was das Ankurbeln neuer Geschäfte angeht, der aktivste. Es ist noch gar nicht so lange her, da flog er einen Fotografen und einen Schwarm junger Frauen zur Great Gorge des Ruthgletschers, einem der großartigsten Flecken im McKinleymassiv, wo sich die Damen unverzüglich auszogen und auf dem Eis für den bemerkenswerten Beitrag »Die Frauen von Alaska« im

Magazin *Playboy* posierten. »Wenn man es in dieser Branche zu etwas bringen will, muß man einfallsreich sein«, erklärt Okonek. »Es gibt einfach nicht genug Bergsteiger, daß die vielen Piloten in der Stadt auf ihre Kosten kommen.«

Neben Bären und Bunnys befördern inzwischen alle Piloten regelmäßig ganze Flugzeugladungen mit Touristen, normale Urlauber aus Philadelphia und Des Moines, auf Rundflügen zu den Gletschern. Diese Touren sind schon so alltäglich geworden, daß Zyniker meinen, die Gefahr und das Abenteuer seien dem Job fast völlig abhanden gekommen – Gletscherfliegen unterscheide sich heute kaum noch vom Taxifahren. Okonek, pensionierter Luftwaffenoberst, der in Vietnam Hubschrauber geflogen hat, widerspricht und beharrt darauf, daß dies der beste Fliegerjob weit und breit sein muß. »Der Pilot von Jacques Cousteau hat vor kurzem angerufen und mich nach einem Job gefragt; Spitzenpiloten aus der Wirtschaft der ganzen Welt haben Interesse geäußert, hier zu arbeiten.«

»Ich fliege ziemlich viele Piloten von Fluggesellschaften zum Gletscher, wenn sie einen Zwischenstopp einlegen«, fährt Okonek fort, »Leute, die eine 747 für die Swissair oder Qantas fliegen, und die Stellen, wo wir landen, und das Gelände, das wir überfliegen, verschlagen ihnen die Sprache. Gletscherfliegen ist immer noch eine große Herausforderung. Piloten ohne Gebirgserfahrung fliegen zum Kahiltna, um sich umzusehen, und verlieren angesichts der unglaublich vielen Gipfel die Orientierung. Ihre kleine Maschine ist urplötzlich außer Atem, sie haben keine Ahnung, was sie machen sollen, und dann stürzen sie auf den Gletscher. Wir erleben es jedes Jahr.«

Und unerfahrene Amateurflieger sind nicht die einzigen, die ihre Maschinen gegen die Kette der Alaska Range setzen. 1981 nahm ein erfahrener Pilot aus Talkeetna namens Ed Homer an einem Nachmittag zwei Freunde mit auf einen Rundflug um den McKinley, geriet beim Überfliegen des Kahiltnapasses in einen Fallwind und setzte seine Cessna gegen die Wand. Als die Retter das Wrack vier Tage später erreichten, war ein Passagier tot, dem anderen waren beide Hände erfroren, und Homer hatte beide Beine verloren. »Wir bewegen uns in diesem Geschäft oft auf einem ganz schmalen Grat«, betont Lowell Thomas. »Und es geht nur um die Frage, ob du erkennen kannst, wann du diesen Grat zu weit überschreitest. Und es gibt definitiv Gelegenheiten – meistens, wenn wir gerufen werden, um Bergsteiger zu retten, die sich in Schwierigkeiten gebracht haben –, wo wir den Grat deutlich überschreiten und Dinge tun, die absolut an der Grenze sind.«

Geeting leistet mehr als seinen Anteil zu diesen Grenzflügen. Vor einigen Jahren stürzte ein Alpinist 20 Meter in eine verborgene Gletscherspalte am Mount Foraker – einem 5220-Meter-Gipfel neben dem McKinley – und zog sich dabei schwere Kopfverletzungen zu. Nachdem stürmisches Wetter zwei Tage lang mehrere Rettungsversuche vereitelt hatte, funkte ein Arzt, der vor Ort war, daß der Verletzte sterben werde, wenn er nicht bald in ein Krankenhaus komme. »Es war absolut dicht«, erinnert Geeting sich. »Die Sicht vom Gletscher bis hoch auf 3300 Meter war gleich null. Aber ich war schon einmal am Foraker gelandet und hatte mir die Lage der Gipfel und Grate ringsum gemerkt, und so entschloß ich mich, es zu versuchen und den Burschen rauszuholen.«

Geetings Plan sah vor, den Foraker über den Wolken anzufliegen, sich zu orientieren und dann eine präzise Strategie für den Landeflug in die Suppe zu erarbeiten. »Ich flog genau eine Minute geradeaus«, erklärt er, »drehte dann um, flog wieder eine Minute geradeaus, drehte wieder um und flog eine Minute. Es herrschte ein totaler Whiteout, wo Himmel und Erde ineinanderzufließen scheinen – ich konnte absolut nichts erkennen –, aber ich hatte Vertrauen in den Kurs, den ich im voraus festgelegt hatte, und hielt mich daran. Als Anhaltspunkt bat ich die Leute auf dem Gletscher, sich jedesmal über Funk zu melden, wenn sie mich über sich hörten.«

Von dem Augenblick an, wo Geeting in die Wolkenbank tauchte, war er unwiderruflich festgelegt. Die Gipfel, die unsichtbar im Nebel jenseits der Tragflächen lauerten, ließen absolut keinen Raum für einen Fehler: Wenn der Pilot eine Wende ein paar Sekunden zu spät abschloß oder ein paar Grad zu weit nach links oder rechts steuerte, verschlimmerte er den Fehler mit jedem weiteren Manöver, und das Flugzeug würde sich schließlich blind und mit 175 Stundenkilometern in eine von einem Dutzend eisiger Bergflanken bohren.

»Ich tastete mich durch die Wolken zwischen den Bergwänden nach unten«, erzählt Geeting, »beobachtete ganz genau den Kompaß, die Uhr und den Höhenmesser, horchte auf das ›Jetzt!‹ der Kletterer, wenn ich über ihre Köpfe flog. Ich rechnete mir aus, daß ich genau bei 2100 Metern landen müßte; als der Höhenmesser 2250 Meter anzeigte, machte ich mich für das Finale fertig, drosselte die Landegeschwindigkeit und ging runter. Es war wirklich ein seltsames Gefühl, denn bei einem solchen Whiteout weiß man nicht, wo der Himmel aufhört und der Gletscher beginnt. Ganz unvermittelt ging meine Eigengeschwindigkeit auf Null, und ich dachte, ›Menschenskind!‹ Dann blickte ich aus dem Fenster und sah die Kletterer aus dem Nebel auf die Maschine zurennen. Ich war tatsächlich unten.«

KAPITEL SECHS

Club Denali

BEVOR SIE JEMANDEN AUF DEN MOUNT MCKINLEY STEIgen lassen, nötigen ihn die Ranger, die das Bergsteigen im Denali-Nationalpark beaufsichtigen, eine Film- und Diavorführung anzusehen, die die Gefahren einer Besteigung des höchsten Berges Nordamerikas schildert, ähnlich wie bei der Armee, wo den neuen Rekruten vor der Ausgabe der Ausgangsscheine Filme über die verheerenden Folgen der Geschlechtskrankheiten gezeigt werden. Die zehnminütige Denali-Schau präsentiert beeindruckende Bilder ins Tal donnernder Lawinen, vom Sturm plattgedrückter Zelte, durch schreckliche Frostbeulen entstellter Hände und grotesk verdrehter Körper, die aus der Tiefe gewaltiger Gletscherspalten geborgen wurden. Wie die Armeefilme über Geschlechtskrankheiten ist auch die Denali-Schau so drastisch, daß selbst der abgebrühteste Bergsteiger erschaudert. Als Mittel zur Förderung vernünftigen Verhaltens ist sie wahrscheinlich genauso unwirksam.

Nehmen wir etwa den Fall Adrian Popovich, der besser bekannt ist unter dem Namen Adrian der Rumäne. Es ist schon ein paar Jahre her, da gelang es Adrian – einem vorlauten Mittzwanziger, der auf eine geheimnisvolle Weise gut aussieht und etwas sprunghaft ist – irgendwie, aus seinem Heimatland zu fliehen, einem der trostloseren Satelliten des Ostblocks, und sich in den Westen der Vereinigten Staaten durchzuschlagen. Er war in Rumänien immerhin so oft geklettert, um beurteilen zu können, daß er eine natürliche Begabung dafür besaß, und entschloß sich nach seiner Ankunft in Amerika, den Sport ernsthaft zu betreiben. Deshalb trieb er sich die meiste Zeit am »Rock« in Seattle herum – einer zehn Meter hohen Betonwand auf dem Campus der University of Washington, an der Schwärme stahlfingriger junger Männer und Frauen mit Lycra-Anzügen an ihren Griff- und Trittfolgen im XI. Schwierigkeitsgrad (5.13) feilen und sich lebhafte Boulderduelle liefern.

Adrian mauserte sich zu einem der extremeren Kletterer am Rock, was seinen Ehrgeiz anstachelte: Er kündigte für das Frühjahr 1986 eine Solobegehung des McKinley an, womit er der erste Rumäne auf dem höchsten Gipfel Nordamerikas gewesen wäre. Als die Skeptiker davon hörten, machten sie ihn darauf aufmerksam, daß der McKinley ganz andere Herausforderungen stelle als selbst die schwierigsten Routen am Rock. Sie erklärten weiter, daß es im strengen Wortsinn unmöglich sei, eine Tour solo zu gehen, bei der man in unmittelbarer Nähe zu etwa dreihundert anderen Menschen sei, denn auf so viele andere Bergsteiger würde Adrian bei seiner beabsichtigten Besteigung vermutlich stoßen. Adrian ließ sich jedoch durch derartige Nörgeleien nicht entmutigen.

Er ließ sich nach seiner Ankunft in Alaska auch nicht abschrecken, als ein freundlich gesinnter Ranger namens Ralph Moore ihm im Verlauf der Registrierung für die Besteigung erklärte, daß es Selbstmord sei, den McKinley ohne ein Zelt angehen zu wollen oder ohne eine Schaufel, um sich eine Schneehöhle zu graben, oder ohne Kocher, was Adrian alles nicht hatte.

Ohne Kocher zum Schneeschmelzen, bohrte Moore weiter, was wolle Adrian da in den drei Wochen trinken, die eine Besteigung normalerweise dauere? »Ich habe Geld«, erwiderte Adrian, als wäre dies das Selbstverständlichste von der Welt, »ich kaufe den anderen Kletterern Wasser ab.«

Man zeigte Adrian die gräßliche Diasammlung; man machte ihn mit der Tatsache vertraut, daß der McKinley mehr Bergsteiger auf dem Gewissen habe als der Eiger; man erklärte ihm, daß er wahrscheinlich schon im unteren Bereich des 6193 Meter hohen Berges mit schlimmeren Bedingungen rechnen müsse als am Nordpol, mit Temperaturen von −40 ° C und Stürmen, die mit 130 bis 160 Stundenkilometern tage- und manchmal auch wochenlang tobten; man gab ihm eine Broschüre, in der unter anderem warnend darauf hingewiesen wurde, daß am McKinley »die vereinte Wirkung von Kälte, Wind und Höhe durchaus eines der feindseligsten Klimas der Erde schaffen kann«. Adrians Reaktion auf diese Einsprüche bestand darin, daß er den Rangern zornig empfahl, sich um ihre eigenen Angelegenheiten zu kümmern.

Moore, der nicht befugt war, Adrian zurückzuhalten (der aber verantwortlich dafür war, Adrian zu retten oder seine Leiche zu bergen, falls eins von beiden notwendig würde), fand sich schließlich damit ab, daß nichts diesen verbohrten Rumänen von seinen Plänen abhalten würde. Alles, was der Ranger tun konnte, war, sich darum zu bemühen, daß jemand Adrian einen Kocher und ein Zelt lieh, und zu hoffen, daß das Glück auf der Seite dieses Burschen blieb.

Das tat es auch, zumindest in dem Sinn, als Adrian lebend davonkam. Er schaffte es tatsächlich bis auf

5700 Meter, ohne in eine der versteckten Gletscherspalten zu stürzen oder sich Erfrierungen zuzuziehen. Er war jedoch beim Aufstieg zu ungeduldig gewesen, sich ausreichend zu akklimatisieren, und ließ es außerdem zu einer schweren Dehydratation kommen, womit er zwei der elementarsten Regeln für das Verhalten in großer Höhe verletzte. Als er sich allein in der dünnen, eisigen Luft keuchend die vorletzten Hänge hinaufschleppte, wurde ihm immer schlechter und schwindliger, und er fing an, wie ein Betrunkener zu torkeln.

Adrian erlebte die ersten Symptome eines Hirnödems, einer tödlichen Schwellung des Hirns, zu der es durch zu schnelles Aufsteigen in zu großer Höhe kommt. Sein Zustand erschreckte ihn zutiefst, es fiel ihm zunehmend schwer, klar zu denken oder aufrecht zu stehen, aber es gelang ihm dennoch, sich zurück auf 4300 Meter zu schleppen, von wo er und ein weiterer Möchtegern-Sologeher – ein Japaner, dessen Füße so schwere Erfrierungen erlitten hatten, daß alle zehn Zehen amputiert werden mußten – vom Gletscherpiloten Lowell Thomas geborgen und ins Krankenhaus von Anchorage gebracht wurden. Als man Adrian die Rechnung über seinen Anteil an der riskanten Rettungsaktion überreichte, weigerte er sich zu zahlen und überließ es dem National Park Service, für die Kosten aufzukommen.

Der Berg, der offiziell den Nachnamen des 25. Präsidenten der Vereinigten Staaten trägt (eine Benennung, die von den Kletterern weitgehend und kategorisch zugunsten von »Denali« übergangen wird, wie der Gipfel auf athabaskisch heißt), ist so gewaltig, daß er jedes Vorstellungsvermögen sprengt: Das sperrige Massiv des McKinley bedeckt als eine der größten Landmassen des Planeten 310 Quadratkilometer der Erdoberfläche, und sein Gipfel ragt mehr als 5100 Meter aus der ihn umgebenden hügeligen Tundra auf. Der Mount Everest ragt dagegen nur 3600 Meter aus dem Tal zu seinen Füßen auf.

Der erbittert umkämpfte Gipfel des McKinley wurde erstmals 1913 von Norden durch eine Seilschaft unter Führung von Hudson Stuck erreicht, dem Episkopalarchidiakon der Provinz Yukon. Es dauerte 19 Jahre, bis der Berg zum zweitenmal bestiegen wurde, aber in den darauffolgenden Jahrzehnten haben es etwa 5000 Bergsteiger Hochwürden Stuck gleichgetan. Der McKinley hat in dieser Zeit einige denkwürdige Heldentaten und Gestalten erlebt.

1961 führte der große italienische Alpinist Ricardo Cassin eine Mannschaft über den eleganten Granitpfeiler, der die Südwand des Berges teilt, eine Leistung, die so eindrucksvoll war, daß sie Präsident John F. Kennedy ein Glückwunschtelegramm abnötigte. 1963 erschlossen sieben draufgängerische Harvard-Studenten eine Route mitten durch die 4200 Meter hohe lawinengefährdete Wickersham-Wand, eine so kühne oder verrückte Tour, daß sie auch ein Vierteljahrhundert später noch nicht wiederholt worden ist. In den siebziger und achtziger Jahren haben wirkliche Helden wie Reinhold Messner, Doug Scott, Dougal Haston und Renato Casarotto den McKinley aufgesucht und höchst anspruchsvolle neue Routen erschlossen.

Die meisten Menschen, die sich am McKinley versuchen, tun das, wie man sicher annehmen kann, nicht, weil sie die Einsamkeit in Gottes freier Natur suchen.

Gegenwärtig gibt es über zwanzig Routen zum Gipfel, aber die allermeisten, die den Berg angehen, versuchen es über den Westpfeiler, eine Route, die Bradford Washburn 1951 als erster begangen hat. 1987 drängten sich tatsächlich fast 700 von 817 McKinley-Aspiranten auf dem »Butt«, wie der Westpfeiler (West Buttress) liebevoll genannt wird. Zur Hauptsaison im Mai und Juni, wenn die benachbarten Wände und Grate meist menschenleer sind, geht es am Westpfeiler zu wie auf einem Ameisenhaufen. Auf dieser Route sind so viele Bergsteiger unterwegs, daß, wie Jonathan Waterman in seinem Buch *Surviving Denali* schreibt, in den höheren Bereichen, wo die böigen Winde den frischgefallenen Schnee sofort wieder wegblasen, die Bergsteiger »den Schnee zum Kochen behutsam zwischen den braunen Scheißhaufen zusammenkratzen [müssen]... Unterhalb 4500 Meter bedeckt glücklicherweise der Schnee manchmal die Exkremente, die Leichen, den Müll und die weggeworfene Ausrüstung.«

Der normale McKinley-Besteiger gibt im Durchschnitt zwischen 2000 und 3500 Dollar aus (eine Summe, die sich auf 3500 bis 5000 Dollar erhöht, wenn er mit einem Bergführer-Unternehmen geht, was 40 Prozent der McKinley-Aspiranten tun), und nimmt drei Wochen brutale und ungewöhnliche Strapazen auf sich. Das tut er nicht, um Zwiesprache mit der Natur zu halten, sondern weil er (oder sie: etwa zehn Prozent der McKinley-Besteiger sind Frauen) seine Trophäensammlung unbedingt um den höchsten Gipfel Nordamerikas bereichern will. Und dadurch, daß er zusammen mit anderen über den Westpfeiler aufsteigt – den einfachsten Weg zum Gipfel –, hofft er, sich möglichst gute Karten zu verschaffen. In den meisten

Jahren bleibt der McKinley jedoch in etwa der Hälfte der Fälle Sieger. In manchen Jahren ist er noch besser. Die Unterlagen der Parkverwaltung belegen zum Beispiel für den April und Mai 1987, daß sechs von sieben Kletterern geschlagen vom McKinley zurückkamen. Einer davon war ich.

Dabei fing alles recht gut an. Als ich in Talkeetna ankam, dem traditionellen Ausgangspunkt für McKinley-Expeditionen, rechnete ich mit der üblichen Wartezeit auf Flugwetter von drei oder vier Tagen, wie beim letzten Mal, als ich vor zwölf Jahren in die Alaska Range geflogen war. Ich war daher angenehm überrascht, nur vierzehn Stunden nach meinem Einzug in den Ort wie eine Sardine hinten in eine kleine rote Cessna gequetscht zu werden, die dem Fliegeras Doug Geeting gehörte. 40 Minuten später wurde ich unversehrt am Kahiltna International Airport abgesetzt, einer zerfurchten Schneepiste auf dem unteren Kahiltnagletscher. Genau 4060 Höhenmeter über der Landepiste und 24 gewundene Kilometer nördlich leuchtete der Gipfel des McKinley vor einem makellosen Himmel.

Aus der Sicherheit des Fairview Inn von Talkeetna gerissen und in eine Landschaft aus senkrechtem Granit und bedrohlichem Eis geworfen zu werden, die den Menschen zu absoluter Bedeutungslosigkeit verkümmern läßt, war ziemlich beunruhigend, aber alle fünfzehn Minuten kam eine weitere Cessna oder ein Hubschrauber angebrummt, um eine Ladung Bergsteiger auszuspucken, und die anschwellenden Reihen neben der Landepiste brauchten ziemlich lange, den Schock der unwirtlichen neuen Umgebung zu verdauen.

In den Hang oberhalb der zerpflügten Landepiste waren dreißig oder vierzig Zelte gebaut für ein Heer von Kletterern, die sich in mindestens fünf Sprachen zuriefen und johlten, während sie ihre Vorräte prüften und ihre Sachen für die bevorstehende Tour packten. Rob Stapleton – ein großgewachsener, mürrischer Mann, der von den konkurrierenden Gletscherpiloten gemeinsam angestellt worden war, am Kahiltna International zu wohnen und wenigstens einen Anschein von Ordnung zu wahren – schüttelte über all das nur den Kopf und rechnete damit, daß einige der Leute hier Ärger bekommen würden. »Es ist nicht zu fassen«, erklärte er, »wie unorganisiert und fertig viele von den Gruppen bereits sind, wenn sie hier ankommen. Von den Burschen machen viel zu viele alles mit neunzig Prozent Kraft und zehn Prozent Gehirn.«

Diese kollektive Kraft, ob nun fehl am Platz oder nicht, war ausgesprochen hilfreich während der ständigen Schlepperei von der Landepiste hinauf zum unteren Gletscher, über einen Höhenunterschied von 2100 Metern, für den die meisten Gruppen eine Woche brauchten. Ich war allein nach Alaska gekommen, aber wenn ich täglich den Kahiltna auf Skiern hinaufstieg, war ich immer wieder fasziniert von der einen oder anderen fröhlichen, ausgelassenen Prozession – eine scheinbar endlose Schlange von Bergsteigern, die stoisch mit schwankenden Zentnerlasten aufwärts stapften und an Szenen des Goldrausches aus Klondike erinnerten. In dieser ersten Woche hätte man sich kein besseres Wetter wünschen können: Nachts war die Luft winterlich kalt, und es fiel so viel Schnee, daß es für einige unvergeßliche Abfahrten im Pulverschnee reichte, aber am Tage schien im allgemeinen immer die Sonne.

Hin und wieder kam eine Bergsteigergruppe, welche die Niederlage schon hinter sich hatte, im Abstieg vorbei, warnte vor peitschenden Winden und höllischer Kälte oberhalb von 4200 Metern, aber wir, die wir auf dem Weg nach oben waren, waren natürlich überzeugt, daß die Bedingungen sich ändern würden, wenn wir kamen. Selbst nach der Begegnung mit zwei Schotten, deren Gefährte nach einem 250-Meter-Sturz mit schweren Kopfverletzungen im Hubschrauber vom Berg geflogen worden war, und mit zwei anderen Kletterern, die auf dem Weg nach unten waren, nachdem sie fast an einem Lungenödem gestorben wären – zuerst ein Jugoslawe, dann ein Pole, beide mit Himalaja-Erfahrung –, blieb die Zuversicht derer, die frisch aus dem Flugzeug gestiegen waren, ungebrochen.

Wenn die Ranger die McKinley-Aspiranten registrieren, bitten sie jede Gruppe aus Gründen der Übersicht, einen offiziellen Expeditionsnamen anzugeben. Die Expeditionen, mit denen ich mir den Berg teilte, wählten Namen wie »Die wandelnden Leichen«, »Dickes Ding«, »Dildo Dauerbrenner und seine Mannen« und ähnliches. Als ich in das große Lager auf 4300 Meter Höhe kam, das die Kletterer als Sprungbrett für Gipfelversuche benutzen, warf ich meinen Rucksack neben ein paar »Dauerbrennern« ab, die gerade hitzig mit einem anderen Bergsteiger diskutierten.

»Ich dir was sage, du Held«, stieß der Nichtdauerbrenner verächtlich hervor, »in meinem Land du machst das, sie hängen dich auf und erschießen dich!« Ich hatte keine Ahnung, worum es ging, aber diese Stimme mit dem starken Akzent war nicht zu verwechseln, denn ich hatte sie bei vielen Gelegenheiten am Rock in Seattle ganz ähnlich trompeten hören: Adrian der Rumäne war wieder am McKinley. Die Nerven dieses Burschen waren zu bewundern, dachte ich bei mir: Die Ranger kochten jetzt noch bei dem Gedanken, mit der Rechnung für die Rettung gelinkt worden zu sein.

Adrian hatte dagegen genügend Zeit gehabt, über die Pleite des letzten Jahres nachzudenken, und war fest entschlossen, nicht noch einmal zu scheitern. »Ganze Winter, ich kann an nichts anderes denken«, erklärte er. »Es machen mich verrückt.« Auch wenn er wieder allein gekommen war, hatte er diesmal ein ganzes Lager an erstklassiger Ausrüstung dabei, darunter nicht nur ein, sondern zwei Zelte. Außerdem hatte er die doppelte Menge Proviant und Brennstoff auf 4300 Meter hochgeschleppt, um notfalls zwei ganze Monate in dieser Höhe bleiben zu können, ein Vorgehen, das eine vernünftigere Einstellung zur Akklimatisierung erkennen ließ.

Er war bei zwei Gelegenheiten sogar schon auf 5700 Meter gewesen und beide Male klugerweise umgekehrt, weil die Bedingungen weniger gut gewesen waren. »Ich dir was sage.« Der neue Adrian hatte inzwischen die Angewohnheit, jeden zu warnen, dessen er habhaft werden konnte. »Das ist sehr großer Berg. Du machst einen kleinen Fehler, du kriegst Tritt in Arsch.« So tief, wie die Lager eingegraben waren, nachdem die Leute 4300 Meter erreicht hatten, glaubten sie wohl so langsam daran.

Das »Lager« war in Wirklichkeit eine ausgewachsene Zeltstadt mit 40 bis 120 Bewohnern, je nachdem, wie die Seilschaften kamen und gingen. Es breitete sich am Rand eines trostlosen Gletscherplateaus aus. Auf der einen Seite schossen unvermittelt die oberen Wände des Berges in den Himmel, eine Mauer aus Granit, Schnee und blauschimmerndem Eis, die erst mehr als 1600 Meter höher am Gipfel endet. Auf der anderen Seite erstreckte sich das flache Plateau über mehrere hundert Meter, bevor es abrupt über 1200 senkrechte Meter abbrach.

Damit ihre Zelte nicht aus der Verankerung gerissen und über diesen Steilabfall geweht wurden, hatten die Kletterer ihre Unterkünfte tief eingegraben und mit massiven Mauern aus Schneeblöcken umgeben. Die Mauern verliehen dem Lager das Aussehen eines Schlachtfeldes, das jeden Augenblick einen Hagel von Artilleriegeschossen erwartete. Solche Bunker zu graben ist eine mühselige Arbeit, und als ich auf einen guterhaltenen tiefen Bunker stieß, der vor kurzem verlassen worden war, bezog ich ihn sofort, auch wenn er in einer der weniger vornehmen Gegenden lag, neben dem ständig gutbesuchten Gemeinschaftsklo des Lagers: einem Sperrholzthron, den Elementen schutzlos ausgeliefert, der zwar einen anregenden Blick bot, die nackte Haut aber der vollen Wucht eisiger Winde aussetzte, die regelmäßig unter –55 ° C sanken.

Die gegenüberliegende Seite des Lagers, das Viertel mit den hohen Mieten, wurde durch einen Iglukomplex gekennzeichnet, bombensichere Kuppelzelte und propanbeheizte Weatherports, die Dr. Peter H. Hackett und seinem Stab als Büros und Residenz dienten. Seit dem Sommer 1982 hat Hackett – ein hagerer, wortkarger, müde wirkender Bergsteiger und Arzt sowie ein weltweit anerkannter Höhenmediziner – auf 4300 Metern eine Station zur Erforschung der geheimnisvollen Krankheiten eingerichtet, die den Menschen in großer Höhe befallen. Er kommt hierher, wie er sagt, weil er stets damit rechnen kann, einen ausreichenden Vorrat an schwerkranken Kletterern vorzufinden, die er untersuchen kann: »Viele Leute am McKinley wissen gar nicht, worauf sie sich einlassen, und steigen zu schnell auf und erkranken ernsthaft. Es taumeln immer wieder neue Versuchskaninchen zur Tür herein.« Wenigstens ein Dutzend dieser Versuchskaninchen wäre ohne die Dienste von Hackett und seinem Team längst tot.

Hackett stellte sofort klar, daß »wir an Laufpatienten niemals Experimente durchführen, denen wir uns selbst nicht auch unterziehen würden«. Zu diesem Zeitpunkt erprobte zum Beispiel sein Forschungspartner Rob Roach gerade die Anwendung eines neuen blauen Medikaments gegen Höhenkrankheit an sich selbst. Nach der grünlichen Färbung seiner Haut und dem bläulichen Erbrochenen auf seinen weißen wasserdichten Stiefeln zu urteilen, war das neue Medikament offenbar nicht hundertprozentig wirksam.

Hacketts Team erhielt, wie ich später erfuhr, nicht nur keine Vergütung für seine lebensrettenden Behandlungen, sondern beglich, da man weder 1986 noch 1987 Zuschüsse bekommen hatte, die meisten Ausgaben für das Projekt aus der eigenen Tasche. Ich fragte einen der Ärzte, Howard Donner, warum sie sich jeden Sommer freiwillig an einem so gottverlassenen Ort abplagten. »Wissen Sie«, sagte er, während er bei einem Schneesturm zitternd und schwankend vor Übelkeit und wahnsinnigen Kopfschmerzen eine abgeknickte Radioantenne zu reparieren versuchte, »es macht irgendwie Spaß, nur anders.«

Der Westpfeiler des McKinley bietet, wie oft behauptet wird, alle technischen Herausforderungen eines langen Spaziergangs im Schnee. Das trifft mehr oder weniger zu, aber es trifft auch zu, daß man, wenn man bei diesem Spaziergang im falschen Augenblick beispielsweise auf einen Schnürsenkel tritt, wahrscheinlich ums Leben kommt. Zwischen 4800 und 5100 Metern zum Beispiel folgt die Route dem Kamm eines messerscharfen Grates, der auf der einen Seite 600 Meter steil abfällt, auf der anderen Seite 900 Meter. Darüber hinaus kann selbst das flachste und harmlos aussehende Stück von verborgenen Spalten durchzogen sein, von denen viele groß genug sind, mit Leichtigkeit einen Reisebus zu verschlingen.

Das heißt nicht, daß eine Gletscherspalte groß sein müßte, um auch gefährlich zu sein. Im Februar 1984 verschwand Naomi Uemaru – der berühmte japanische Bergsteiger und Polarforscher – mitten im Abstieg, nachdem er den ersten Soloaufstieg des McKinley im Winter geschafft hatte. Es wird allgemein angenommen, daß er den Tod in einer der relativ kleinen Spalten gefunden hat, die durch den breiten Hang zwischen dem Lager in 4300 Meter Höhe und dem Messergrat in 4800 Metern ziehen. Im letzten Frühjahr hätte beinahe auch ein frischvermähltes Paar seine Flitterwochen (die sie aus Gründen, die nur ihnen bekannt sind, am McKinley verbrachten) in einer von diesen Spalten beendet.

Die Flitterwöchner – das auch der Name, unter dem die Expedition von Ellie und Conrad Miller offiziell registriert war – campierten mit Adrian dem Rumänen und drei weiteren Expeditionen in einer überfüllten, kaum geschützten Bunkerunterkunft, die zufällig neben der meinen auf 4300 Meter Höhe lag. Am 16. Mai stiegen die Millers auf 5160 Meter, um Proviant und Brennstoff für einen späteren Gipfelversuch zu deponieren. Am selben Abend stiegen sie zurück zum Lager auf 4300 Meter, als der führende Conrad plötzlich durch eine dünne Schneebrücke brach und ins Bodenlose stürzte, wobei er »wie eine Flipperkugel« von den Wänden einer schmalen, aber sehr tiefen Gletscherspalte abprallte.

Der Hang oberhalb der Spalte war ziemlich steil, und die Wucht von Conrads Sturz riß Ellie aus dem Stand und zog sie bergab auf das Loch zu, durch das er eingebrochen war. Sekundenbruchteile, bevor auch Ellie in der Spalte verschwunden wäre, gelang es ihr, die Hacke ihres Eispickels im Schnee zu verankern und sie beide zu bremsen.

Conrad, der 15 Meter unter der Oberfläche im bläulichen Dämmerlicht der Spalte hing, prüfte zuerst kurz seine Hose, um festzustellen, ob sein Schließmuskel dichtgehalten hatte (er hatte), dann, ob irgend etwas gebrochen war (war nicht). Danach arbeitete er sich, während Ellie oben am Seil zog, mit den Frontalzacken eine der senkrechten Spaltenwände hinauf. Als er sich zurück an die Oberfläche kämpfte, gelangte Conrad zu der Überzeugung, daß, wäre er noch 100 Meter oder mehr bis ganz nach unten gestürzt, »das letzte, was ich gesehen hätte, die gefrorene Leiche von Uemara gewesen wäre«.

Conrad, ein sechsunddreißigjähriger Architekt, aber auch Ellie, eine achtundzwanzigjährige Einzelhandelsangestellte, waren ziemlich geschockt, aber dennoch fest entschlossen, den McKinley zu besteigen. Am 18. Mai – obwohl es seit Tagen gestürmt hatte und ein noch stärkerer Sturm angekündigt war – stiegen sie wieder zu ihrem Depot auf 5160 Meter auf, um dort auszuharren, bis sich das Wetter bessern würde, und dann zum Gipfel aufzusteigen.

Aber der Sturm, der sich an diesem Tag weiter steigerte, erwies sich als sehr viel stärker und von erheblich längerer Dauer, als die Flitterwöchner angenommen hatten. Die Temperatur auf 5160 Meter Höhe fiel auf –45° C, und orkanartige Stürme tobten fast ohne Unterlaß über eine Woche lang um den Gipfel, so daß die Temperaturen durch die Windabkühlung bei 70 bis 80 Grad unter Null lagen. Nicht nur an einen Aufstieg war nicht zu denken, auch an Schlaf nicht; Conrad und Ellie waren die meiste Zeit dazu verurteilt, mit allen Ersatzsachen bekleidet im Zelt zu liegen und zu beten, daß die Nähte ihrer Unterkunft dem Sturm standhielten. (Kurz bevor die Hochzeitsreisenden 5160 Meter Höhe erreicht hatten, war bei einem »Oval Intention« – einem der stabilsten Zelte überhaupt – genau das passiert: Es war mitten in der Nacht explodiert, wodurch die drei Insassen in eine äußerst prekäre Lage gekommen waren.)

Der Sturm, der in der Gipfelregion tobte, war selbst aus der relativ sicheren Höhe von 4300 Meter schrecklich anzusehen. Sobald der Sturm im Bereich des unteren Lagers nachließ, konnte man vom 900 Meter höheren Kamm ein sehr viel tieferes, wilderes, klagendes Brüllen hören – ähnlich dem Donnern bei einem Raketenstart. Als der Sturm losbrach, hatten die meisten der zwanzig oder dreißig Bergsteiger, die auf 5160 Metern ihr Lager aufgeschlagen hatten, sofort den Rückzug angetreten und sich zurück auf 4300 Meter gekämpft, die Flitterwöchner jedoch nicht.

Gleich zu Beginn ihres Aufenthalts auf 5160 Metern hatten Conrad und Ellie den Eingang einer Eishöhle entdeckt. Da sie dachten, daß diese einen sichereren Unterschlupf bieten würde, ging Ellie hinein, um nachzusehen. Es war ein T-förmiger Stollen, der weit in den Hang führte, einen fünf Meter langen Eingangstunnel hatte, der zu einem mindestens doppelt so langen Haupttunnel führte, der rechtwinklig abzweigte. Er war ohne Frage weit sturmsicherer als das Zelt, aber schon nach einer kurzen Besichtigung stand für Ellie fest, daß sie ihr Heil lieber draußen im wirbelnden Sturm suchen würde.

Das Innere dieser Höhle, sagt sie, »war unglaublich grausig, ganz dunkel und feucht und wahnsinnig beengend. Es war ein scheußliches Loch, absolut gräßlich. Nichts hätte mich dazu gebracht, da hineinzugehen.«

Die Stollen waren nur 1,20 Meter hoch, Abfälle bedeckten den Boden, die Wände waren mit Urin und Erbrochenem und weiß Gott was noch besudelt. Am schlimmsten waren aber die Gestalten, die in dieser unterirdischen Düsternis hausten. »Da drin waren sieben oder acht ganz seltsame Typen«, erzählt Ellie. »Sie hockten schon seit Tagen in der Höhle und hatten schon seit längerem nichts mehr zu essen. Sie saßen einfach da und zitterten in der stickigen Luft vor Kälte, obwohl sie alles angezogen hatten, was sie besaßen; sie atmeten die dichten Kocherschwaden und sangen die Titelsongs von Fernsehshows, und wurden mir immer unheimlicher. Ich konnte gar nicht schnell genug da rauskommen.«

Die Höhlenmenschen gehörten zu zwei getrennten Expeditionen. Die eine – drei Mann aus Flagstaff, Arizona, die sich Crack o'Noon Club nannten – war in Wirklichkeit erst seit ungefähr einem Tag da drinnen. Die andere, eindeutig eigenartigere Gruppe saß schon seit gut einer Woche in der Höhle. Wie sich herausstellte, waren das niemand anderes als Dildo Dauerbrenner und seine Mannen.

Dauerbrenner und Mannen – mit bürgerlichem Namen Michael Dagon, Greg Siewers, Jeff Yates und Stephen »Este« Parker – waren vier harte, arrogante, provozierende Burschen Ende Zwanzig, Anfang Dreißig aus Alaska. Was bergsteigerische Erfahrung anging, hatten sie nicht viel vorzuweisen, aber sie hatten ihre Hausaufgaben gemacht und waren entschlossen, den Gipfel des McKinley zu knacken, koste es, was es wolle. Dagon hatte seit einem Jahr rotem Fleisch und Alkohol abgeschworen, um sich auf die Expedition vorzubereiten, und so besessen trainiert und geplant, daß seine Frau ihn verlassen hatte.

Die Mannen waren offenbar am 9. Mai auf 4300 Meter angekommen; einen Tag später erkrankte Yates an einem Lungenödem – zwar einer leichten Form, aber dennoch potentiell lebensbedrohlich, und er gurgelte und keuchte entsprechend. Die meisten Bergsteiger wären auf der Stelle umgekehrt, aber die drei gesunden Kollegen ließen Yates einen Tag zur Erholung auf 4300 Meter, schleppten Proviant in ein Depot auf 4800 Meter und stiegen abends wieder auf 4300 Meter ab. Nachdem sie am nächsten Morgen entschieden hatten, daß es Yates nicht schlechter gehe, brachen alle vier zum messerscharfen Grat auf, um ein Höhenlager als Ausgangspunkt für ihren Gipfelaufstieg einzurichten.

Als die Burschen am 13. Mai auf 5160 Meter ankamen, richteten sie sich in ihren Zelten in einem mickrigen Bunker neben den stabileren Bunkern eines halben Dutzends anderer Expeditionen ein, darunter eine Seilschaft von Mitarbeitern der Parkverwaltung unter Führung des Rangers Scott Gill, eine Gruppe unter Leitung eines erfahrenen Bergführers namens Brian Okonek aus Alaska und eine Sondereinheit der Polizei aus Montreal auf Urlaub. Zu dem Zeitpunkt stellten sie fest, daß sie für drei Tage Proviant hatten, vielleicht für vier, wenn sie ihn streckten. Am 18. stürmte es immer noch, und der Proviant war fast aufgebraucht.

Aber es kam noch schlimmer. An diesem Nachmittag empfing Ranger Gill über Funk einen Wetterbericht, der ankündigte, daß eine noch unangenehmere Sturmfront – in der Vorhersage war von einem »starken dreitägigen Sturm« die Rede – binnen weniger Stunden das obere Bergmassiv erreichen werde. Als sich eine Stimme über Funk mit der Frage einschaltete, wie stark, antwortete derjenige, der den Bericht übermittelte, mit einem makabren Lachen: »Na, ja, stark genug, daß, wenn es losgeht, jeder über 4500 Meter dran ist.«

»Mit einem Mal«, sagt Yates, »hieß es, ›Mensch, vielleicht sollten wir doch besser weg hier‹.« Er berichtet, daß andere Gruppen »sofort anfingen, von 5160 Meter abzusteigen, aber wir brauchten drei Stunden zum Packen, und als wir schließlich aufbrachen, war der Sturm auch schon da. Im Whiteout verloren wir sofort die Spur. Der Sturm war so stark, daß jemand aus der Gruppe vor uns, die das Lager zuletzt verlassen hatte, seinen Rucksack aufgeben mußte, um weiterzukommen. Nach zwei Seillängen war bereits klar, daß wir es nicht schaffen würden, und so kehrten wir um und gingen zurück auf 5160 Meter.«

Da, so Dagon, »wurde uns klar, daß wir richtig in der Scheiße saßen.« Sie bauten ihre Zelte wieder auf und verankerten sie mit Schneepflöcken und einem ausgeklügelten Netz aus Kletterseilen im Hang. Trotzdem hatten sie Angst, daß der stärker werdende Sturm ihre Behausungen vom Grat reißen würde. In dieser Situation erzählte Brian Okonek, der in seinem massiven Loch recht sicher saß, ihnen von der Eishöhle. Er hatte sie, wie er sagte, 1983 bei einem schweren Sturm selbst gegraben; sie rettete damals achtzehn Bergsteigern das Leben.

Die Jahre seitdem hatten Okoneks Höhle mit Treibschnee vollgestopft, und die Burschen, unterstützt von einer anderen Expedition namens 5150, mußten sechs harte, kalte Stunden graben, um sie wieder freizuschaufeln – wobei alle vier Erfrierungen an Fingern und Zehen erlitten. Nachdem sie jedoch alle eingezogen waren, entwickelten sie eine wunderliche Liebe zum Höhlenleben: Trotz Erfrierungen und Proviantmangel beschlossen sie, den Sturm auszusitzen, egal wie lange er dauern würde, um dann auf den Gipfel zu steigen.

Das Leben auf 4300 Meter Höhe war derweil zweifellos besser als das erbärmliche Dasein derer, die sich auf 5160 Meter eingegraben hatten, aber es war dennoch nicht ohne Härten. Gefangen im Lager, aber vergleichsweise unbehelligt vom Sturm, der weiter oben tobte, ertrugen wir Bewohner auf 4300 Meter unsere Zeit anfangs recht fröhlich – ließen Drachen fliegen, fuhren auf den windgeschützten Hängen direkt über dem Lager im verharschten Pulverschnee Ski, übten Eisklettern an den nahen Seracwänden. Aber als der Sturm weiter wütete und Proviant, Brennstoff und Energie langsam zur Neige gingen, senkte sich eine kollektive Niedergeschlagenheit auf unsere befestigte Zeltstadt.

Als über den Funk im Ärztezelt die Nachricht kam und Gerüchte bestätigte, daß am benachbarten Mount Foraker und Mount Hunter fünf beliebte Kletterer durch Lawinen ums Leben gekommen waren, verschärfte sich die düstere Stimmung noch. Die Leute fingen an, den ganzen Tag in ihren jämmerlichen kleinen Löchern zu bleiben, zankten sich und zitterten in ihren Zelten und kamen nur heraus, um aufs Klo zu gehen oder sich freizuschaufeln. »Es war deine Idee, diese beknackte Tour zu machen«, hörte ich einen Bergsteiger im Nachbarzelt seinen Gefährten anmaulen. »Ich hab dir gesagt, wir sollten zum Klettern ins Yosemite fahren!«

Als der Sturm andauerte, wurde der Handel mit wichtigen Vorräten lebhafter und unbarmherziger. Expeditionen, die bestimmte besonders wertvolle Artikel wie Toilettenpapier, Zigaretten, Diamox (ein Mittel gegen Höhenkrankheit) oder Schokoriegel reichlich besaßen, bekamen immer günstigere Umrechnungskurse. Ich mußte ein ganzes Halbpfundstück Tillamook-Käse für drei Diamox-Tabletten hergeben. Adrian, der über einen beneidenswerten Vorrat an Proviant verfügte, konnte seine grenzenlose Langeweile dadurch mildern, daß er sich von einem hungrigen kanadischen Kletterer dessen Walkman für einen lächerlichen Riegel pro Tag lieh.

Inmitten all dieser dunklen Tage sah ich Adrians

letztjähriges Fiasko allmählich mit anderen, verständnisvolleren Augen. Ich mußte zugeben, daß auch ich den Berg bei dieser meiner ersten Tour zum Denali sträflich unterschätzt hatte. Ich hatte mir die Warnungen der Ranger angehört; ich hatte von keinem geringeren als dem erfahrenen Alpinisten Peter Habeler gehört, daß die Stürme am McKinley »zu den schlimmsten gehören, die ich jemals erlebt habe«; ich wußte, daß Haston nach der gemeinsamen Besteigung des McKinley mit Doug Scott und nur sechs Monate, nachdem sie auf dem Gipfel des Everest waren, gesagt hatte, sie hätten sich gezwungen gesehen, »unsere ganze Himalaja-Erfahrung aufzubieten, nur um zu überleben«. Und trotzdem hatte ich irgendwie – wie Adrian 1986 – nichts davon so richtig geglaubt. Das kam vor allem da zum Ausdruck, wo ich gespart hatte: Ich hatte einen zehn Jahre alten lausigen Schlafsack und ein günstig erstandenes Standardzelt mitgenommen und es nicht für nötig gehalten, eine Daunenjacke, Überschuhe, eine Schneesäge oder Schneepflöcke einzupacken. Ich hatte den Westpfeiler für eine Sonntagsroute gehalten; wie schwierig konnte eine Route schließlich schon sein, die sich jährlich 300 Durchschnittsbergsteigern und Amateuren beugte?

Ziemlich schwierig jedenfalls für Leute wie mich, dämmerte mir. Ich fühlte mich ständig unwohl und stand häufig am Rand einer Katastrophe. Mein Zelt löste sich langsam auf, sogar in der relativen Ruhe auf 4300 Meter. Die ständige Kälte ließ meine Finger und Lippen aufplatzen und bluten; meine Füße waren permanent taub. Obwohl ich nachts alles anzog, was ich hatte, war es mir nicht möglich, heftige Anfälle von Schüttelfrost abzuwehren. Mein Atem schlug sich an der Innenwand des Zeltes in zentimeterdickem Reif nieder, was immer wieder zu Schneestürmen im Zelt führte, wenn die dünnen Nylonwände im Wind schlugen. Alles, was ich nicht in meinen Schlafsack steckte – Kamera, Sonnenschutz, Wasserflaschen, Kocher –, gefror zu einem nutzlosen spröden Klumpen. Mein Kocher zerstörte sich infolge der Kälte gleich zu Anfang der Tour tatsächlich selbst; hätte eine mitleidige Seele namens Brian Sullivan mir nicht seinen Ersatzkocher geliehen, ich hätte, wie Dildo Dauerbrenner es so treffend ausgedrückt hatte, richtig in der Scheiße gesessen.

Am Morgen des 21. Mai erreichte der Sturm einen neuen Höhepunkt. Am Abend jedoch klarte der Himmel auf, und der Wind flaute ab, obwohl Höhenstürme und starker Schneefall für mindestens fünf Tage vorhergesagt wurden. Am nächsten Morgen waren es −35 °C, und über dem Gipfel des Foraker waren wieder ein paar kleine linsenförmige Wolken aufgetaucht, aber ansonsten war es noch ruhig und klar. Deshalb packte ich einen leichten Rucksack und nahm die Einladung an, mich einer starken Fünfergruppe unter Führung von Tom Hargis anzuschließen, einem Himalaja-Veteranen, dem 1986 die zweite Besteigung des berüchtigten Gasherbrum IV gelang, um einen eintägigen 1800-Meter-Spurt auf den Gipfel zu versuchen. Als ich das Lager verließ, blickte Adrian zum Himmel, lachte gackernd und schrie: »Viel Glück, Junge! Du wirst es brauchen! Vielleicht finde ich dich später da oben, gefroren wie ein Fisch!«

Als wir zwei Stunden nach dem Aufbruch den schmalen Grat auf 4860 Meter erreichten, hatte der Wind auf 35 Stundenkilometer aufgefrischt, und die ersten Wolken verdunkelten die Sonne. Als wir eine Stunde später 5100 Meter erreichten, kletterten wir in einem ausgewachsenen Schneesturm bei einer Sicht von nahezu Null und einem 70-Stundenkilometer-Wind, der entblößte Haut in Sekunden gefrieren ließ. Da machte der führende Hargis wortlos eine Kehrtwendung und stieg ab, und niemand stellte seine Entscheidung in Frage. Nachdem er den Westpfeiler des Everest und den Gasherbrum IV überlebt hatte, war Hargis offensichtlich nicht daran interessiert, sich am Westpfeiler des McKinley das Genick zu brechen.

Mit der Rückkehr des Sturms am 22. warfen auch die Flitterwöchner endgültig das Handtuch. Am Nachmittag dieses Tages wankten sie in das Lager auf 4300 Meter, völlig geschafft, aber mit einer erstaunlichen Nachricht: Die eigenartigen Burschen aus der Höhle hatten den Gipfel erreicht.

Eine Seilschaft nach der andern hatte ihre Lager auf 5100 Meter Höhe aufgegeben, nur Dauerbrenner und seine Mannen hatten durchgehalten. Weitere Grabungen in ihrem Unterschlupf hatten so viel deponierten alten Proviant zutage gefördert – etwas altes, aber noch eßbares Hafermehl, ein bißchen Schokolade, eine Dose Thunfisch und eine Dose Heringe –, daß sie weiter durchhalten konnten. Als ihr Kocher seinen Geist aufgegeben hatte, schnorrten sie von ihren originellen Höhlengefährten, der Expedition 5150, geschmolzenen Schnee zum Trinken.

5150 war eine Gruppe aus vier Alaskanern, die ihren Namen dem staatlichen Strafgesetzbuch entliehen hatte (im Polizeijargon ist 5150 die Bezeichnung für unzurechnungsfähige Personen) und ihre Inspirationen dem regelmäßigen Inhalieren von »Matanuska Thunderfuck«, einer legendären Art des *Cannabis sativa,* verdankten, die im 49. Staat der USA angebaut wird. Die 5150-Truppe prahlte in der Tat damit, zwischen Kahiltna International und 5160 Meter über 100 Joints des starken Krautes geraucht zu haben. Aber selbst diese wunderbare chemische Stärkung konnte nicht verhindern, daß ein Mitglied nach nur einem Tag in der eisigen Höhle eine starke Unterkühlung bekam; seine Kameraden versuchten, ihn dadurch wiederzubeleben, daß sie seinen Konsum noch erhöhten. »Es war irgendwie mitleiderregend«, sagt Mike Dagon. »Sie trichterten ihm ein, ›es hat dir bis hierher geholfen, dann hilft es dir auch noch auf dem restlichen Weg‹. Aber als der Typ nach zwei Tagen in der Höhle immer noch nicht aufgewärmt war, beschlossen die 5150-Jungs, die Platte zu putzen und abzusteigen.«

Der Abmarsch von 5150 und ihres funktionierenden Kochers hätte schwerwiegende Folgen für die in der Eishöhle Zurückgebliebenen haben können, aber kaum waren 5150 gegangenen, da zog der Crack o'Noon Club ein. Wie sich herausstellte, hatten die Nooner ebenfalls einen Kocher und teilten das Wasser, das er produzierte, genauso großzügig.

»Die Morgen in der Höhle waren wirklich deprimierend«, räumt Dagon ein. »Ich meine, du wachst auf, und irgend jemand schnarcht dir ins Gesicht, es war nichts zu essen da, und alles, worauf man sich freuen konnte, war ein weiterer Tag, an dem man sich in einem Eisloch gegenseitig anstarrte. Aber wir kamen ganz gut über die Runden. Um die Zeit totzuschlagen, spielten wir Kinderspiele oder redeten über das, was wir essen würden, wenn wir wieder unten waren, und

Este brachte uns die Titelsongs von Sitcoms wie *Gilligans Insel* und *Bezaubernde Jeannie* bei.«

Dann, am Abend des 21. Mai, flaute der Sturm plötzlich ab. Dauerbrenner und seine Mannen hatten Erfrierungen, waren schwer dehydriert, schwach vor Hunger, apathisch durch die Höhe und krank vom Einatmen des Kohlenmonoxids, das ihr Kocher abgab. Aber sie gehörten auch zu jener Sorte Bergsteiger, für die »wer nicht wagt, der nicht gewinnt« galt, und sie meinten, daß es über dem Berg vielleicht wieder einen ganzen Monat keinen klaren Himmel geben werde. Sie rissen sich zusammen, ignorierten ihre Wehwehchen, und alle bis auf Greg Siewers – der einzige erfahrene Bergsteiger unter ihnen – machten sich bereit für einen Gipfelversuch. Abends um 9.30 Uhr kamen sie, in Begleitung des Crack o'Noon Club, aus ihrem eisigen Bau und begannen den Aufstieg.

Die Dauerbrenner kamen in der schneidend kalten Nachtluft quälend langsam voran und wurden von den drei Crack o'Nooners bald abgehängt. Auf 5550 Meter Höhe, kurz nach Mitternacht, brach eine von Dagons mechanischen Aufstiegshilfen, als er sie in ein kurzes Fixseil klinkte. Als er seinen Fäustling auszog, um sie zu reparieren, wurde der Handschuh weggeweht. Ein paar Minuten später spürte Yates ein Ziehen am Seil und drehte sich um. »Mike sagte, seine Hand sei kalt«, erinnert sich Yates. »Ich sah genauer hin und erkannte, daß sie bloß war, aber Mike schien das überhaupt nicht zu realisieren. Ich wußte nicht, wie lange er schon so unterwegs war, aber ich merkte, daß er Probleme hatte und anfing, in einen kritischen Zustand zu geraten. Sofort packte ich seine Hand und schob sie unter meinen Anorak.«

Als Dagons Hand wieder warm geworden war, holte jemand einen Ersatzfäustling heraus, und sie stiegen weiter bis morgens 5.30 Uhr, wo sie den Fuß der letzten Wand auf 5700 Meter erreichten. Dort mußten sie erneut haltmachen, diesmal eine ganze Stunde, um Dagons Hände am Bauch von Yates und Parker zu wärmen. »Este klagte Mike über starke Unterkühlung und meinte, daß wir absteigen sollten«, erzählt Yates, »aber Mike sagte, kommt nicht in Frage, nicht, wo wir so nah dran sind, und er riß sich zusammen und fand auch noch die Kraft für die letzten 300 Meter.«

Beim Aufstieg über den Gipfelgrat konnten sie die grazilen Türme des Mount Huntington sehen und den Mooses Tooth, der unwirklich aus einer dichten Wolkendecke ragte, die den Ruthgletscher ferne 3900 Meter unter uns verhüllte. »Auf irgendeine abstrakte, geistige Art wußte ich«, erklärt Yates, »daß es eine herrliche Aussicht war, aber ich konnte mich nicht dazu aufraffen, ihr irgendwelche Beachtung zu schenken: Ich war die ganze Nacht aufgewesen, ich war total ausgelaugt, ich war einfach zu kaputt.«

Um 9.20 Uhr am Morgen des 22. Mai 1987 stand die Gruppe endlich auf dem Gipfel des McKinley. Das Dach Nordamerikas, berichtet Mike Dagon, besteht »aus drei unbedeutenden Höckern auf einem abgerundeten Grat, und einer der Höcker überragt die anderen ein bißchen. Das ist alles. Es war wahnsinnig ernüchternd; ich hatte wohl damit gerechnet, daß ein Feuerwerk abbrennt und in meinem Kopf Musik erklingt oder irgend so was, aber nichts dergleichen geschah. Wir waren kaum oben, da machten wir schon wieder kehrt und stiegen ab.«

Minuten, nachdem sie den Gipfel erreicht hatten,

waren die Wolken, die sie zuerst über dem Ruthgletscher gesehen hatten, die 3900 Meter zur Spitze hochgestiegen: Das 16-Uhr-Schönwetterfenster war zugeschlagen. Die nächsten sechs Stunden kämpften sie sich durch den Whiteout bis auf 5160 Meter hinunter. Nur eine Reihe Bambusstangen, die die Crack o'Nooners beim Aufstieg nach jeder Seillänge in den Schnee gesteckt hatten, ermöglichte es ihnen, zurück zur Höhle zu finden, die sie nach 18 Stunden Nonstopkletterei erreichten. Dort wurden sie vom Wetter noch einmal zwei Tage ohne Essen festgehalten, aber am 24. Mai gelang es ihnen endlich, sich bis auf 4300 Meter hinunterzuschleppen, wo Rob Roach und Howard Donner sich im Ärztezelt mehrere Stunden um ihre erfrorenen Gliedmaßen kümmerten.

Die Dauerbrenner hatten uns vorgemacht, was man mit sturer Entschlossenheit und einer hohen Schmerzgrenze erreichen kann. Sie, eine der wenigen Expeditionen, die den Gipfel im Mai erreichten, hätten den Rest von uns auf 4300 Meter eigentlich animieren müssen, einen Gang hochzuschalten und unsere Chance zum Ruhm zu wahren. Aber mir gingen inzwischen die Feigen aus, und ich hatte einen mächtigen Durst auf etwas entwickelt, das mehr Geschmack hat als geschmolzener Schnee. Am 26. Mai packte ich mein Zelt zusammen, schnallte die Skier an und sagte meinen Kampfgefährten Lebewohl.

Während ich meinen Rucksack schulterte, blickte Adrian sehnsüchtig nach Süden Richtung Talkeetna und murmelte irgend etwas, daß es wohl doch nicht so aussehe, als ob sich das Wetter in absehbarer Zeit noch einmal bessern werde. »Vielleicht«, dachte er laut, »ist es für mich auch am besten abzusteigen, wie du, und den McKinley dafür im nächsten Jahr zu machen.« Aber einen Moment später richtete er den Blick wieder zum Gipfel, und seine Kiefer mahlten. Als ich dann den Gletscher hinunterfuhr, stand Adrian noch immer da und starrte hinauf zu den Gipfelhängen. Ich bin sicher, er malte sich den Ruhm aus, der den ersten Rumänen erwartete, der den McKinley erstieg.

KAPITEL SIEBEN

Chamonix

ES IST ERST SEPTEMBER, ABER DER WIND, DER DURCH DIE engen Straßen von Chamonix fegt, riecht bereits nach Winter. Jede Nacht sinkt die Schneegrenze, wie der Bund einer Unterhose, weiter hinunter über die stattlichen Granithüften des Montblanc in Richtung der Schieferdächer und Kirchtürme auf dem Talboden. Vor drei Wochen waren die Straßencafés an der Avenue Michel Croz noch erstickt an Urlaubern, die an einer überteuerten *citron* nippten und sich den Hals nach dem berühmten Bergpanorama verrenkten, das 3000 Höhenmeter über ihren Tischen wie eine Fata Morgana im Augustdunst schimmerte. Jetzt sind die meisten dieser Cafés leer, die Hotels verlassen, die noch vor kurzem quirligen Bistros still wie Bibliotheken. Ich gehe ein paar Minuten vor Mitternacht durch die Straßen von Chamonix und bin deshalb überrascht, eine Menschenschlange vor dem Eingang des Choucas zu sehen, eines Nachtclubs nahe dem Ortszentrum. Neugierig stelle ich mich hinten an.

Als ich nach 25 Minuten endlich drin bin, gibt es nur noch Stehplätze. Elvis Costello dröhnt mit so viel Watt über die Musikanlage, daß die Biergläser tanzen, und es ist unmöglich, im blauen Dunst der glimmenden Gitanes von einem Ende der Bar zum anderen zu sehen. Die jugendliche Kundschaft gibt sich großspurig und selbstverliebt, so daß man an Shakespeares

Zeile über »die muntern und selbstvertrauenden Franzosen« denken muß, aber es wird nicht getanzt; erstaunlich wenige Besucher sind offenbar auf Brautschau, und kaum jemand unterhält sich. Die Stammgäste des Choucas kommen, wie ich bald merke, vor allem wegen der Videos: Alle hier im Laden blicken gebannt auf das halbe Dutzend Großbildschirme.

Der Film, der die Menge gerade in seinen Bann zieht, zeigt eine in Frankreich beliebte Betätigung, das Bungeespringen. Eine große Blonde namens Isabelle Patissier ist mit einem Heißluftballon mehrere hundert Meter hoch gestiegen. Ein dreißig Meter langes Gummiband ist mit dem einen Ende an ihren Fußgelenken befestigt, mit dem anderen am Ballonkorb. Patissier – eine der besten Felskletterinnen der Welt und kein Mauerblümchen – vollführt ganz ruhig einen Kopfsprung vom Korbrand ins Leere. Mit beängstigend steigendem Tempo stürzt sie der Erde zu, doch das Gummiband stoppt den Sturz erfolgreich und läßt sie spektakulär auf und ab federnd zum Halt kommen; aber Patissier schafft es nicht, am Bungeeseil zurück in den sicheren Korb zu klettern, und bleibt kopfüber am Seil hängen. Um die Situation zu retten, versucht der Ballonführer eine Notlandung, kommt dabei jedoch mit dem Bungeeseil in eine Hochspannungsleitung und bringt Patissier in die Gefahr eines tödlichen Stromschlags. Die hängt immer noch hilflos mit den Beinen am Ende des Seils, das inzwischen Feuer gefangen hat.

Patissier wird dem Tod in letzter Sekunde entrissen, aber bevor in der Bar jemand aufatmen kann, flimmert ein anderer, ebenso packender Film über die Bildschirme, diesmal mit dem Lokalmatador Christophe

Profit, der solo den Walkerpfeiler, die Eigerwand und die Nordwand des Matterhorns durchstieg, und das alles im Verlauf eines einzigen Wintertages. In diesem Stil geht es weiter, bis die Bar schließt, mit Stunts auf der Tragfläche eines fliegenden Flugzeugs, Nackt-Fallschirmspringen, Hochseesurfen, Hochgeschwindigkeitsabfahrten mit Monoskiern auf einem Geröllhang und Motorradstunts im Stil von Evel-Knievel. Der rote Faden, der sich durch all diese Videos zieht, ist die Todesgefahr; je kritischer es wird, desto hingerissener ist die Menge. Der beliebteste Film ist tatsächlich eine fünfundvierzigminütige Zusammenstellung tödlicher Unfälle bei Automobilrennen, ein schauerliches Potpourri von Fahrern und Zuschauern, die zerquetscht und verstümmelt werden oder bei lebendigem Leib verbrennen – das meiste davon mit Nahaufnahmen und Wiederholungen in Superzeitlupe, damit der Betrachter den vollen Genuß hat.

Irgendwann in der Nacht spielt das Videogerät verrückt, die Bildschirme sind leer, und ich komme mit einem jungen Franzosen aus dem nahen Annecy ins Gespräch. Patrick ist bekleidet mit wadenlangen, blumengemusterten Strandhosen, einem XXL-Batman-Sweatshirt und – obwohl die Sonne vor sechs Stunden untergegangen ist und wir uns in einer nur schwach erleuchteten Bar befinden – einer Sonnenbrille mit rosafarbenem Gestell. Mit typisch gallischer Bescheidenheit läßt er durchblicken, daß er sowohl ein meisterlicher Gleitschirmpilot als auch ein »hervorragender« Felskletterer sei. Ich erkläre, daß auch ich zufällig Kletterer und recht zufrieden mit den Routen bin, die ich bisher in Chamonix begangen habe; ich ergreife die Gelegenheit, auch etwas auf den Putz hauen zu können, und erzähle Patrick, daß mir die Tour, die ich gerade gestern gemacht habe, ganz besonders gefallen hat, ein klassischer Prüfstein – im Vallot-Führer als *extrêmement difficile* eingestuft – an einem schlanken, unwahrscheinlich steilen Turm, dem Grand Capucin.

»Der Capucin?« erwidert Patrick deutlich beeindruckt. »Das war bestimmt sehr schwer, von dort mit dem Gleitschirm zu starten, oder?« Nein, nein, werfe ich schnell ein – ich bin nur hinaufgeklettert; ich bin nicht auch noch runtergeflogen. »Nicht?« fragt Patrick, für einen Moment sprachlos. »Na ja, solo den Capucin zu besteigen ist trotzdem eine lohnende Sache.« Verschämt gestehe ich, daß ich auch nicht solo geklettert bin, sondern mit einem Partner und einem Seil. »Sie sind nicht solo gegangen und auch nicht geflogen?« fragt der Franzose ungläubig. »Haben Sie das nicht als etwas, wie sagt man auf englisch, *banal* empfunden?«

Als ich auf das Choucas stieß, hatte ich, wie ich später erfuhr, unbeabsichtigt das ausgeflippteste Bistro in Chamonix entdeckt. Was etwas heißen will, denn Chamonix ist trotz seiner nicht einmal 11 000 ständigen Einwohner seit zwei Jahrhunderten die ausgeflippteste Berggemeinde des europäischen Kontinents, wenn nicht des gesamten Planeten, und das nicht nur für diejenigen, die dort wohnen. Chamonix ist, wohlverstanden, erheblich mehr als das Aspen der Alpen, es ist der eigentliche Geburtsort des *haute chic*. Es ist kein Zufall, daß, als Yvon Chouinard einen möglichst auffälligen Einzelhandelsbrückenkopf auf der anderen Seite des Atlantiks einrichten wollte, der erste Patagonia-Laden, den er in Europa eröffnete, in Chamonix stand.

Chamonix selbst ist zugebaut und nach europäischen Architekturmaßstäben nicht besonders schön. Es gibt zu viele Touristenfallen, zu viele klotzige Schandflecken aus Beton, viel zu viele Autos und keinerlei Platz, wo man sie abstellen könnte. Dennoch gibt es in den gewundenen, kopfsteingepflasterten Straßen und den alten, soliden Chalets des Ortes noch genügend Alte Welt, daß dagegen selbst der attraktivste amerikanische Skiort wie ein pseudobayrischer Vergnügungspark wirkt. Eingezwängt in das beklemmend enge Arvetal, nur 13 Kilometer von dem Punkt entfernt, wo Italien, die Schweiz und Frankreich eine gemeinsame Grenze haben, wird die Gemeinde im Norden von den 2700-Meter-Gipfeln der Aiguilles Rouges und im Süden vom 4807 Meter hohen Montblancmassiv eingeschlossen. Und der höchste Punkt Europas überragt den Ort so unmittelbar, daß Gleitschirmflieger nach dem Start vom Gipfel normalerweise mitten im Ort landen.

Die Beliebtheit der absonderlichen Videokost im Choucas ist nicht überraschend: Der Lebensnerv des ganzen Ortes ist schließlich die hochriskante Freizeitgestaltung und ihre Vermarktung. Wie der amerikanische Alpinist Marc Twight – der mit Unterbrechungen in den letzten fünf Jahren hier gelebt hat – mit großer Zuneigung und nur teilweise ironisch meint, ist Chamonix nichts weniger als die »Welthauptstadt der tödlichen Sportarten«. Das große Schild, das die Besucher begrüßt, die auf der Autobahn von Italien nach Chamonix fahren, sagt nur, daß sie in der *Capitale Mondiale du Ski et Alpinisme* angekommen sind, der Welthauptstadt des Skisports und des Bergsteigens. Und das Schild übertreibt weiß Gott nicht, denn Chamonix und die Chamoniards stehen in der ersten Reihe des internationalen Bergsteigens, heute vielleicht mehr denn je. Aber aufgrund der hektischen, adrenalinberauschten Atmosphäre der letzten zehn Jahre scheint Twights Titulierung die treffendere von beiden zu sein. Die perfekt gebügelten Knickerbocker und die klassischen Bergführer-Pullover von einst wurden verdrängt von neonfarbenem Lycra und Gore-tex, und das traditionelle Bergsteigen hat sich hier in eine Unmenge alpiner Sensationssportarten verwandelt, die Dr. Paccard alle Mühe hätte zu begreifen.

Sie erinnern sich bestimmt: Dr. Michel-Gabriel Paccard begründete den Bergsport am 8. August 1786, als ihm, zusammen mit dem einheimischen Gemsjäger Jacques Balmat, die erste Besteigung des Montblanc gelang. Nach der Tortur berichtete Balmat: »Meine Augen waren gerötet, mein Gesicht schwarz und meine Lippen blau. Jedesmal wenn ich lachte oder gähnte, sprang mir das Blut aus den Lippen und Wangen, und darüber hinaus war ich halbblind.« Für ihren unschätzbaren Beitrag zur künftigen wirtschaftlichen Grundlage der Gemeinde erhielten die beiden Uralpinisten eine Belohnung in bar von umgerechnet 60 Dollar, das Dorfzentrum wurde in Place Balmat umbenannt und die Hauptstraße des Ortes wurde Rue du Dr. Paccard getauft – an der man zwei Jahrhunderte später nicht nur Choucas und den schicken neuen Patagonia-Laden findet, sondern auch Geschäfte, die so ziemlich alles verkaufen, vom Gleitschirm über Pariser Spitzenwäsche und Postkarten der Kletterstars Jean-Marc Boivin und Catherine Destivelle bis zu Eisbeilen mit Graphitschaft, Titanhaken und den neuesten Snowboards mit Abbildungen der Skyline von Manhattan.

In den Jahrzehnten nach dem Erfolg von Paccard und Balmat, als Berichte von dieser Heldentat und weiteren Besteigungen auf dem Kontinent die Runde machten, war Chamonix als Ziel der Reichen und Berühmten in Mode und entwickelte sich rasch zum ersten Bergurlaubsort der Welt (wie Jeremy Bernstein, der für den *New Yorker* schrieb, angemerkt hat, galten Berge früher allgemein als »schrecklich, häßlich und ein Hindernis für Reisen und Handel, und alle, die zwischen oder in der Nähe von ihnen lebten, als Menschen zweiter Klasse«). Goethe, Byron, Ruskin, Percy Shelley, der Prinz von Wales und die Exkaiserin Joséphine verweilten dort. 1876 hatten 795 Männer und Frauen den Gipfel des Montblanc erreicht, darunter ein Engländer namens Albert Smith, der auf dem Gipfel starb, nachdem er und seine Begleiter im Verlauf des Aufstiegs 96 Flaschen Wein, Champagner und Cognac niedergemacht hatten.

Als der Massenverkehr auf den Montblanc dem Aufstieg allmählich den Ernst nahm (auf den einfachen Routen ist der Aufstieg zum 4807 Meter hohen Gipfel weder technisch anspruchsvoll noch besonders steil), richteten die ehrgeizigen Alpinisten ihr Augenmerk auf die Hunderte der steilen Nebengipfel – die sagenhaften Aiguilles de Chamonix –, welche die Kämme des Massivs wie die Stachel eines Stegosauriers zieren. 1881, als Albert Mummery, Alexander Burgener und Benedict Venetz die furchterregende Aiguille du Grepon bestiegen, wurde das als eine übermenschliche Leistung gefeiert. Trotzdem sagte Mummery in einem visionären Augenblick nach der Besteigung voraus, daß es nur eine Frage der Zeit sei, bis der Grepon seinen Ruf als »der schwierigste Aufstieg in den Alpen«

verliere; tatsächlich wurde die Tour später als »ein einfacher Tag für eine Dame« bezeichnet.

Einhundert Jahre nach Mummerys großer Zeit haben eine neue Technik, bessere Ausrüstung und der Massenandrang im Gebirge zu genau jener Abwertung geführt, die Mummery befürchtet hatte, nicht nur beim Grepon, sondern auch bei fast allen anderen »letzten großen Problemen«, die folgten: dem Walkerpfeiler, dem Freneypfeiler, der Nordwand Les Droites und dem Dru-Couloir, um nur ein paar zu nennen.

Auch wenn der Montblanc ein Berg von wahrhaft himalajanischen Ausmaßen ist und die Höhendifferenz von seinem Fuß bis zum Gipfel fast 3900 Meter beträgt, steht er doch auch mitten im fruchtbaren Schoß Westeuropas, und ebendas ist das Problem. Es ist dieses unwahrscheinliche Nebeneinander von extremer Landschaft und hochentwickelter kontinentaleuropäischer Kultur, welches das moderne Chamonix im Guten wie im Schlechten hervorgebracht hat.

An einem herrlichen Sommertag sind die Straßen von einer Vielfalt bevölkert, wie man sie in jedem französischen Touristenort erwarten würde: in Nerz gehüllte ältere Damen, Touristen aus Cincinnati und Mailand, gebrechliche Greise mit wollenen Baskenmützen, langbeinige Verkäuferinnen mit schwarzen Strumpfhosen und Minirock. Was Cham – wie das Dorf im heimischen Patois heißt – abhebt, ist, daß die Hälfte der dort flanierenden Menschen in Bergschuhen und mit einem 8,8-mm-Seil über der Schulter vorbeistapft. Und wenn man lange genug wartet, sieht man früher oder später vielleicht Boivin oder Profit oder Marc Batard vorbeischlendern, sie alle *héros de la République*, über deren Leistungen regelmäßig auf den Seiten auflagenstarker Zeitschriften wie *Paris-Match* berichtet wird. Im letzten Jahr war Boivin der erste Mensch, der mit einem Gleitschirm vom Gipfel des Everest startete, sein Rivale Batard war der erste, der denselben Berg in weniger als einem Tag erstieg, und Profit kletterte in einem Unternehmen, das viele Franzosen für das eindrucksvollste überhaupt halten, über den langen, wilden, messerscharfen Peutereygrat am Montblanc allein und im Winter in genau 19 Stunden.

Wenn Profit oder, sagen wir, Eric Saerens, Weltmeister im Monoski, in einem Restaurant in Chamonix gesichtet wird, ist sofort der Teufel los, so als wenn in den Vereinigten Staaten Magic Johnson oder Mattingly irgendwo auftaucht. Die Franzosen sind selbstverständlich kultiviert genug, ihre Stars in der Öffentlichkeit nicht so zu umschwärmen, wie wir das tun. Aber es gibt Ausnahmen: Wenn Patrick Edlinger, Superstar der Felskletterer, nach Chamonix kommt, so Twight, »fällt alles ungeniert über ihn her. Vor zwei Wintern war ich auf einer Party im Choucas, wo auch Edlinger sich aufhielt – es war, als würde er hofhalten. Die Leute prügelten sich beinahe, um bis zu ihm an den Tisch vorzudringen und ihn anzuhimmeln.«

Nicht alle Alpinisten in Cham sind Stars. Der Montblanc wird inzwischen von fast 6000 Menschen im Jahr bestiegen, und Zehntausende schwärmen auf die benachbarten Felsnadeln aus, die Aiguilles. Eine Million Sensationshungrige dieser oder jener Art ziehen Jahr für Jahr durch Chamonix. Das Massiv ist von Hotels umzingelt, mit »Mehrzweckhütten« gespickt, von 57 Sesselliften und Seilbahnen überzogen und von einem elf Kilometer langen Tunnel durchbohrt, durch den eine Autobahn führt. Auf dem Höhepunkt der Klettersaison ist das Vallée Blanche – das hohe Gletscherplateau, aus dem sich das Mer de Glace speist – von so vielen Alpinisten bevölkert, daß es aus der Luft erschreckende Ähnlichkeit mit einem Ameisenhaufen hat. Die Zahl der neuen Klettertouren, die in den Büchern des Office de Haute Montagne registriert werden, ist unfaßbar; im gesamten Bergmassiv gibt es kaum noch einen Quadratmeter Fels oder Eis, an dem nicht schon jemand hochgestiegen wäre.

Man könnte meinen, daß auch das letzte bißchen Herausforderung längst aus den Bergen über Chamonix gequetscht worden ist, doch da würde man sich irren. Den Franzosen, einem stolzen und einfallsreichen Volk mit einem Hang zur Selbstdarstellung, fiel es nicht schwer, neue Formen alpiner Anreize zu finden. Neben den naheliegenden Variationen wie Wettkampfklettern, extremes Soloklettern und Extremabfahrten haben sie sich begeistert auf Aktivitäten wie Bungeespringen, *le surf extrème* (Snowboard extrem), *le ski sur herbe* (Rollski für Abfahrtsrennen auf Gras im Sommer), *ballule*-Rollen (Bergabrollen in riesigen aufblasbaren Bällen) und – als beliebtestes neues Spiel überhaupt – auf das Fliegen mit Gleitschirmen von Gipfeln gestürzt, die bei den Franzosen *parapentes* heißen.

Es ist ein strahlender Herbstnachmittag in Cham, und ich sitze auf der Terrasse der Brasserie L'M, beschäftige mich mit einer Erdbeercrêpe und einem *café au lait* und denke darüber nach, ob ich bei meiner begrenzten Begabung jemals über das Leben des unheilbar Banalen hinauskomme. Über mir schwebt nonstop eine Parade von Gleitschirmfliegern am Himmel, unterwegs von irgendeinem der rundum aufragenden Berggipfel zu einer Wiese, die ein paar Blocks entfernt als Landeplatz des Ortes dient. Als ich es schließlich leid bin, alle paar Minuten vom Ober gefragt zu werden, ob ich noch etwas wünsche (»Oder möchten Monsieur jetzt gehen?«), stehe ich auf und gehe zur Wiese, die neben der Talstation des Brevent-Skilifts liegt, um mir die Flugaktionen aus der Nähe anzusehen.

In den gesamten Vereinigten Staaten gibt es bestenfalls 400 Gleitschirmflieger, eine Zahl, welche den Ruf der Sportart als wahnsinnig gefährlich widerspiegelt. (Zum Beweis seiner Wahrheitsliebe in der Werbung hat Feral, Inc., der führende US-Hersteller von Gleitschirmen, einen Totenkopf mit gekreuzten Knochen als Firmenlogo gewählt.) Weder Todesgefahr noch Angst vor Schadensklagen hat jedoch den Gleitschirmboom in den Alpen bremsen können: Nach letzten Schätzungen gibt es allein in Frankreich 12000 Gleitschirmflieger. Und die Leidenschaft, mit der die Franzosen sich dem Gleitschirmfliegen verschrieben haben, hat nichts zu tun mit einem gallischen Geschick, Unfälle zu vermeiden: In Chamonix krachen andauernd Gleitschirmflieger auf Dächer und belebte Verkehrsstraßen, werden in die Skilifte getrieben oder fallen wie Fliegen vom Himmel. In der halben Stunde, in der ich am Landeplatz in Chamonix stand, habe ich denn auch zwei Gleitschirmflieger erlebt, die über die kleine Wiese hinausschossen und in die Bäume pflügten, und einen dritten, der frontal im zweiten Stock gegen die Wand eines Wohnhauses segelte.

Die anschwellende Liste der Unglücksfälle der

Gleitschirmflieger wird die Franzosen wahrscheinlich kaum veranlassen, den Sport aus ihren Wintersportorten zu verbannen (wie die Amerikaner es getan haben), und auch das alljährliche Blutbad unter den Kletterern wird wohl nie dazu führen, diese Tätigkeit einzuschränken. Und das, obwohl in einem normalen Jahr zwischen 40 und 60 Menschen in den Bergen über Chamonix ein unerfreuliches Ende finden und die Gesamtzahl der Toten am Montblanc sich inzwischen auf über 2000 beläuft, was den Montblanc mit weitem Abstand zum tödlichsten Berg der Erde macht.

Interessanterweise trägt der normale Skibetrieb an den Liften – eine Betätigung, die kaum ein amerikanischer Arzt für lebensgefährlich halten wird – mit etwa der Hälfte zur jährlichen Zahl der Todesopfer bei. Das Tal von Chamonix hat acht Skigebiete, deren Hänge viele Pisten aufweisen, die nicht gefährlicher als irgendein Übungshang für Anfänger sind, aber es gibt auch zahlreiche durch Lifte erschlossene Gebiete, wo sich die Grenze zwischen normalem Skilaufen und anspruchsvollem Bergsteigen verwischt. Man braucht nur einmal falsch abzuzweigen, wenn man an der Station Grands Montets oder der Aiguille du Midi aus dem Lift kommt, zwei der beliebtesten Skiarenen, und kann ganz schnell in einer Gletscherspalte landen, unter einstürzenden Seracs begraben werden oder eine 300-Meter-Wand hinabstürzen. In den Vereinigten Staaten halten Skifahrer es für selbstverständlich, daß natürliche Gefahrenherde, wenn es sie überhaupt gibt, sorgfältig durch Zäune abgesperrt, mit Warntafeln gekennzeichnet oder sonstwie idiotensicher gemacht werden. In Chamonix ist jeder Skiläufer selbst für seine

Sicherheit verantwortlich, nicht das Skigebiet, und Idioten leben eh nicht lange.

Wenn es ums Grundsätzliche geht, haben die Franzosen zu gefährlichen Sportarten – und zum Sport generell – eine ganz andere Einstellung als die Amerikaner. Wir haben etwas übrig für Mannschaftssportarten wie Baseball und Football, und die Sportidole, die wir unseren Kindern als Vorbilder präsentieren, passen in eine schöne, saubere Schablone. Die Franzosen sind dagegen berüchtigte Individualisten mit einer Vorliebe für die sensationelle Tat, den flotten Dreh, die dramatische Solonummer; ihre sportlichen Vorbilder rauchen meistens eine Gitanes nach der anderen, fahren unverantwortlich schnell und glänzen in Aktivitäten wie Langstrecken-Windsurfen oder Soloklettern im X. Schwierigkeitsgrad.

Die Chamoniards sind vielleicht nicht glücklich über all das Blut, das vor ihrer Haustür vergossen wird, aber sie haben Übung darin, achselzuckend darüber hinwegzugehen. »In Chamonix«, erklärt mir Luc Bellon, ein sehniger dreißigjähriger *gendarme,* »herrscht ein besonderer Geist. Vielleicht sind Sie kein Bergführer oder Kletterer – vielleicht sind Sie Metzger oder besitzen einen Andenkenladen –, es ist egal, die Berge sorgen dennoch dafür, daß Sie etwas zu essen auf dem Tisch haben. Wie die Fischer das Meer, so haben wir gelernt, die Gefahr und die Tragödien als etwas zu sehen, das zum Leben gehört.«

Auch wenn Luc Bellon als *gendarme* arbeitet, also als französischer Polizist, sollte man nicht daraus schließen, daß er seine Zeit damit verbringt, Taschendiebe einzulochen oder den Verkehr mit einer lächerlichen Mütze auf dem Kopf zu lenken. Bellon gehört vielmehr zu einer Eliteeinheit der staatlichen Polizei, dem sogenannten *Peloton de Gendarmerie de Haute Montagne*, kurz PGHM, deren Aufgabe es ist, jene glücklosen Abenteurer vom Berg zu holen, welche mehr Nervenkitzel gefunden haben, als sie erwartet hatten. Das Twock! Twock! Twock! eines dicken, blauen PGHM-Hubschraubers, der rasch den Aiguilles zustrebt, um wieder einen zerschmetterten Körper zu bergen, ist über Chamonix so normal wie das Heulen der Polizeisirenen in der Bronx: Im Juli und August, wenn die Gletscher und Felsnadeln von leichtsinnigen Alpinisten aus aller Welt bestürmt werden, werden Bellon und seine Kollegen häufig zehn- oder fünfzehnmal am Tag gerufen, um jemanden zu retten oder nur noch abzutransportieren.

Ironischerweise tragen vielleicht gerade das Können und die Einsatzbereitschaft des PGHM mit zur erschreckend hohen Zahl der Unfälle in Chamonix bei, denn viele kleine Boivins gehen noch größere Risiken ein als normalerweise, in der Gewißheit, daß Bellon und Co. rund um die Uhr da sind, um ihren Hintern zu retten. John Bouchard, ein ausgezeichneter amerikanischer Alpinist, der seit 1973 nach Chamonix kommt (und der mit seiner französischen Frau Wild Things besitzt, eine Firma für Kletterausrüstung, und Feral von den Gleitschirmen mit den Totenköpfen und gekreuzten Knochen), sagt: »Statt eine Biwakausrüstung für den Notfall einzupacken, klettern die Typen heutzutage schwere Routen und nehmen außer einem Funkgerät nichts mit. Wenn es dann brenzlig wird, meinen sie, sie brauchen nur anzurufen und sich rausholen zu lassen.«

Ich gestehe, bei meinem Besuch im letzten Herbst

ähnlich gedacht zu haben. An meinem zweiten Tag in Cham stieg ich allein in eine steile, aber häufig begangene Eisrinne am 4181 Meter hohen Mont Blanc du Tacul. Noch im unteren Stück schlug ich mit den Eisbeilen wiederholt durch die dünne Glasur des Couloirs auf Fels und machte dabei leichtsinnig die Hacken stumpf; als ich mitten im Couloir war, noch nicht richtig akklimatisiert und außer Form, bekam ich Schwierigkeiten, das stumpfe Eisgerät fest genug zu plazieren, damit es hielt. Da ich kein Seil zum Abseilen mitgenommen hatte, schien mir die einzige Alternative die zu sein, den restlichen Weg bis zum Gipfel mit Frontalzackentechnik zu klettern und dann über die leichte Rückseite abzusteigen. Da flog zufällig ein PGHM-Hubschrauber auf einem Routineflug vorbei und schwebte auf der Stelle, als er mich erblickte, um festzustellen, ob sie wieder einen Trottel aufgespürt hatten, der in der Klemme saß. Sofort beschloß ich, um Hilfe zu winken. Schließlich hatte ich erst am Tag zuvor 70 Dollar für die Bergungsversicherung bezahlt, so daß mich die improvisierte Rettung nicht einen Pfennig kosten würde.

Das Problem war nur, daß ich nicht wußte, was für eine Geschichte ich dem PGHM erzählen sollte, wenn der Bursche in dem flotten blauen Pullover an der Seilwinde zu mir runterkam, um mich aus dem Eis zu pflücken. Einen Moment zögerte ich, dann hob ich, von Schuldgefühlen übermannt, den Arm – das Zeichen, daß alles in Ordnung sei –, und der Heli brummte wie eine überdimensionale Libelle ab Richtung Tal und überließ mich mir selbst und meinem kümmerlichen Gerät.

Unter den unzähligen gräßlichen Unfällen und spektakulären Rettungen, die es im Laufe der Jahre in Chamonix gegeben hat, hat es mit einigen eine besondere Bewandtnis. Die berühmteste Rettung überhaupt erfolgte im Sommer 1966 an der Westwand der Petit Dru, einem eindrucksvollen Granitobelisken, der 1800 Meter aus dem Mer de Glace aufragt.

Am 14. August waren zwei unerfahrene Deutsche in die Wand eingestiegen und kamen nach viertägiger Kletterei an einem ein Meter breiten Band nicht weiter. Sie hatten zwei Drittel des Anstiegs zum Gipfel hinter sich, konnten aber die eisgepanzerten Überhänge, die den Weg zum Gipfel blockierten, nicht überwinden. Die Deutschen funkten SOS, hockten sich auf das schmale Band und harrten auf Hilfe, während schlechtes Wetter aufzog.

Eine umfangreiche Rettungsaktion lief an. Über fünfzig französische Gebirgsjäger und Bergführer aus Chamonix stiegen durch die weniger schwierige Nord- und Ostwand der Dru und versuchten, vom Gipfel ein Stahlseil hinabzulassen. Die Überhänge direkt über den gestrandeten Deutschen vereitelten diesen Plan jedoch, und drei Tage nach dem Notsignal waren die Deutschen immer noch außer Reichweite. Inzwischen waren Reporter und Fernsehteams in Chamonix eingefallen, und in allen großen westeuropäischen Zeitungen wurde auf der Titelseite von der Rettung berichtet.

Gary Hemming las am 18. August in einem Café auf der italienischen Seite des Montblanc von der Notlage der Deutschen und wußte sofort, daß er der Mann war, der sie retten konnte. Hemming, ein großer, verträumter Kalifornier mit schütterem blonden Haar und einem Hang zum unkonventionellen Leben, lebte seit fünf Jahren in Frankreich, überwiegend in Chamonix, aber gelegentlich auch in Paris, wo er unter den Seine-Brücken schlief. Drei Jahre später und aus Gründen, die noch immer rätselhaft sind, betrank Hemming sich in einem Zeltlager in den Teton Mountains und schoß sich eine Kugel in den Kopf, doch 1966 war der 33 Jahre alte Kletterer einer der Besten seiner Branche.

Hemming war schon viele Male in der Westwand der Dru gewesen; 1962 hatten er und Royal Robbins dort eine neue Route erschlossen, die »American Direct«, die damals als eine der weltweit schwierigsten Kletterrouten galt und noch immer als eine der großen Touren in den Alpen angesehen wird. Hemming kannte den Berg also ganz genau, und als er von der mißlichen Lage der Deutschen las, kam er schnell zu dem Schluß, daß es am besten wäre, in die Westwand selbst einzusteigen, was angesichts des stürmischen Wetters und der vereisten Wand sowohl die militärischen Retter als auch die besten Bergführer in Chamonix als unmöglich ausgeschlossen hatten. Hemming eilte nach Chamonix und stieg am 19. August in die Westwand ein; er führte ein multinationales, eilends zusammengestelltes Team, das aus acht verwegenen Kletterern bestand.

Die Kletterei war unbeschreiblich schwierig, aber nach drei Tagen erreichte Hemmings Truppe das Band und fand die beiden Deutschen lebend und in erstaunlich guter Verfassung vor. Es ist kaum zu glauben, aber fünf Minuten später tauchte einer der Führer des Teams, das über die Nordwand aufgestiegen war, ebenfalls auf der Bildfläche auf; er war auf einem Umweg über die leichtere Route herübergequert und erklärte, daß er und die anderen Führer die Deutschen nun abtransportieren würden. »Nein«, soll Hemming mit Nachdruck erwidert haben. »Wir waren zuerst hier. Die Deutschen gehören uns.«

Einen Tag später gelang Hemmings Team der sichere Abstieg mit den Deutschen. Am Fuß der Dru warteten die versammelten Medienvertreter mit Kameras und Tonband. Als Hemmings nachdenkliches Gesicht und seine bewegende Geschichte in den Zeitungen und auf den Fernsehschirmen Europas erschienen, war er der Star des Kontinents. Vor allem die Franzosen drehten völlig durch über »le beatnik«, diesen edlen Wilden aus Amerika mit dem verwitterten guten Aussehen und der Zurückhaltung eines Gary Cooper. Hemming war plötzlich ein Held, über Nacht verwandelt von einem mittellosen, unangepaßten Kletterer in einen perfekten blonden Gott, und wurde zu einer lebenden Legende.

»Es gibt keinen leichten Weg in eine andere Welt«, schreibt James Salter in *Solo Faces*, dem einfühlsamen, starken Roman, der in Chamonix spielt und in etwa auf dem Leben Hemmings basiert. Die Chamoniards sind ausgesprochen zurückhaltende Menschen, die sich Fremden gegenüber nicht gern offenbaren. Viele der Namen, die man über den Läden an der Rue du Dr. Paccard oder auf der Tafel am Guides Bureau liest – Balmat, Payot, Simond, Charlet, Tournier, Devouassoud –, gibt es hier schon, seit Goethe und die Kaiserin Joséphine erstmals in den Ort kamen. Kein »Fremder« – was für die Chamoniards jeder ist, der mehr als ein paar Kilometer außerhalb der Dorfgrenzen geboren ist – wird ohne eine besondere, selten gewährte

Ausnahmebewilligung in die Reihen der *Compagnie des Guides de Chamonix Mont-Blanc* aufgenommen. Ein paar junge »fremdgebürtige« (das heißt nicht in Chamonix geborene) Bergführer haben sich gewehrt und einen Konkurrenzverband gegründet, *Les Guides Indépendants du Mont Blanc*, aber in den Augen der meisten Chamoniards verhalten sich die freien Bergführer zur *Compagnie* so wie eine Karaffe Gallo zu einem Château Lafite-Rothschild.

Hemming gelang der Einstieg in die geschlossene Gesellschaft von Chamonix erst nach seinem Bravourstück an der Dru (die Franzosen haben schon immer ein großes und beständiges Faible für Ruhm gehabt). Auch John Bouchard wurde am Ende von den Chamoniards in die Arme geschlossen, aber erst, nachdem ihm einige herausragende, unglaublich kühne Besteigungen gelungen waren – zwei davon noch nie begangene Routen, mehrere Soloanstiege –, die ihren krönenden Abschluß in der Hochzeit mit Titoune Meunier fanden, selbst eine außergewöhnliche Kletterin und Mitglied des heimischen Simond-Clans. Marc Twight, Bouchards Freund und Förderer, schreibt: »John ging nach Cham, schnappte den verwegensten Burschen in den Alpen diese attraktiven Erstbesteigungen vor der Nase weg und eroberte dann auch noch das Herz des begehrtesten Mädchens im Ort.« Eine solche Tour de force, dazu in vollendetem Stil durchgeführt, das finden die Franzosen unwiderstehlich. Von da an betrachteten die Chamoniards Bouchard als einen der Ihren, einen Sohn der Heimat, der durch irgendwelche unerklärlichen kosmischen Zufälle in Amerika zur Welt gekommen war.

Außer Hemming und Bouchard sind jedoch nur

ganz wenige Amerikaner – und natürlich auch andere Ausländer – jemals in den Club aufgenommen worden. Marc Twight – ein begeisterter, hochbegabter achtundzwanzigjähriger Alpinist – ist ein Beispiel dafür. Twight hat in den vergangenen fünf Jahren eine Wahnsinnsliste berüchtigter »Todesrouten« in Chamonix abgehakt und war im letzten März Gegenstand eines zehnseitigen Artikels im französischen Klettermagazin *Montagnes*. Aber er fühlt sich immer noch nicht richtig akzeptiert von den Einheimischen. »Als ich 1984 hierher kam«, sagt er, »wurde ich im Grunde gemieden und nicht beachtet. Jetzt, wo ich einige gute Touren gemacht habe, lassen mich die extremen Kletterer und Paraglider in ihre Nähe, reden mit mir, tauschen Informationen über Routen aus. Aber das ist alles. Du wirst nicht mal zum Essen eingeladen, du wirst nicht in den inneren Kreis gelassen. Ich weiß nicht warum, aber so ist es nun mal.«

Die meisten ausländischen Kletterer und Skiläufer – die unzähligen Basken, Briten, Tschechen, Polen, Deutschen, Schweden, Italiener, Spanier, Argentinier, Amerikaner, Koreaner, Kanadier, Australier, Norweger, Neuseeländer, Inder und Japaner, die Jahr für Jahr nach Chamonix strömen – haben kein Interesse daran, Eingang in die Gesellschaft von Chamonix zu finden; sie wollen in Ruhe gelassen werden, oben in den Bergen ihre Spiele spielen, wenn ihnen der Sinn danach steht, und sich so billig und bequem wie möglich im Tal durchschlagen.

Wie man sich vorstellen kann, gibt es bei einem derartigen Auftrieb an Nationalitäten ebenso viele Strategien, diese Ziele zu erreichen. Die Tschechen und Polen zum Beispiel, denen es meistens an harter Währung mangelt, die aber hart wie Kruppstahl sind, machen einen Bogen um die Hotels und Pensionen zugunsten der Äcker am Rand des Dorfes, wo sie vier oder fünf Francs pro Nacht für das Vorrecht zahlen, in die Wälder kacken und ihre maroden Zelte zwischen Kuhfladen und Schlamm aufstellen zu dürfen.

Genauso trifft man auch kaum Schweden in den Hotels von Chamonix an, wenn auch aus einem anderen Grund. In Schweden wird Alkohol abschreckend hoch besteuert. Wenn Schweden nach Frankreich kommen, wo das Saufen nur etwa halb so teuer ist wie in Skandinavien, neigen sie zu übermäßigem Genuß und, wie Twight anmerkt, »fallen böse aus der Rolle. Sie prügeln sich und zerlegen die Zimmereinrichtung. Wenn ein Hotelier aus Chamonix einen schwedischen Paß sieht, sagt er daher meistens, ›es tut mir leid, aber mir fällt gerade ein, daß alle Zimmer schon belegt sind‹.« Das nahm solche Ausmaße an, daß schwedische Geschäftsleute jüngst einige Hotels in Argentière ein paar Kilometer talaufwärts kauften, damit ihre Landsleute eine Schlafmöglichkeit in der Nähe von Chamonix haben; Argentière ist heute während der Skisaison eine veritable schwedische Kolonie.

Noch heikler als die französisch-schwedischen Beziehungen sind jedoch die zwischen Franzosen und Briten, was an einer gegenseitigen Feindschaft liegt, die seit so vielen Jahrhunderten gärt, daß sie mittlerweile in den Genen beider Parteien verankert ist. Die Briten haben allerdings einen oder zwei Verbündete unter den Chamoniards: Der örtliche Snell-Clan gestattet Engländern seit drei Jahrzehnten in einer Art stillschweigendem Abkommen, auf familieneigenen Feldern am Ortsrand zu zelten als Gegenleistung dafür, daß die Engländer die beiden der Familie gehörenden Klettershops auf der Rue du Dr. Paccard nicht leerklauen. Aber die Animositäten zwischen vielen französischen und britischen Alpinisten sitzen dennoch tief und sind dann und wann in legendäre Schlägereien ausgeartet, bei denen Bistros verwüstet wurden und zahlreiche bekannte englische Kletterer im Gefängnis von Chamonix landeten.

Die Animositäten kommen auch in der jeweiligen Sprache zum Ausdruck. Bei den Engländern ist zum Beispiel ein Kondom ein »French letter«, bei den Franzosen dagegen »une capote anglaise«. Wenn sich jemand heimlich verdrückt, sagen die Briten »to take French leave« (sich französisch verabschieden), während die Franzosen »filer à l'anglais« sagen. Im Umgangsfranzösisch heißt Sodomie »le vice anglais«; im Englischen gibt es zwar kein exaktes sprachliches Äquivalent, aber für die englischen Kletterer ist das elegante Flair ihrer gallischen Kollegen längst der Beweis dafür, daß alle Franzosen unterschwellig andersherum sind.

Am Ende scheinen die Franzosen doch die lachenden Sieger zu sein. Zur Zeit sind die heimischen Chamoniards nicht nur die am besten gekleideten Bergsteiger, Skifahrer und Gleitschirmflieger am Berg, zum ersten Mal seit Balmat und Paccard gibt es auch keinen lebenden Engländer (oder sonst jemanden), der es an Sicherheit und Können in schwerem Eis und Fels mit ihnen aufnehmen könnte. Superstars wie Profit, Boivin und Patrick Gabarrou mögen eine Schwäche für pinkfarbene Halstücher und farblich abgestimmte Kletterausrüstung haben, aber niemand würde sie als Softies bezeichnen.

Die *téléphérique* (Seilbahn) braucht etwa eine halbe Stunde, um die zwei Etappen und 3000 Höhenmeter von Chamonix zum Gipfel der Aiguille du Midi zurückzulegen. 60 Personen hat man mit mir in die verrostete Kabine für die Bergfahrt gezwängt: Franzosen in leuchtend gelbem und orangefarbenem Aufzug und passendem Rucksack, mehrere Gruppen eines italienischen Bergsteigerclubs, die begeistert singen, furzen und lachen, einige stille japanische Touristen, völlig unpassend im Straßenanzug und Kleid.

Am Gipfel – einem atemberaubenden Turm aus braunem Granit, von Tunnels durchlöchert und einer bizarren Stahlkonstruktion geknebelt – gehe ich ins Restaurant, um schnell ein *croque-monsieur* zu essen, nehme dann einen anderen Lift, der mich über die spaltenübersäte Ebene des Vallée Blanche zur italienischen Grenze bringt. Von dort führt mich ein kurzer Marsch bergab zum Ziel des heutigen Tages, der Nordwand eines Berges, der Tour Ronde heißt. Läge dieser Berg in Alaska, wo ich viele meiner Bergtouren gemacht habe, hätte ich mich drei oder vier Tage mit einem 80-Pfund-Rucksack abplagen müssen, um vom Tal von Chamonix zu dieser Stelle zu kommen. Weil aber der Gipfel in Frankreich steht, hat der Anstieg mich keine zwei Stunden gekostet (Frühstückspause inklusive), mein Rucksack enthält kaum mehr als das Mittagessen und einen Ersatzpullover, und ich habe noch keinen Schweißtropfen vergossen.

Wäre dieser Gipfel in Alaska, hätte ich ihn allerdings wahrscheinlich für mich allein gehabt; als ich am Fuß der Tour Ronde die Steigeisen anschnalle, zähle ich sieben Kletterer in der Wand über mir.

Die Route führt 360 Meter über eine steile sanduhrförmige Platte aus grauem Blankeis. Nach hiesigen Maßstäben ist sie leicht, aber ich bin trotzdem beunruhigt wegen des Trubels über mir: 1983 flogen zwei Kletterer kurz unter dem Ausstieg aus der Wand und rissen beim Sturz auf den Gletscher, noch mit dem Seil verbunden, achtzehn weitere Kletterer mit, die sich unter ihnen befunden hatten – sechs von ihnen und sie selbst kamen um.

Die Kletterer über mir stellen kein Problem dar, bis ich in der Wandhälfte die engste Stelle der Sanduhr erreiche, wo die Felspfeiler auf beiden Seiten alles Eis, das von den Vorauskletternden losgetreten wird, in einen schmalen Trichter leiten, durch den ich 60 Meter aufsteigen muß. Glücklicherweise sind die meisten Eissplitter, die nach unten pfeifen, klein und prallen wirkungslos von meinem Helm ab. Auf einer Tour wie dieser muß man mit Eisschlag rechnen – ein Kletterer bricht zwangsläufig kleine Eisschollen los, wenn er die Eisbeile einschlägt –, aber aus irgendeinem unbegreiflichen Grund schickt eines der Teams über mir plötzlich auch Granitbrocken nach unten, von denen einige acht bis zehn Pfund wiegen. »Hei!« schreie ich hinauf in ihre Richtung. »Seht ihr nicht, daß jemand unter euch ist?« Das scheint sie jedoch nur anzuspornen. Als ich das Gesicht nach oben wende, um erneut zu rufen, erwischt mich ein Steinchen am Kinn. Sofort ziehe ich den Kopf wieder ein und arbeite mich noch schneller mit den Frontalzacken nach oben.

Nach zehn Minuten habe ich den Durchschlupf hinter mir und komme an die obere Wand, wo es möglich ist, dem Geschoßhagel auszuweichen. 45 Minuten später bin ich oben, wo ich auf die beiden Franzosen treffe, die die Steine losgetreten haben und sich jetzt neben der Bronzestatue der Jungfrau Maria räkeln, die den Gipfel markiert. Ich gehe zu ihnen und sage höflich: »Na, ihr Armleuchter? Vielleicht hau ich euch beim Abstieg ein paar Brocken runter, damit ihr mal wißt, wie das ist.«

Die beiden Kletterer, die Anfang Zwanzig sind, geben sich völlig ungerührt. Einer von ihnen zuckt die Schultern und erwidert: »Steinschlag ist eine der vielen natürlichen Gefahren, mit denen ein Kletterer in den Alpen rechnen muß. Wenn Ihnen das Klettern hier nicht gefällt, sollten Sie vielleicht zurück nach Amerika gehen, wo die Berge nicht so hoch sind.«

Irgendwann steigen die Franzosen ab, lassen mich allein auf dem Gipfel, und ich mache es mir bequem. Der Fels ist warm, der Septemberhimmel kristallklar und vollkommen ruhig. Ringsum, so nah, daß ich sie fast berühren kann, ragen die Aiguilles auf, eine Kette nach der anderen. Hier der Grat des Montblanc und die dünnen Finger des Peutereygrats, da drüben Grepon und Charmoz, der riesige Zahn des Dent du Géant, der Zwillingsgipfel der Drus, die prächtige Silhouette der Grandes Jorasses. Die meiste Zeit meines Lebens habe ich nur von diesen Spitzen gelesen, habe mir ausgefranste Fotos angesehen, die ich aus Zeitschriften geschnitten und mit Klebeband an den Wänden befestigt hatte, und habe versucht, mir die Beschaffenheit ihres berühmten Granits vorzustellen.

Es ist spät geworden. Ich muß absteigen, rasch, sonst verpasse ich die Seilbahn ins Tal. Doch eine angenehme, besondere Wärme kriecht mir den Rücken hoch, und ich sträube mich, sie zu stoppen, bevor sie die Möglichkeit hat, dorthin zu gelangen, wo immer sie hin wollte. »Noch fünf Minuten«, feilsche ich laut mit mir selbst. 400 Meter unter meinen Füßen schleicht der Schatten der Tour Ronde wie eine Katze über den Gletscher.

Als ich kurz auf die Uhr sehe, ist eine Stunde vergangen. Unten in Chamonix liegen die Straßen bereits im tiefen Schatten, und die Bars füllen sich allmählich mit Bergsteigern und Gleitschirmfliegern, die zurück von den Gipfeln sind. Wenn ich jetzt da unten wäre, an einem Tisch säße mit einem wildblickenden Nachfolger von Messner, Bonatti oder Terray, wäre meine Besteigung der Tour Ronde wahrscheinlich zu banal, um erwähnt zu werden. Hier oben, auf dem Gipfel des Berges, bietet mein Felsabsatz einen anderen Blickwinkel. Die Gipfel leuchten noch in der Herbstsonne. Die Wände sind voller Geschichte, der menschenleere Gletscher ist belebt vom Licht. »Noch fünf Minuten«, sage ich mir wieder. »Nur noch fünf Minuten, dann steig ich aber wirklich ab.«

KAPITEL ACHT

Canyoning

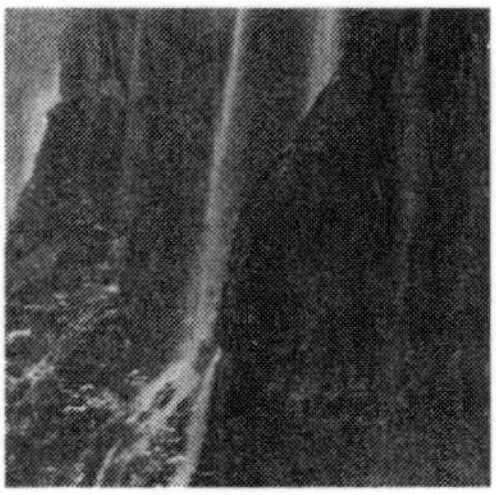

DER SALT RIVER WINDET SICH QUER DURCH ARIZONA, fließt vom hochgelegenen Apachenland nahe der Grenze zu New Mexico nach Westen hinab zur ausgedörrten, steinharten Sonoranwüste und dann durch den Smog und die Auswucherungen von Phoenix, bevor er sowohl seinen Namen als auch sein verbliebenes Wasser an den Gila River abgibt. Der Fluß wird durch Dämme, Reservoirs und Bewässerungskanäle derart ausgezehrt, daß er, wenn er die Innenstadt von Phoenix erreicht, nur noch ein sandiges Rinnsal in einem Betonbett ist. Als ich den mächtigen Salt River zum erstenmal aus dem Fenster einer 737 beim Landeanflug auf Phoenix erblickte – an einem Tag Anfang April, als der Fluß fast Hochwasser hätte führen sollen –, schien überhaupt kein Wasser im Fluß zu sein.

Als mir daher ein Bursche namens Rick Fisher eine Stunde später ernsthaft erklärte, der Salt sei »einer der spektakulärsten und wildesten Flüsse in ganz Nordamerika und eingerahmt von einem der letzten wirklich unberührten Gebiete im Süden von Arizona«, nickte ich höflich und bemühte mich, etwas nachsichtig mit ihm zu sein, indem ich mich daran erinnerte, daß ich einmal versucht hatte, einem Freund aus Boston klarzumachen, daß die Seattle Mariners – mein Heimatclub und ständiges Schlußlicht in der Westliga – in Wirklichkeit das talentierteste Baseballteam seien.

Fisher, ein sechsunddreißigjähriger Fotograf und Wildnisführer aus Tucson, bemerkte meinen skeptischen Blick. »Warten Sie ab«, meinte er selbstsicher. »Sie werden bald genug zu sehen bekommen.«

Aber als wir im Canyon des Oberlaufs des Salt eintrafen, um uns eine Woche dort aufzuhalten, und den Fluß und seine Nebenarme erkundeten, sah ich immer noch nichts. Wir waren 160 Kilometer von Phoenix entfernt, oberhalb des letzten Damms und der Kanalabzweigungen, und der Fluß führte tatsächlich Wasser, und das ausgedörrte Land rundum besaß einen gewissen herben Reiz, aber kaum jemand hätte die Gegend spektakulär genannt, zumindest nicht nach den hochtrabenden Maßstäben einer Region, die nur ein paar Stunden entfernt Zion und den Grand Canyon vorzuweisen hatte. Außerdem campierten an diesem Abschnitt des Flußufers etwa 200 Menschen – Familien in Wohnmobilen von der Größe eines Schlachtschiffs, partybegeisterte Erwachsene mit jaulenden Stereoanlagen, Wochenendflußpiraten mit 40-Dollar-Haarschnitt und 100-Dollar-Sonnenbrillen, rosagesichtige alte Knaben, die Bier kippten –, und auf den bescheidenen Wellen des Salt hopste von früh bis spät, eins hinter dem anderen, eine Parade aufblasbarer Gummiboote. Dieser Canyon ist ziemlich wild, erkannte ich, aber Wildnis ist etwas anderes.

Ich hatte mir meine Meinung über Fisher und den Salt jedoch zu früh gebildet. Wie sich herausstellte, besaß Fisher ein Talent, Wildnisgebiete ausfindig zu machen – zum Teil in unmittelbarer Nähe der lärmenden Horden –, die es irgendwie geschafft hatten, sich dem Zugriff des 20. Jahrhunderts zu entziehen. Zwei, drei Kilometer flußabwärts vom übervölkerten Lagerplatz stellte Fisher seinen ramponierten Geländewagen ab und führte vier seiner Freunde, zwei Golden Retriever und mich eine enge Schlucht des Hauptflusses hinauf, die durch einen Bach abgetrennt war, den Cibecue.

Schon nach wenigen Minuten schoben sich über uns die Felswände zusammen – ein wildes Mosaik aus schwarzem Basalt und gewundenen gelben Sandsteinfalten –, und der Boden der Schlucht wurde so eng, daß wir durch den knietiefen Bach aufwärts waten mußten, dessen Strömung stark und klar und erstaunlich kalt war. Einen knappen Kilometer flußaufwärts gelangten wir hinter einer Biegung plötzlich in eine natürliche Sackgasse, eine aufregende Laune der Natur, von Einheimischen »Felsbox« genannt. Überhängende Wände aus glattgeschliffenem Stein umgaben uns in einer engen, U-förmigen Grotte, von deren oberem Ende der Bach 15 Meter in freiem Fall herabstürzte. Ein weiteres Vordringen im Canyon würde, wie es schien, recht interessante Manöver erfordern, wie beispielsweise eine nicht absicherbare Felskletterei im X. Grad mit nassen Turnschuhen.

Glücklicherweise sah es nur so aus. Fisher führte uns 50 Meter am Bach entlang zurück, wo ein Felspfeiler bis zur halben Höhe an der Ostwand des Felsens lehnte. Der Pfeiler hing leicht über seine Basis hinaus, aber ein glitschiger Handriß, ein versteckter »Gott-sei-Dank«-Griff und ein kraftraubender Kaminsims führten zu dem breiten Absatz, der den Pfeiler abschloß; von dort war man nach einer leichten Kraxelei bald auf dem Felsgrat und im oberen Canyon. Nach wenigen Minuten waren alle von uns oben – auch die Hunde, die in behelfsmäßige Geschirre geschnürt und mit einem Seil hochgezogen wurden.

Das Klettern war technisch anspruchslos, aber, so erklärte Fisher in gelassenem Ton und mit dem leichten Näseln des Südwestlers, »98 Prozent der Leute, die im Canyon so weit kommen, was ohnehin nicht viele sind, kehren um, weil die Box so furchteinflößend aussieht«. Fisher, ein kleiner, kräftiger Mann mit einem Pancho-Villa-Schnauzer und einer etwas schwermütigen Art, gestand: »Am Anfang, als ich in diesen Canyon kam, war das Klettern noch leichter, aber vor ein paar Jahren tauchten hier einige Typen mit einer hydraulischen Winde aus Flagstaff auf und entfernten diesen großen Block, der am Pfeiler lehnte und es sehr viel einfacher machte, nach oben zu kommen. Ich hätte so etwas nicht getan, aber irgendwie bin ich doch froh darüber. Dank der Jungs aus Flag gehen jedes Jahr nur einige wenige Gruppen weiter als bis zum Fall. Wir sind nur etwa 800 Meter von dem Rummel auf dem Fluß entfernt, aber ab hier ist der Canyon noch weitgehend so, wie er vor 500 Jahren war.«

Oberhalb des Wasserfalls hatten wir tatsächlich den Eindruck, eine völlig andere Welt zu betreten. Sogar die Vegetation war anders: Weil der Cibecue-Canyon am oberen wie am unteren Ende von beachtlichen Felsboxen abgeriegelt wird, haben weder Rinder, Pferde noch Schafe jemals den Weg hinein gefunden. Folglich ist die ursprüngliche Uferflora noch nicht der Trespe und anderen Arten gewichen, die dort überhandnehmen, wo Vieh weidet.

Wir gingen weiter den Canyon hinauf, der sich auf zwei oder drei Kilometern zu einer weiten Parklandschaft öffnete und dann erneut in einen tiefen, gewundenen Spalt mündete, der an einer Stelle keine zwei Meter zwischen den lotrechten Wänden breit war.

60 Meter über dem Bach erspähten wir ein Adlernest, das auf dem nadelspitzen Gipfel eines Sandsteinturmes thronte. Nicht weit entfernt von diesem Nest kamen wir an einer noch weitgehend erhaltenen Felsbehausung vorbei, die vor 700 Jahren von den Mogollon erbaut wurde, rätselhaften Zeitgenossen der Anasazi im Norden.

Der Cibecuebach entwässert zusammen mit dem Salt River und dessen anderen Nebenflüssen die Südabhänge des sogenannten Mogollon Rim. Dieser Rim, der zwischen Flagstaff und Phoenix quer durch das nördliche Zentralarizona läuft, markiert die Südgrenze des riesigen Coloradoplateaus. Mit einem drastischen Abfall von 1800 Metern grenzt der Rim eindrucksvoll die hohen Gipfel und Wälder der Rocky Mountains von den versengten Ebenen und Becken der Sonoranwüste ab.

Der Rim ist mit zahlreichen heruntergekommenen kleinen Bergwerks- und Viehzuchtorten gespickt und reicht mit seinen unteren Ausläufern bis an die Peripherie von Groß-Phoenix und seiner zwei Millionen Einwohner. Aber weil die Mogollonregion so unwirtlich liegt, haftet einem Großteil der gut vier Millionen Hektar die Aura der Terra incognita an, und das Land bietet großen Beständen an Schwarzbären, Weißköpfigen Seeadlern, Goldadlern, Berglöwen, Rotwild und Dickhornschafen Schutz. Vierzehn oder fünfzehn erwähnenswerte Canyons mit so anschaulichen Namen wie Salomes Krug, Höllentor, Trockener Biber oder Teufels Luftröhre durchschneiden die steil abfallende Fläche des Rim und sind bis auf Besuche des einen oder anderen Ranchers oder Schürfers seit Jahrhunderten unerforscht.

Der Reiz des Mogollon Rim war so unbekannt, daß die Wälderverwaltung die Canyons 1984 zur kommerziellen Nutzung anbieten wollte; glücklicherweise wurde die Idee verworfen, als eine Vereinigung von Naturschützern, der auch Fisher angehörte, das Gebiet bekannt machte und im Kongreß seine Anerkennung als schutzwürdig erreichte. Für Fisher war das eine große Erleichterung, denn nach seinen Worten bieten die Mogollonschluchten die besten Bedingungen für Canyoning auf dem nordamerikanischen Kontinent.

Das ist ein großes Wort. Der Colorado River hat einen 2000 Meter tiefen und 1600 Kilometer langen klaffenden Spalt mitten in das nach dem Fluß benannte Plateau geschnitten, und alle Nebenflüsse, die den Colorado nähren – und alle Bäche, die diese Nebenflüsse nähren –, haben diese gigantische Erdwunde vertieft und weite Teile von Colorado, Utah, Arizona und New Mexico in ein phantastisches Labyrinth aus roten Felsschluchten verwandelt. Praktisch Hunderte dieser Canyons könnte man als die letzten großen und wilden Gebiete des südlichen Bundesstaates bezeichnen. Einige müssen erst noch entdeckt werden, andere sind nur einigen wenigen bekannt. Wie kann dann jemand hingehen und behaupten, daß ein oder zwei oder zwanzig bestimmte Canyons besser als die anderen sind?

Um zu verstehen, warum Fisher dabei bleibt, daß die Mogollon-Canyons – die größtenteils selbst in Arizona fast unbekannt sind – lohnendere Ziele für das Canyoning sind als die hochgerühmten Schluchten von Zion, Escalante, Canyonlands oder gar der große Grand Canyon selbst, muß man zunächst wissen, was in den Augen von Fisher richtiges Canyoning ist und was nicht, denn Fisher ist so etwas wie ein Fanatiker, wenn es um diese neue Outdoor-Spielart geht. Laut Fisher ist echtes Canyoning eine Mischung aus Felsklettern, Gehen im Fluß und brutalem Rucksackwandern; wenn nicht von allem eine gute Portion dabei ist, ist es kein richtiges Canyoning.

Fishers Begeisterung über das Canyoning am Mogollon Rim ist begründet im komplexen geologischen Aufbau der Steilwände, die sich aus gründlich durchmischtem vulkanischen, metamorphen und sedimentären Gestein zusammensetzen. Die wild durcheinanderliegenden harten und weichen Schichten sorgen für eine Canyon-Architektur, die nicht nur von Graben zu Graben gewaltig variiert, sondern durch mehrstufige Kaskaden, höllische Wasserboxen und verteufelt enge Spalten bereichert wird. »Woanders gibt es größere und längere Canyons als den Mogollon Rim«, erklärt Fisher, »aber nirgendwo sind die Canyons so außergewöhnlich und auch kaum irgendwo so aufregend.«

Fisher liebt die Herausforderung über alles, aber ganz besonders mag er das beeindruckende Aussehen der Mogollon-Canyons, weil es die Jungs irgendwelcher Clubs, Waffennarren, gewöhnliche Stümper und anderes Pack fernhält. »Ich kenne wohl ein paar hundert Leute, die eine Klamm wie die Escalante, Buckshin-Pariah oder Zion Narrows machen. Das sind recht spektakuläre Plätze, die aber meistens nicht mehr als einen strammen Anmarsch verlangen. Das heißt, an einem Platz wie Zion Narrows tummeln sich an einem schönen Frühlingstag eventuell zwanzig Personen. Die Schluchten am West Clear Creek, die bekanntesten Mogollon-Canyons, erleben dagegen nicht mehr als vier oder fünf Gruppen im ganzen Jahr. Und dann gibt es im Nordwesten Arizonas noch vier große Canyons – ich werde Ihnen aber nicht sagen wo –, durch die es noch keinen einzigen dokumentierten Abstieg gibt.«

Der geringe Andrang bedeutet, daß die meisten landschaftlichen und kulturellen Schätze des Mogollonlandes erstaunlich unbehelligt bleiben. Fisher berichtete von zwei Canyons, die nur etwa 130 Kilometer von Phoenix entfernt sind und in denen sich noch nicht erforschte Felsbehausungen befinden. Er gesteht: »Wahrscheinlich könnte ich mir ein schönes Leben machen, wenn ich Felsbehausungen ausräumen und die Mogollon-Töpfe verkaufen würde – sie werden auf dem Schwarzmarkt für teures Geld angeboten –, aber dann könnte ich mir nicht mehr in die Augen sehen. Die Leute, die Canyoning betreiben, und die ich kenne, nehmen es sehr genau damit, nichts in den Behausungen zu zerstören. Einer meiner Kumpel hat einmal einen wunderschönen Topf gefunden, noch völlig erhalten und bis zum Hals im Sand vergraben. Er hat ihn ausgegraben, um ihn sich anzusehen, und dann wieder vergraben – genauso bis zum Hals, wie er ihn vorgefunden hat – und ist dann weitergezogen.«

Rick Fisher kann mit einigem Recht von sich behaupten, die führende Autorität in Sachen Mogollon-Canyons und der unzähligen Geheimnisse zu sein, die sie bergen, denn er hat mehr Canyons als jeder noch lebende Mensch erforscht, dabei hat er den ersten Canyon erst Ende der siebziger Jahre betreten. Seinen ersten Streifzug machte er noch als Student der University of Arizona, nachdem er gerüchteweise von einem eigenartigen und wundersamen Ort namens White Pools gehört hatte, der angeblich irgendwo an den oberen Ausläufern des West Clear Creek liegen sollte – einem Nebenfluß des Verde River, der 50 Kilometer südöstlich von Sedona den Rim hinabfließt.

Es kostete ihn einen ganzen Tag, sich über brüchige Bänder und durch ein Meer krallenscharfer Dornen zu kämpfen, nur um vom Rand des Steilabbruchs zum Boden im Canyon zu gelangen. In jener Nacht wurde er durch ein Rascheln in seinem Rucksack geweckt; als er die Taschenlampe anknipste, um nachzusehen, wurde er von einer zusammengerollten Schwarzschwanz-Klapperschlange begrüßt, die ihm ins Gesicht starrte. Als er am nächsten Morgen bachaufwärts weiterging, verengte sich der Canyon zu einem engen Spalt mit senkrechten Wänden; an einer Stelle waren 20 Meter über ihm drei mächtige Baumstämme zwischen diesen Wänden verkeilt, ein warnendes Zeugnis für die Kraft und die Höhe, die das Wasser erreicht, wenn es plötzlich anschwillt und durch den Canyon schießt.

Anderthalb Kilometer klammaufwärts stieß Fisher auf die erste einer Reihe von »Wasserboxen«, wie er sie nannte – Becken, die zu tief zum Durchwaten sind, aber auch nicht durch Klettern umgangen werden können –, die Fisher und seine zwei Begleiter durchschwimmen mußten. Die Schwierigkeit, mit einem vollgepackten Rucksack zu schwimmen, ganz abgesehen davon, den Inhalt trocken zu halten, veranlaßte Fisher schließlich, bei den folgenden Schluchttouren ein kleines aufblasbares Boot mitzunehmen – so klein, daß es gut in einen Rucksack paßte, aber auch so schwimmfähig, daß ein Schwimmer Proviant und

Ausrüstung für eine Woche darauf vor sich herschieben konnte. Diese Miniflöße galten bald allgemein als unentbehrliche Ausrüstungsgegenstände beim Canyoning, aber doch erst, nachdem der Vorsitzende der Ortsgruppe Phoenix vom Sierra Club 1979 ertrank, als er die Klamm des West Clear Creek ohne Floß zu durchqueren versuchte.

Trotz aller Strapazen bei Fishers erster Mogollon-Tour wurde er durch dieses Erlebnis zu einem begeisterten Anhänger des Canyoning: Am West Clear Creek ist er seitdem mehr als zehnmal gewesen. Ganz systematisch hat er auch die meisten anderen Mogollon-Canyons bewältigt, wobei er seine Ausrüstung und Techniken immer weiter verfeinert hat. »Eins habe ich sehr schnell gelernt«, sagt Fisher, »daß nämlich jeder Mogollon-Canyon anders ist. Und ein kleiner Unterschied im geologischen Aufbau eines Canyons kann einen großen Unterschied bei der Ausrüstung bedingen, die man braucht, bei den erforderlichen Techniken, der besten Jahreszeit für einen bestimmten Abstieg. Was am West Clear Creek geht, geht nicht unbedingt auch in Salome, was in Salome geht, geht in Tonto überhaupt nicht; ein im Mai schöner Platz kann im Juli tödlich sein.«

Fisher lernte auch, wie man an verräterischen Konturen auf einem Kartenausschnitt die Lage der interessantesten Canyons erkennt – was nach der herrschenden Vorstellung im Canyoning die mit den schmalsten Spalten, mit den malerischsten Wasserfällen, den tiefsten und klarsten Becken sind. »Um auf der Landkarte einen guten Canyon zu finden«, sagt er, »sucht man zuerst nach einem Gipfel, der hoch genug ist, den Regen zu sammeln – was in dieser Region etwa 2400

Meter bedeutet. Dann analysiert man die Größe des Einzugsgebiets oberhalb des Canyons, für den man sich interessiert: Es muß im allgemeinen mindestens 15 mal 30 Kilometer groß sein, damit sich ein Fluß bilden kann, der stark genug ist, einen anständigen Canyon auszufräsen. Als nächstes prüft man die Abstände der Höhenlinien: Sie müssen eine Formation anzeigen, die sowohl tief als auch sehr schmal ist; ein Canyon kann sehr, sehr tief sein, aber wenn er zu breit ist, spielt sich nichts Interessantes in ihm ab.«

»Schließlich«, fährt Fischer fort, »untersucht man die geologischen Eigenschaften. Wenn der geologische Aufbau nicht hundertprozentig paßt, versickert das meiste Wasser des Flusses im Boden, selbst bei einem großen Entwässerungssystem, und man hat am Ende keine Becken oder Wasserfälle, die ich in einem Canyon haben will.« Durch Abwägen all dieser Faktoren kann man, wie er erklärt, im allgemeinen feststellen, ob ein bestimmter Canyon einen Besuch lohnt.

Aber nicht immer. Seit mehreren Jahren hatte Fisher eine Klamm auf seiner Karte markiert – er nennt sie Kristallcanyon, nicht mit ihrem richtigen Namen, um ihre Lage geheimzuhalten –, die in jeder Hinsicht recht vielversprechend aussah, bis auf den geologischen Aufbau, der vulkanisch war. »Das«, sagt er, »sind meistens ziemlich langweilige Canyons, so daß ich ihn schon abgeschrieben hatte. Das war falsch, wie sich herausstellte. Und wie.« Eines Tages erzählte Fisher ein Pilot, der von dessen Canyon-Leidenschaft wußte, daß er zufällig über den Kristall-Canyon geflogen sei und »ein paar wirklich große Wasserfälle« bemerkt habe. Fisher entschloß sich auf der Stelle, die Geologie zu vergessen und sich die Sache anzusehen.

Der Zugang zum Canyon erforderte einen Marsch über ein Plateau, auf dem es von einer besonders aggressiven Art der schwarzen Diamantklapperschlange wimmelte (»sie waren nur etwa einen Meter lang«, berichtet Fisher, »aber so dick wie ein kräftiger Arm, und hatten diesen breiten, unheimlichen Kopf«), und dann mußte man 60 Meter über senkrechten Fels hinab zum Bachbett klettern. Einige Mogollon-Felszeichnungen wiesen dann den Weg zu einer Route über die Basaltbänder, aber, betont Fisher, »es war trotzdem ernsthafte Kletterei. Diese Burschen von den Mogollon waren ganz ordentliche Kletterer und bestimmt schwindelfrei.«

Die Gefahren, die Fisher auf sich nahm, brachten jedoch reichen Lohn. Nicht nur die Wasserfälle entsprachen dem, was Fisher sich erhofft hatte, »im Canyon gab es auch Felsbehausungen und einige der tiefsten und klarsten Becken in ganz Arizona. Die Wände über einem dieser Becken waren mit Millionen Quarzkristallen übersät, darunter große Klumpen. Sie hatten zwar keine Edelsteinqualität, wirkten aber dennoch unglaublich. Sie werden also verstehen, warum ich versucht habe, diesen Canyon geheimzuhalten. Man kann zu jeder Jahreszeit dort hineinsteigen – ich bin schon sechsmal dort gewesen –, und ich garantiere Ihnen, Sie werden keinem Menschen begegnen.«

Mit der Besessenheit ist das so eine Sache. Man kann nur darüber spekulieren, welche Zufälle des Lebens oder im Chromosomenaufbau den einen dazu bringen, sich mit Leib und Seele der Bezirksliga im Baseball zu verschreiben, einen anderen, ein Shriner-Jünger zu werden oder sein Lebensglück an die Aufzucht der idealen Tomate zu hängen; wer will sagen, warum

Rick Fisher sich so hingebungsvoll mit den Wüstencanyons im Südwesten beschäftigt?

Seit fast einem Jahrzehnt sucht Fisher die Mogollon-Canyons bei jeder Gelegenheit auf, zum Arbeiten oder zum Spaß, dokumentiert ihre außerirdischen Formen mittels Tausenden von Fotos, engagiert sich vor dem Kongreß, damit sie unter Naturschutz gestellt werden. Er hat mit Erfolg die beträchtlichen Reize der Canyons genutzt, um mehr als nur eine Frau zu betören, ohne Erfolg, zahllose straffällige Jugendliche zu rehabilitieren und viele behinderte Kinder und verschiedene Großstadtpinkel in die Schönheiten der Wildnis einzuführen.

Paradoxerweise, so bekannt Fisher in weiten Teilen der Welt auch ist, er ist es nicht in Verbindung mit den Canyons des Mogollon Rim, sondern wegen seiner Unternehmungen in den Barrancas der mexikanischen Sierra Madre, über die er einen populären Führer verfaßt hat und wo er während der vergangenen Jahre den Großteil seines Lebensunterhalts in der Abenteuerreisen-Branche verdient hat.

In der Sierra Madre gelangen Fisher 1986 seine bisher außergewöhnlichsten Leistungen im Canyoning: der Abstieg in zwei der tieferen Canyons Nordamerikas, den Sinforosa und den Urique. Letzterer war die Stätte, wo Fisher beim Canyoning in die bisher heikelste Lage geriet, aber das hatte nichts mit Wildwasser der Kategorie VI oder extremer Felskletterei zu tun.

Fisher unternahm mit zwei Begleitern eine Tour zur Barranca de Urique, mit einer Frau namens Kerry Kruger und ihrem Freund Rick Brunton. Die drei fuhren seit drei Tagen ohne Zwischenfälle mit einem kleinen Gummiboot den Canyon hinunter, als sie die Grenze von Chihuahua nach Sinola überquerten, einem Distrikt, der berüchtigt wegen des Marihuana- und Heroinhandels ist. An besagtem Abend zogen sie das Boot an Land, um am Zusammenfluß mit einem kleinen Nebenbach zu übernachten. Fisher machte sich auf, um nach einer Stelle mit klarem Trinkwasser zu suchen, und stolperte fast augenblicklich in ein Kornfeld, das ihm ungewöhnlich grün erschien. Als er näher hinsah, bemerkte er, daß jeder Halm eine junge Marihuanapflanze trug. »Ich lief augenblicklich zum Boot zurück«, erinnert sich Fisher, »und sagte, ›Leute, wir müssen wieder einpacken und schnellstens hier verschwinden‹.«

Fisher erklärt, daß die Campesinos in diesem Teil Mexikos »einfach nicht verstehen können, warum reiche Gringos sich der Mühe unterziehen, ihren abgelegenen Fluß hinunterzufahren, es sei denn, sie sind Spitzel der Drogenpolizei DEA, die nach Rauschgift suchen. Wir paddelten wie wild eine ganze Stunde, um eine Begegnung zu vermeiden, aber der Fluß machte dort eine große Schleife, so daß uns die ganze Paddelei nur zu der Marihuanaplantage zurückbrachte. Wir kamen um eine Biegung, und beide Ufer des schmalen Flusses waren von finsteren Gestalten gesäumt, die mit Gewehren bewaffnet waren und in hockender Position verharrten. Einer von ihnen stand; er trug ein ordentliches Hemd und einen schönen Cowboyhut und hatte eine Maschinenpistole in der Hand, kein Gewehr. Er rief uns zu herüberzukommen, er wolle uns ein paar Zigaretten abkaufen. Wir riefen zurück, ›wir rauchen nicht, es ist nicht gut für eure Lunge‹. Aus irgendeinem Grund fanden sie das alle ungeheuer lustig.«

Fisher entschärfte die Situation schließlich dadurch,

daß er dem großen Zampano mit der Pistole eine Mappe mit Presseausschnitten zeigte, die er für solche Zwischenfälle immer bei sich hatte. Nachdem sie sich davon überzeugt hatten, daß Fisher alles andere als ein DEA-Agent war, ließen die Marihuana-Anbauer die Bootsfahrer weiterziehen. Bald darauf kamen sie in ein Dorf. Fisher erzählt: »Im Umkreis von 200 Kilometern gab es keine Straßen; der Ort sah aus wie aus einem Clint-Eastwood-Film, Pferde, die an Pfosten gebunden waren, und überall Mexikaner mit Narben im Gesicht und Gewehren über der Schulter, die uns anstaunten, als wären wir soeben einem Raumschiff entstiegen.«

Bevor sie weiterfuhren, ging Fisher in den Ort, um ein paar Aufnahmen von einer verfallenen Missionsstation aus dem 18. Jahrhundert zu machen, während Kruger und Brunton das Boot im Auge behielten. Fisher war noch unterwegs, als drei betrunkene junge Männer, die die lukrative Lieferung einer großen Ladung Marihuana zur dörflichen Landepiste begossen hatten, hinunter zum Wasser liefen und sich einen Spaß daraus machten, die Gringos etwas zu ärgern. Als Fisher zurück zum Boot kam, versuchte einer der Mexikaner gerade, Kruger zu küssen, was Brunton veranlaßte einzuschreiten; Fisher erschien gerade rechtzeitig auf dem Schauplatz, um zu sehen, wie der Mexikaner Brunton den Gewehrlauf zwischen die Rippen bohrte.

Wieder gelang es Fisher, die Spannung abzubauen, bevor jemand zu Schaden kam. Diesmal schaffte er es amüsanterweise dadurch, daß er mit dem Revolverhelden in gebrochenem Spanisch schimpfte: »Ich achtete darauf, ihm nicht in die Augen zu sehen, was er als Provokation aufgefaßt hätte, und fing an zu schreien, sie seien *muy malo hombres* und sollten sich schämen, harmlose Touristen zu belästigen. Und es wirkte. Der Anführer stieß mir kräftig gegen die Schulter, dann packten sie ihre Gewehre und gingen.« Zitternd sprangen Fisher und Co. ins Boot und paddelten so schnell sie konnten davon.

Canyoning muß selbstverständlich nicht mit so viel Aufregung verbunden sein, und man muß deswegen auch nicht in ferne Länder reisen. Das wurde mir gegen Ende der Woche klar, die ich mit Fisher und seinen Freunden im Mogollonland verbrachte, als wir einen Canyon besuchten, den die Einheimischen Salome Jug nennen, Krug der Salome. Per Luftlinie sind es vom Canyon zur Stadtgrenze von Scottsdale keine 80 Kilometer – nachts leuchten am Horizont im Westen die Lichter von Phoenix wie auf einer Kinoleinwand –, aber Salome war der verlockendste der fünf Mogollon-Canyons, in denen ich gewesen bin. Wenn eine Tour durch eine schreckliche Schlucht wie Tonto Creek oder die Barranca de Sinforosa einer schweren Bergexpedition in den Himalaja entspricht, so ist eine Fahrt durch den Salome Jug so wie das Klettern einer sonnigen Dreierroute in den Shawangunks.

Ein halbstündiger gemütlicher Spaziergang auf einer verlassenen holprigen Straße, die gesäumt war von Kerzensträuchern mit flammenden Spitzen und Tausenden hoch aufragender Kandelaberkakteen, brachte uns zum Rand der Schlucht. Sie war so schmal, daß man hinüberspucken konnte, und stürzte jäh 60 Meter bis zum funkelnden Wasser des Salome Creek ab. Ein Abseilen schien unumgänglich, bis Fisher uns zu einem versteckten System natürlicher

Rampen führte, über die wir problemlos zum Canyonboden abstiegen.

Salome Jug war insgesamt nur 800 Meter lang, aber was dem Canyon an Größe fehlte, machte er durch das Anheimelnde und die Intensität seiner Wildheit mehr als wett. Der Canyon war ein absolut faszinierender Schnitt durch die Erde, wie ich es noch nirgendwo sonst gesehen hatte: Der Bach plätscherte in einer Kette langer, kärglicher Becken dahin – denen gelöste Mineralien eine eindrucksvolle smaragdgrüne Färbung verliehen –, die durch eine Reihe von Kaskaden verbunden waren, deren Höhe von wenigen Zentimetern bis zu über zwanzig Metern reichte; über dieser Szenerie ragten Wände aus rosafarbenem Granit auf, die verblüffende Kurven und anmutige Winkel bildeten und glattgeschliffen wie eine Bowlingkugel waren...

Wir machten uns einen Spaß daraus, von einem Ende des Jug zum anderen zu gelangen, verbrachten den ganzen Tag damit, die Becken zu durchschwimmen und durch die Gischt der Wasserfälle zu klettern. Wenn uns danach war, rasteten wir, saßen in der Sonne und sahen den Wolken zu, die am kobaltfarbenen, von Felsen eingerahmten Streifen Himmel vorbeizogen. Als ich gegen Abend auf einer herrlichen Granitplatte lag und mir vom rosa Fels die Kälte aus meinem tropfnassen Rücken ziehen ließ, dämmerte mir, daß ich heute Geburtstag hatte. Ich kam zu dem Schluß, daß ich mir dafür keinen besseren Ort hätte aussuchen können.

KAPITEL NEUN

Ein höherer Berg als der Everest?

AN EINEM HEISSEN NACHMITTAG DES JAHRES 1852, SO die Legende, saß Sir Andrew Waugh, der Generalinspektor der Great Trigonometrical Survey of India, in seinem Büro in Dehra Dun, als ein Computer namens Hennessey (Computer waren in jenen Tagen aus Fleisch und Blut, nicht aus Laufwerken und Siliziumchips) hereinstürmte und herausplatzte: »Sir! Ich habe den höchsten Berg der Welt entdeckt!« Der Berg, den er »entdeckt« hatte, ragte aus dem Gipfelmeer des Himalaja im verbotenen Königreich Nepal und war zu der Zeit nur unter der römischen Zahl XV bekannt. Nach Hennesseys Berechnungen hatte er die ungeheuerliche Höhe von 8839 Metern über dem Meeresspiegel.

Mit Präzisionstheodoliten hatten die Landvermesser den Gipfel XV 1849 und 1850 wiederholt von der nordindischen Ebene »angepeilt«, aber bis es Hennessey gelang, ihre Daten zwei Jahre später zu berechnen, hatte niemand die leiseste Ahnung, daß der Gipfel XV tatsächlich außergewöhnlich hoch war. Die Beobachtungsstationen der Landvermesser lagen über 160 Kilometer von dem Berg entfernt, und aus dieser Entfernung wird alles bis auf die Spitze des Gipfels XV von den sich auftürmenden Massiven im Vordergrund verdeckt, von denen viele den falschen Eindruck erwekken, viel größer an Statur zu sein.

1865, als Hennesseys Berechnungen genau überprüft worden waren und Waugh nicht mehr den geringsten Zweifel hatte, daß kein anderer Berg im Himalaja den Gipfel XV an Höhe würde übertreffen können, taufte er den Gipfel offiziell Mount Everest, zu Ehren von Sir George Everest, seinem Vorgänger im Amt des Generalinspektors. Er wußte nicht, daß die Tibeter, die nördlich des großen Berges lebten, bereits mehrere Namen für ihn hatten, die nicht nur passender, sondern auch weit wohlklingender waren, insbesondere der Name Chomolungma, was »Göttinmutter des Landes« heißt.

Bevor der Mount Everest – geborener XV, geborener Chomolungma – vermessen wurde, war der Titel des höchsten Berges der Welt zu verschiedenen Zeiten verschiedenen Bergen zuerkannt worden. Im 17. und 18. Jahrhundert war der Chimborazo, ein 6310 Meter hoher Vulkan in den südamerikanischen Anden, nach herrschender Meinung der höchste Berg. 1809 wurde ein Dhaulagiri genannter Himalajagipfel von einem britischen Landvermesser auf 8187 Meter geschätzt (die Höhe des Dhaulagiri wurde in neuerer Zeit auf 8167 Meter korrigiert) und hatte damit berechtigteren Anspruch auf den Titel. Aber die meisten Geographen außerhalb der Grenzen Indiens hielten eine derartig extreme Erhebung für absurd und favorisierten bis in die vierziger Jahre des 19. Jahrhunderts den Chimborazo, danach wurde der Titel kurzzeitig dem Kangchenjunga, einem 8585 Meter hohen Nachbarn des Everest, und in den fünfziger Jahren des 19. Jahrhunderts schließlich dem Everest selbst verliehen.

Es ist überflüssig zu erwähnen, daß es, nachdem der Gipfel des Mount Everest eindeutig als höchster Punkt der Erde bestätigt worden war, nicht lange dauerte, bis der Mensch zu dem Schluß kam, daß der Everest bestiegen werden müsse: Auf seinen Gipfel zu gelangen, erklärte G. O. Dyrenfurth, ein einflußreicher Chronist des frühen Bergsteigens im Himalaja, ist »eine Angelegenheit des universellen menschlichen Bestrebens, etwas, wovon es keinen Rückzug gibt, welche Verluste es auch immer fordern mag«. Diese Verluste würden, wie sich zeigte, nicht unbedeutend sein: Nach Hennesseys folgenreicher Bekanntgabe in Sir Andrews Büro sollte es das Leben von fünfzehn Menschen, die Anstrengungen von dreizehn Expeditionen und den Ablauf von 101 Jahren kosten, bis der Gipfel des Everest endlich erreicht war.

Es dauerte bis zu den frühen Stunden des 29. Mai 1953, als sich der schlaksige Neuseeländer Ed Hillary und sein stämmiger Sherpa und Begleiter Tenzing Norgay zentimeterweise die letzten ausgesetzten Wellen am Südgrat des Mount Everest hinaufkämpften. Am späten Vormittag, berichtete Hillary später, »wurden wir allmählich müde. Ich hatte fast zwei Stunden lang ununterbrochen Stufen geschlagen und fragte mich ziemlich benommen, ob uns genug Kraft zum Durchhalten bliebe. Ich arbeitete mich über den Rükken einer weiteren Erhebung im Kamm und sah, daß der Grat vor uns abfiel und wir bis weit nach Tibet hineinblicken konnten. Ich schaute nach oben, und dort über uns war ein runder Schneekegel. Ein paar Hiebe mit dem Eispickel, ein paar vorsichtige Schritte, und Tenzing und ich waren auf dem Gipfel.« Und damit waren Hillary und Tenzing die ersten Menschen, die auf dem Gipfel des Mount Everest standen.

Vier Tage später, am Morgen der Krönung Königin

Elisabeths, gelangte die Kunde von der Besteigung nach England. »*The Times*«, schrieb Jan Morris, die Journalistin, welche die Geschichte als erste brachte (wenngleich sie zu der Zeit noch ein Er war und noch unter dem Namen James Morris schrieb), »hatte die Nachricht in der Morgenausgabe dieses Tages veröffentlicht, die im Londoner Regen auf die Krönung wartenden Menschenmassen hatten es im Dunkel der Nacht erfahren, die Welt jubelte mit uns; alles war gut.« Die Eroberung des »dritten Pols« (Nord- und Südpol sind der erste bzw. zweite) löste eine Woge britischen Stolzes aus. Hillary wurde im Eilverfahren geadelt; Tenzing wurde in ganz Indien, Nepal und Tibet zum Nationalhelden (alle drei Länder reklamierten ihn als einen der ihren). Jeder Almanach und jedes Nachschlagewerk hielten danach ein für allemal fest, daß Sir Edmund P. Hillary und Tenzing Norgay als erste Menschen den mächtigsten Gipfel der Welt bezwangen. Zumindest schien es bis zum 7. März 1987 so, als ein kurzer Bericht, der irgendwo hinten in der *New York Times* versteckt war, mit der Überschrift erschien, »Neue Daten zeigen, Everest vielleicht nur auf Platz zwei«.

Die fraglichen Daten waren im Sommer 1986 von einer amerikanischen Expedition zum K2 gesammelt worden – einer steilen Pyramide aus braunem Fels und leuchtendem Eis, die etwa 1300 Kilometer nordwestlich des Everest auf der chinesisch-pakistanischen Grenze sitzt. Nach der Messung elektromagnetischer Signale, die von einem Militärsatelliten gesendet wurden, berechnete der fünfundsechzigjährige Astronom George Wallerstein von der University of Washington, daß der K2 – der lange als 8610 Meter hoch galt – in

Wirklichkeit eine Höhe von 8858 Metern haben könnte, vielleicht sogar 8908 Meter. Sollten sich Wallersteins Ergebnisse als richtig erweisen, wäre tatsächlich der K2 der höchste Brocken festen Landes auf diesem Planeten – nicht der Everest, der 1975 von einem pedantischen chinesischen Landvermesser auf 8848,11 Meter festgenagelt wurde.

In den fast fünfzig Jahren, seit Hillary und Tenzing den Weg ebneten, haben sich mehr als 200 Männer und Frauen bis auf den Gipfel des Mount Everest gekämpft, und Tausende haben es versucht und sind gescheitert, was alles in allem die Ausgabe ungezählter Millionen, die Amputation Dutzender erfrorener Zehen und den Verlust von weit über hundert Menschenleben zur Folge hatte. Alle, die diese Opfer gebracht haben, waren der festen Überzeugung, der größten Trophäe des Bergsteigens nachzusetzen. Aber wenn Wallerstein recht hätte, sagt Lance Owens, der Führer der amerikanischen Expedition von 1986 zum K2, »bedeutete dies, daß alle auf dem falschen Berg waren«. Wenn Wallerstein tatsächlich recht hätte, stünde die Ehre, als erste den höchsten Berg der Erde bestiegen zu haben, nicht Hillary und Tenzing zu, sondern zwei kaum bekannten italienischen Bergsteigern, nämlich Lino Lacadelli und Achille Compagnoni, die 1954 als erste Menschen auf dem Gipfel des K2 standen.

Die meisten erfahrenen Geographen und Geodäten warnten jedoch sofort, daß es noch zu früh für Hillary sei, seinen Adelstitel zurückzugeben, und für die Italiener, den Champagner zu entkorken; Wallerstein stellte selbst mehrmals klar, daß seine »Beobachtungen vorbereitender Natur« seien und daß es falsch wäre, den K2 für definitiv höher als den Everest zu erklären, solange nicht beide Berge mit moderner Satellitentechnologie ganz exakt neu vermessen würden. Wallerstein war durchaus bewußt, daß es in der neueren Geschichte des Himalaja nicht an Beispielen fehlt, in denen jemand behauptet, diesen oder jenen Berg entdeckt zu haben, der höher als der Everest sei, nur um dann bei näherer Prüfung ihrer Beweise kläglich Schiffbruch zu erleiden.

Zu Beginn der dreißiger Jahre herrschte zum Beispiel große Aufregung um einen eindrucksvoll aussehenden Gipfel, den Minya Konka (heute Gongga Shan), der eine abgelegene Ecke der chinesischen Provinz Sichuan überragt. 1929, nach der Rückkehr von einer Expedition durch diesen Teil der Erde auf der Suche nach dem Riesenpanda, schrieben Kermit und Theodore Roosevelt jr., Söhne des Präsidenten und verwegenen Reiters, ein Buch, in dem sie auf Behauptungen anspielten, der Minya Konka sei »über 9000 Meter hoch und der höchste Berg der Welt«. Diese Gerüchte erhielten zusätzliches Gewicht durch die Berichte eines gewissen Joseph Rock, eines autodidaktischen Botanikers mit einem Hang zum Dramatischen und einem lockeren Umgang mit Fakten. Rock hatte ein Kloster am Fuß des Minya Konka besucht, schätzte die Höhe des Berges mit Hilfe eines Taschenkompasses und eines Barometers und kabelte umgehend an die National Geographic Society: »MINYA KONKA HÖCHSTER GIPFEL DER ERDE 9220 METER. ROCK.«

Die Society, die Rocks Forschungsreise durch China unterstützte, hatte Bedenken, diese Zahl zu veröffentlichen, und anschließende weniger saloppe Messungen ergaben für den Minya Konka eine Höhe von 7589 Meter, also gut einen Kilometer niedriger als der Gipfel des Everest. Aber das war egal, denn Rock war auf Nummer Sicher gegangen und berichtete, daß ein anderer Gipfel 650 Kilometer nördlich vom Minya Konka auch mindestens 9000 Meter hoch sei. Dieser Berg, den die an seinem Fuß lebenden wilden Ureinwohner für den Wohnort der Götter hielten, war der Anye Machin (heute Magen Gangri); die Gerüchte über seine enorme Höhe waren noch in Umlauf, als die über den Minya Konka längst verstummt waren.

Die Saat zu der Legende um den Anye Machin legte der Brigadegeneral George Pereira, ein gebildeter Forscher, der 1921 von Peking zu einer ehrgeizigen Reise aufbrach, die durch Tibet, Indien, Birma und Südchina führen und in Peking wieder enden sollte. Pereira starb unterwegs, stieß vorher in der Provinz Jünnan aber noch auf Rock, dem er von einem gewaltigen Gipfel in der Anye-Machin-Kette erzählte, der ganz bestimmt höher als der Everest sei. Rock entschloß sich sofort, dorthin zu reisen.

Rock unternahm die beschwerliche Reise zum Anye Machin 1929, dessen Höhe er aus etwa hundert Kilometern Entfernung schätzte – und wieder benutzte er, wie Galen Rowell schrieb, der Fotojournalist und Bergsteiger, der 1981 als einer der ersten auf den Anye Machin stieg, nichts als »Kompaßpeilungen, Höhenschätzungen anhand des Siedepunkts von Wasser und seinen üblichen Eifer, eine außergewöhnliche Entdekkung zu präsentieren«. Rock erklärte, der Anye Machin sei 9000 Meter hoch, also 152 Meter höher als der Everest.

Die Spekulationen über die Höhe des Anye Machin

kamen in den nächsten zwei Jahrzehnten weitgehend zur Ruhe. Sie flackerten gegen Ende des Zweiten Weltkriegs jedoch wieder groß auf, und zwar dank einer Geschichte, die in mehreren internationalen Zeitungen erschien. 1944 wurde eine amerikanische DC-3, die an der Luftbrücke von Birma über den »Buckel« nach Tschungking beteiligt war, von einem Orkan weit vom Kurs abgetrieben. Irgendwo in der Nähe der Anye-Machin-Kette stieß der Pilot in 9300 Meter Höhe aus einer Wolkendecke – der Höhenmesser arbeitete nach der Aussage des Piloten einwandfrei – und sah vor sich einen schneebedeckten Gipfel, der die Wolken deutlich überragte und auch ein-, zweihundert Meter höher als seine Maschine war.

Dieser berühmte Flug war von A bis Z die Erfindung irgendwelcher gelangweilter Flieger der britischen Luftwaffe (eine DC-3 kann gar nicht 9300 Meter hoch fliegen), die den britischen Kriegskorrespondenten einen Streich spielen wollten, welche zuweilen Geschichten über tollkühne Kunststückchen aufgriffen und den Piloten damit auf die Nerven gingen. Als jedoch 1947 der fünfundfünfzigjährige amerikanische Kugelschreiberfabrikant Milton »Ball-Point« Reynolds zum erstenmal etwas über diesen »Flug« in einem neuen Buch von James Ramsey Ullman las, wußte er, wie die meisten anderen Menschen auch, nichts von diesem Scherz. Was Reynolds wußte, war, daß Ullman in *Kingdom of Adventure: Everest* ein Kapitel über den Anye Machin so hatte enden lassen: »... falls der geheimnisvolle Berg tatsächlich höher als der Everest ist, gehört seine Entdeckung zu den bedeutendsten geographischen Ereignissen der Neuzeit.«

Reynolds – ein kleiner, rundlicher, schütter werdender Millionär mit einem Hang zur Publicity – bezeichnete sich gern als den Erfinder des Kugelschreibers. In Wirklichkeit war der Kugelschreiber das Geistesprodukt des Ungarn László Bíró; Reynolds hat ihn lediglich nach Amerika gebracht. Mit der Behauptung, sein neumodisches Gerät schreibe auch unter Wasser (wobei er zu erwähnen vergaß, daß der Kugelschreiber in Wirklichkeit oft nicht einmal auf absolut trockenem Papier funktionierte), gelang es Reynolds, innerhalb eines Jahres Kugelschreiber für zwölf Millionen Dollar zu verkaufen.

Im April 1947 hatte Reynolds in Begleitung von Bill Odom, einem verwegenen siebenundzwanzigjährigen Testpiloten, den Flugrekord von Bill Hughes rund um die Welt gebrochen. Der beträchtliche Rummel, den dieses Abenteuer auslöste, hatte sich kaum gelegt, da hatte Reynolds schon die Idee, noch eins draufzusetzen: Er und Odom würden nach China fliegen und beweisen, daß der Anye Machin ein Neuntausender sei, den die Piloten der Birma-Luftbrücke entdeckt hatten.

Am 29. Februar 1948 brachen Reynolds und Odom mit einer riesigen viermotorigen C-87 auf, die den Namen *China Explorer* trug und eigens mit modernsten Vermessungsinstrumenten ausgerüstet worden war. Zu Reynolds' Gefolge gehörte der bekannte Alpinist und Gebirgsvermesser Bradford Washburn, der vom Bostoner Wissenschaftsmuseum engagiert worden war und garantieren sollte, daß der Anye Machin richtig vermessen würde. Im Laderaum des Flugzeugs befanden sich 10000 vergoldete Kugelschreiber, ein Geschenk für Madame Chiang Kai-shek. Als einer von Reynolds Assistenten darauf hinwies, daß sie nicht funktionierten, erwiderte Reynolds: »Ich weiß, aber die Chinesen können sowieso nicht schreiben und werden froh sein, sie zu besitzen.«

Die Expedition hatte keinen guten Start. In Peking blieb Odom, als er zur Startbahn rollte, mit der C-87 im Schlamm stecken und versuchte, die Maschine mit Vollgas wieder frei zu bekommen. Als die chinesischen und amerikanischen Wissenschaftler an Bord entsetzt aus den Fenstern sahen, brach das rechte Fahrgestell unter der Belastung zusammen, und die schwere Maschine kippte auf den Rumpf, wobei ein Treibstofftank aufgerissen und einer der Propeller zerstört wurde. Niemand wurde verletzt, aber Reynolds verkündete bekümmert, daß die Expedition zu Ende sei.

Das Fahrgestell wurde nach und nach repariert, und Reynolds und Odom flogen die C-87 nach Schanghai, um einen neuen Propeller zu besorgen und das teure Flugzeug zurück in die Vereinigten Staaten zu bringen. Nachdem der Propeller ersetzt war, hatte Reynolds jedoch eine Eingebung: Er schlug Odom vor, nicht nach Hause zu fliegen, sondern von Schanghai ohne Anmeldung (und damit völlig illegal) und ohne Washburn und irgendwelche lästigen chinesischen Aufpasser direkt zum Anye Machin, dessen Höhe selbst zu messen und dann weiter nach Kalkutta zu fliegen.

Mit diesem Vorsatz starteten sie am 2. April, doch Odom unterschätzte die Menge an Sprit, den sie für ihr Abenteuer brauchen würden. Der Anye Machin war 2400 Kilometer von Shanghai entfernt, nach Kalkutta waren es weitere 3200 Kilometer, und als die *China Explorer* sich dem Berg näherte, stellte Odom fest, daß sie auf der Stelle umkehren mußten, wenn sie nicht irgendwo in der tibetischen Einöde eine Bruchlandung machen wollten. »In dem Augenblick«, schrieb Reynolds später, »sah ich vor uns eine gewaltige Landmasse aus den Wolkenschichten unter uns aufragen, die bis in die Bewölkung in 9300 Meter reichte... Endlich sah ich den höchsten Berg der Welt tatsächlich vor mir!«

Die *China Explorer* schaffte es mit Sprit für noch fünfzehn Minuten im Tank zurück nach Shanghai, woraufhin die Chinesen, die stinksauer waren, das Flugzeug beschlagnahmten und die Amerikaner von bewaffneten Wachen zum Hotel begleiten ließen. Reynolds zeigte keinerlei Einsicht. Ein paar Tage später schlichen er und Odom sich zu ihrem Flugzeug und versuchten zu entkommen. Wie Reynolds erzählt, saßen sie kaum in der Maschine, als ein wütender »Haufen Chinesen« anrückte. Um sie abzulenken, warf Reynolds die letzten zweihundert vergoldeten Kugelschreiber durch die Tür nach draußen, Odom warf die Motoren an, während die Chinesen sich um die Kugelschreiber balgten, und die Amerikaner entwischten in einem Kugelhagel.

Reynolds und die *China Explorer* kamen sicher und wohlbehalten zurück nach Amerika, aber ohne eigentlichen Beweis, daß der Anye Machin höher als der Mount Everest sei. Um das richtigzustellen, reiste ein Forscher namens Leonard Clark 1949 mit einem primitiven Theodoliten, den er sich bei einem chinesischen Straßenbauamt geliehen hatte, zum Fuß des Anye Machin und vermaß den Gipfel mit 9040 Metern. »Ich glaube sicher«, beharrte er bei seiner Rückkehr, »den höchsten Berg der Welt gefunden zu haben.«

Clark führte den Tod von General Pereira 1923 und

von Bill Odom an, der 1949 bei einer Flugschau abgestürzt war, und war nicht davon abzubringen, daß der Anye Machin mit einem »Fluch« belegt sei, der »jedem Forscher, Flieger und Abenteurer selbst nach nur kurzem Anblick dieses sogenannten Götterberges« Unglück gebracht hatte. Einige Jahre danach verschwand Clark spurlos bei einer Forschungstour durch den südamerikanischen Dschungel. Dem Vermessungsergebnis von Clark erging es leider nicht sehr viel besser als ihm selbst: Sorgfältige Messungen durch die Chinesen in den siebziger Jahren ergaben für den höchsten Punkt des Berges klägliche 6281 Meter.

War also Wallersteins Höhenschätzung des K2 von 1986 ebenso suspekt wie die falschen Schätzungen von Clark und Rock und Reynolds am Anye Machin? Wenn nicht, wie konnte ein Berg von so unspektakulären Ausmaßen wie der Anye Machin fast fünf Jahrzehnte als Konkurrent für den Titel des Mount Everest gelten, wenn es bis zu diesem Jahr keinem Menschen in den Sinn kam, daß auch der K2 – ein Berg, der den Anye Machin um rund 2500 Meter übertrifft – ein Konkurrent sein könnte?

Die Antwort auf die erste Frage lautet vielleicht – aber dann auch wieder vielleicht nicht. Bezüglich der zweiten Frage müßte man erklären, daß im Gegensatz zum Anye Machin sowohl der Everest als auch der K2 (der von den Briten benannt und 1856 erstmals trianguliert wurde, wobei der nichtssagende Name des Gipfels eine Bezeichnung des Vermessungsingenieurs war, die aus Bequemlichkeitsgründen entstand und zufälligerweise Bestand hatte) fachmännisch vermessen und so viele Male neu vermessen worden waren, daß ihre Rangordnung von praktisch jedem als unumstößlich akzeptiert wurde.

Das Vermessen von Bergen ist jedoch eine verteufelt schwierige Angelegenheit, die reichlich Möglichkeiten für Fehler bietet. So erklärt Louis Baume in *Sivalaya*, einer Zusammenfassung von Fakten über die vierzehn höchsten Berge der Erde: »Die Höhenberechnung der Himalajagipfel ist ein so komplexes und kompliziertes Gebiet, daß nicht einmal mit Theodoliten und Senkblei bewaffnete Engel wagen würden, es zu betreten.«

Um die Höhe eines Berges auf traditionelle Art, die Triangulation, zu bestimmen, mißt der Vermessungsingenieur zunächst den Winkel zum Gipfel von mindestens zwei verschiedenen Orten, deren Höhe jeweils bekannt ist. Wenn er die Entfernung zwischen den beiden Theodolitenstandorten gemessen hat, kennt er die Werte zweier Winkel und die eines riesigen imaginären Dreiecks, das durch den Berggipfel und die beiden Standorte gebildet wird. Nachdem er diese drei Zahlen in eine einfache trigonometrische Formel eingesetzt und anschließend eine Korrektur des Ergebnisses zum Ausgleich der Erdkrümmung vorgenommen hat, kennt er die Höhe seines Berges.

Vernachlässigen wir für den Augenblick die ganze Frage, woher der Vermessungsingenieur überhaupt die Höhe seiner Theodolitenstandorte kennt, und betrachten einige der dornigeren Probleme, mit denen er sich beim oben geschilderten Vorgehen auseinandersetzen muß. Wenn der Vermessungsingenieur die Zahlen verarbeitet, um auf die Höhe des Berges zu kommen, muß er in irgendeiner Form so unbekannte Größen wie die atmosphärische Strahlenbrechung und die Lotabweichung berücksichtigen. Letztere äußert sich, ganz einfach ausgedrückt, in der Tendenz der gewaltigen Masse eines Bergmassivs wie des Himalaja, die flüssigen Nivellierblasen in den Vermessungsinstrumenten ganz leicht zum Berg hin zu ziehen – so wie die Mondmasse die Wasserhülle der Erde bei Ebbe und Flut anzieht – und sie so aus der korrekten Lage zu bringen.

Die erste Erscheinung, die Strahlenbrechung, äußert sich in der Tendenz der Lichtstrahlen – der gleichen Lichtstrahlen, die im Okular des Theodoliten das Bild des Berges erzeugen –, abgelenkt zu werden, wenn sie sich zwischen Berg und Vermessungsingenieur durch die Atmosphäre bewegen und den Berg höher erscheinen lassen, als er in Wirklichkeit ist. Das genaue Ausmaß dieser Verzerrung ist eine ganz entscheidende, aber schwer zu bestimmende Variable, die von solchen Umständen wie der Temperatur und Dichte aller atmosphärischen Schichten abhängt, durch die das Licht dringt.

Zwischen Sonnenaufgang und Mittag zum Beispiel, wenn die Atmosphäre sich erwärmt und ihre Brechungseigenschaften sich verändern, kann die triangulierte Erhebung eines fernen Gipfels ohne weiteres um ein- oder zweihundert Meter »schrumpfen«. Und die Auswirkungen dieser Variablen auf die Zahlen des Vermessungsingenieurs steigen exponentiell mit jedem zusätzlichen Kilometer zwischen Vermessungsingenieur und Berg. Bei Höhenmessungen des Everest von Standorten auf den weit entfernten Ebenen Indiens mußten die Vermessungsingenieure ihre Berechnungen um bis zu 415 Meter korrigieren, um die geschätzte Strahlenbrechung auszugleichen.

All diese Rechnereien sind jedoch nur das letzte Teil

des Puzzles. Wenn man nicht gleich am Anfang die übrigen Puzzleteile richtig zusammengelegt hat – wonach man auf die Höhe des letzten Theodolitenstandorts kommt –, ist die ganze Vermesserei reine Zeitverschwendung.

Die Schwierigkeit bei der Bestimmung der Höhe eines Berges über dem Meeresspiegel besteht darin, genau festzustellen, wie Wallerstein es beschreibt, »wo das Meer wäre, wenn es um den Fuß des Berges spielen würde, statt 2000 Kilometer entfernt«. Die Vermessungsstandorte, von denen die Höhe des Everest durch die Briten trianguliert wurde, lagen mehr als 1600 Kilometer vom Ausgangspunkt der Vermessung entfernt, in der Stadt Madras an der Südostküste Indiens; im Fall des K2 waren sie über 2700 Kilometer von Madras entfernt. Bevor einer der beiden Berge vermessen werden konnte, mußte die Höhe des letzten Vermessungsstandortes durch eine komplizierte Kette bestimmt werden, die aus Tausenden unabhängiger Triangulationen bestand, die mühsam Schritt für Schritt auf dem gesamten indischen Subkontinent durchgeführt werden mußten. Eine solche Arbeit, sagt David N. Schramm, ehemaliger Leiter der Abteilung für Astronomie und Astrophysik an der University of Chicago, »ist wie der Bau eines Kartenhauses. Jede Datenebene baut auf der vorherigen auf. Wenn eine Ebene fehlt, stürzt alles zusammen.«

Bei seiner Vermessung des K2 im Jahr 1986 konnte Professor Wallerstein das kunstvolle »Kartenhaus«, von dem aus alle früheren K2-Vermessungsingenieure ihre Berechnungen gemacht hatten, dadurch völlig umgehen, daß er sich auf ein 75 Pfund schweres koffergroßes Instrument verließ, einen Doppler-Empfänger.

Dieser spezielle Doppler-Empfänger wurde entworfen, um Radiowellen zu analysieren, die von einem Netz aus sechs Satelliten ausgestrahlt werden, welche die US-Marine ursprünglich als Navigationshilfe für U-Boote in eine Erdumlaufbahn geschossen hat. Durch das Messen feiner Veränderungen in der »Höhe« dieser Signale, wenn ein Satellit am Himmel vorbeizieht (der gleiche häufig beobachtete Dopplereffekt, der die Tonhöhe einer Sirene abrupt absinken läßt, wenn ein Polizeiauto vorbeifährt), kann das Gerät Breite, Länge und Höhe seines Standorts mit weit größerer Genauigkeit bestimmen, als selbst mit der aufwendigsten Kette von Triangulationen von einer Meeresküste aus möglich wäre: Wenn zehn oder zwölf Vorbeiflüge eines Satelliten aufgenommen werden und der Durchschnittswert ermittelt wird, kann ein Doppler-Empfänger feststellen, wo auf der Erdoberfläche er sich befindet, und zwar mit einer Abweichung von weniger als einem Meter.

So genau ein Doppler-Empfänger ist, so abschrekkend teuer und relativ schwer erhältlich ist er auch (ein gutes Gerät kostet ab 80000 Dollar). Da niemand einen Grund hatte anzunehmen, daß die anerkannten Höhenangaben für den Everest und den K2 weit danebenliegen könnten, hatte man die Geräte immer für offensichtlich wichtigere Zwecke verwendet – die Lokalisierung von Rohstoffquellen oder abgeschossenen Flugzeugen – als die Höhenbestimmung der Himalajariesen. Als Wallerstein und Lance Owens jedoch günstig an einen Doppler-Empfänger herankommen konnten, beschlossen sie, das Gerät mit zum K2 zu nehmen, einfach so.

Am 8. Juni 1986, einem klaren, frischen Tag im Karakorumhochland in Südwestchina, richtete Wallerstein die Antenne seines Doppler-Empfängers auf einer kleinen Kuppe am Fuß des K2 aus, stellte das Gerät ein und peilte mittels eines Satelliten, der mit 1100 Stundenkilometern über ihm vorbeiflog, seine Höhe. Auf der Grundlage dieser präzisen Basishöhe und mit einem normalen Theodoliten triangulierte Wallerstein dann die Höhe verschiedener Geländepunkte in der Umgebung, die, wie er wußte, letztmals 1937 vom britischen Forscher Michael Spender vermessen worden waren.

Bei seiner Rückkehr nach Seattle stellte Wallerstein zu seiner großen Überraschung fest, daß alle Höhenangaben, die Spender für diese Geländepunkte gemacht hatte, rund 300 Meter niedriger waren als seine Messungen. Da Spender den Gipfel des K2 – dessen Höhe er mit 8610 Metern annahm – als einzige Bezugsgröße heranzog, von der er alle anderen Höhen in seiner Aufnahme ableitete, schloß Wallerstein, daß die lange Zeit gültige Höhe des K2 ebenfalls rund 300 Meter zu niedrig sein müsse: Nach seiner Berechnung konnte der K2 tatsächlich höher als der Everest sein, vielleicht sogar um 100 Meter oder mehr.

Nachdem er auf diese Zahlen gekommen war, betonte Wallerstein – der ein angesehener Astronom und gewissenhafter Wissenschaftler ist, aber wenig Erfahrung als Vermesser hat –, daß er aufgrund des begrenzten Umfangs seiner Untersuchungen nicht behaupte, der K2 sei tatsächlich höher als der Everest, sondern nur, daß er es sein *könnte*. Das Hauptziel der Expedition, der Wallerstein angehörte, bestand darin, den K2 zu besteigen (das Team kam an der Nordflanke bis auf 8075 Meter und wurde dann von demselben

Sturm zurückgeschlagen, der auf der anderen Seite des Berges dreizehn Tote forderte), nicht ihn zu vermessen, und so war Wallerstein gezwungen, den Großteil seiner Zeit in China damit zu verbringen, Proviant und Bergausrüstung die unteren Hänge des Massivs hinaufzuschleppen. Als seine Aufgabe als Lastesel dann beendet war, hatte er nur noch ein paar Tage Zeit für seine Vermessungen.

Außerdem fiel das Aufladegerät für die Solarbatterien aus, die den Doppler-Empfänger betreiben sollten. Das Gerät konnte daher nur einen Satellitenvorbeiflug aufnehmen, dann waren die Batterien erschöpft. Auch wenn die 32 einzelnen Messungen, die der Empfänger bei dem einzigen Vorbeiflug des Satelliten vornahm, sehr klar waren, ließ sich ihre Genauigkeit ohne weitere Vorbeiflüge nicht bestätigen.

Trotz dieser Mängel und Wallersteins eigener Einschränkungen bezüglich der spekulativen Natur seiner nach oben korrigierten Werte für den K2 sorgte die Nachricht, daß der K2 sehr wohl höher als der Everest sein könnte, für viel Wirbel, vor allem in Italien. Sofort nachdem die Zeitschrift *Outside* und die *New York Times* gleichzeitig über die Geschichte berichtet hatten, wurde Wallerstein von italienischen Zeitungen und Fernsehstationen mit Interviewanfragen überschüttet. Neben den Italienern votierten weltweit auch die meisten Bergsteiger (ausgenommen wohl jene, die den Everest bestiegen hatten) eindeutig für den K2, denn sie sind, weil er ein sehr viel schönerer Berg und auch weit schwerer zu besteigen ist, der Meinung, daß der K2 es *verdient*, höher zu sein. Trotz des ganzen Trubels blieb Bradford Washburn – der entscheidenden Anteil daran hatte, daß die Anye-Machin-Seifenblase platzte –

dabei, daß, wenn sich der Nebel gelichtet hätte, der Mount Everest immer noch oben sein werde. Und wenn nicht? »Nun ja«, meinte der berühmte Vermesser, »dann könnte das Ed Hillary vielleicht ein bißchen durcheinanderbringen.«

Binnen einer Woche nach der Veröffentlichung von Wallersteins Ergebnissen kündigten mehrere Teams an, die Angelegenheit ein für allemal zu klären und sowohl den K2 als auch den Everest mit Hilfe der Doppler-Technologie zu vermessen. Die erste dieser Expeditionen, die mit Ergebnissen zurückkam, war sinnigerweise ein italienisches Team unter der Führung von Ardito Desio, demselben Ardito Desio, der die italienische Expedition führte, der die Erstbesteigung des K2 im Jahr 1954 gelang. Desio nahm präzise Satellitenmessungen am Fuß des Everest und des K2 vor – widerstand der sicher starken Versuchung, die Zahlen zugunsten des K2 zu manipulieren – und gab seine Ergebnisse am 6. Oktober 1987 bekannt: Everest, 8872 Meter; K2, 8616 Meter. Sicher haben Hillary und Tenzing erleichtert aufgeatmet.

KAPITEL ZEHN

Die Burgess Boys

ANGEBLICH IST IN DER FRONT RANGE VON COLORADO DER Frühling eingekehrt, doch die Wolken hängen tief, und ein eisiger Wind durchschneidet den Eldorado-Canyon, als Adrian Burgess, ein neununddreißigjähriger Engländer, der in Boulder lebt, sich den steilen, roten Sandstein einer Kletterroute hocharbeitet, die C'est la Vie heißt. Nach 40 Metern macht er an einem abschüssigen Band Stand, hängt das Seil in zwei Haken und sichert dann, einen nach dem anderen, seine drei Gefährten bis zu seinem Standplatz. Der letzte der drei Kletterer ist Adrians eineiiger Zwillingsbruder Alan.

Als Alan den ausgesetzten Standplatz erreicht, schwillt der Wind dramatisch an, und eine Böe bestäubt das Band mit Schnee. Alan mustert die winzigen 5.11er-(VIIIer-)Griffe, welche die nächste Seillänge einleiten, richtet den Blick dann auf Adrian und sagt: »Wird Zeit, daß das Bustop aufmacht, meinst du nicht auch, Alter?«

Das Bustop ist eine Bar, in der Alan viel Zeit verbringt, wenn er in Boulder ist und seinen Bruder Adrian zwischen den Himalaja-Expeditionen besucht, die die letzten neun Jahre das Leben der Zwillinge beherrscht haben. Alan bevorzugt das Bustop, wie er sagt, weil es nur ein paar Schritte von Adrians Wohnung die Straße hinauf liegt. Ein Nachteil ist sicher auch nicht, daß das Bustop während der Happy-Hour zwei Bier für einen Dollar anbietet und dazu noch ein Oben-ohne-Laden ist.

Nach einem flotten Rückzug aus den Wänden des Eldorado fährt das Burgess-Gefolge am Bustop standesgemäß in einer Detroiter Rostlaube vor – Adrians größtem Vermögenswert –, die einen Aufkleber trägt mit dem Slogan »Ein Dummkopf und sein Geld sind sich schnell einig«. In den höhlenartigen, schwach erleuchteten Räumen der Bar scheinen die meisten Tänzer Alan zu kennen; einige lächeln freundlich und rufen ihn beim Namen, als er zu einem Tisch geht, von dem man den Durchgang überblickt. Unsere Kellnerin heißt Susan, die Alan in Periche kennengelernt hat, einem hochgelegenen Sherpa-Dorf an der Trekkingroute zum Mount Everest. Wahrscheinlich, geht es mir durch den Kopf, trifft man nirgendwo in Boulder eine Stripperin, die ihre Ferien beim Trekking in Nepal verbringt.

Als wir uns setzen, scheint Adrian sich nicht wohl zu fühlen. »Das liegt an Lorna«, flüstert Alan mir zu. »Aid soll hier nicht hingehen.« Lorna, die wohlhabende Nichte eines Kongreßabgeordneten, ist seit sieben Jahren Adrians Frau. Sobald sich die Gelegenheit bietet, läßt Alan verstohlen eine der auffälligen Streichholzschachteln des Bustop in Adrians Tasche gleiten, in der vagen Hoffnung, daß Lorna sie eines Tages vielleicht doch entdeckt und eine Erklärung verlangt. »Der Junge soll auf Trab bleiben«, flüstert Alan verschmitzt grinsend.

Glücklicherweise ist Adrian darin ein Meister, und Alan im übrigen auch. Aber wenn man allergisch gegen Arbeit ist und sich mit Charme und der Mitleidsmasche durchschlägt und wenn man einen beträchtlichen Teil des Jahres auf dem Dach der Welt dem Tod ausweicht, bekommt man einige Übung.

Die Burgess-Zwillinge belegen in der modernen Alpingemeinschaft eine einzigartige Nische. In einer Subkultur, die von untadeligen, hart trainierenden, exaltierten Franzosen, Deutschen und Österreichern beherrscht wird, die in Anzeigen für Alfa Romeo posieren und ihren Namen für schicke Klamotten hergeben, sind die Zwillinge gewöhnliche Kneipengänger und Hallodris geblieben, die immer einen Schritt schneller als die Polizei waren. Sie gehören zu den letzten Vertretern britischer Bergsteiger aus der Arbeiterklasse, für die das, wieviel man trinkt und mit wem man sich rauft, genauso wichtig ist wie die Berge, die man besteigt. Auch wenn ihre Namen den meisten Menschen in der Welt absolut nichts sagen, sind die Burgess-Boys in der kleinen, verschworenen, multinationalen Gemeinschaft derer, deren Obsession das Aufspüren immer extremerer Routen an immer höheren Bergen ist, strahlende Sterne von höchster Leuchtkraft.

Spindeldürr und groß, mit ganzjährig bleicher Haut, langen englischen Gesichtern und schmutzig-blonder Prinz-Eisenherz-Frisur, wären Adrian und Alan Burgess in einer britischen Rockband aus der Mitte der sechziger Jahre absolut nicht fehl am Platz – vielleicht bei den Animals oder The Who. Die Zwillinge kamen in dem Arbeiterdorf Holmfirth am Rand des ausgedehnten Yorkshiremoors zur Welt und wuchsen dort auf – die gleichen leeren, düsteren Flächen, wo die Romane der Geschwister Brontë entstanden. Im Fall der Burgess-Brüder brachten ihre Kindheitsstreifzüge durch das Moor sie in Kontakt mit ungestümen Bergsteigern aus Nordengland. Diese älteren Bergsteiger flößten den neugierigen jungen Zwillingen Geschichten über die kühnen Taten und ungeheuerlichen Abenteuer von Don Williams, Joe Brown und anderen trinkfesten rauhen Gesellen ein, welche den Lebensweg der Burgess-Zwillinge unwiderruflich prägten.

Die Brüder begannen im Alter von vierzehn mit dem Klettern und waren sofort Feuer und Flamme. Mit siebzehn kamen sie zum ersten Mal in die Alpen und hakten bald die wildesten Routen in Chamonix und den Dolomiten ab; von ihren britischen Vorfahren hatten sie abenteuerliche Geschichten über legendäre Anstiege wie Les Droites und den Freneypfeiler gehört und angenommen, daß es auf dem europäischen Festland gang und gäbe sei, die großen Nordwände auf dem Zahnfleisch zu durchsteigen. 1973, als sie vierundzwanzig waren, erweiterten sie ihren alpinen Horizont und fuhren in einem klapprigen Mini-Van nach Indien, wo sie eine schwierige neue Route am 5400 Meter hohen Ali Rattna Tibba durchstiegen.

In den frühen siebziger Jahren arbeiteten die Yorkshire-Buben ab und zu in Englands aufblühender Outdoor-Branche und führten Wildniskurse für straffällige Jugendliche durch. »Ihr Amerikaner habt diese Programme ›Schwererziehbare in die Wälder‹ genannt«, erklärt Adrian, »in unserem Fall ging das eher in die Richtung Schwererziehbare führen Schwererziehbare in die Wälder.«

Mitte der siebziger Jahre zogen die Zwillinge nach Kanada, wo sie in Calgary als Bauarbeiter unterkamen und sich als äußerst geschickte Zimmerleute präsentierten, obwohl sie in Wahrheit alles, was sie über das

Bauen wußten, am Abend vor ihrer Bewerbung einem Buch aus einer Bibliothek entnommen hatten. In Kanada erhielt Alan auch den Status eines grundbesitzenden Einwanderers mit allen Rechten und Vergünstigungen, weil er behauptet hatte, ein hervorragender vw-Mechaniker zu sein, ein Geschick, das offenbar niemand sonst in der Stadt besaß. Die Arbeit, selbst die im Freien, machte jedoch deutlich weniger Spaß als das Klettern, und so kamen die beiden Burgess zu dem Schluß, daß sie auch ohne sie leben könnten. Bis auf ein paar kurzfristige Fehltritte ist keiner von beiden, wie sie stolz betonen, seit 1975 einer anständigen Arbeit nachgegangen.

Das war das Jahr, in dem sie den Globus in bester Willians-Manier durchstreiften, durch die Kneipen zogen und sich prügelten. In vier Ländern wurden sie eingesperrt, in vielen anderen verwarnt. In Lima beschworen sie eine Schlägerei in einem Bordell herauf, nachdem sie das Etablissement irreführender Werbung bezichtigt hatten. In Talkeetna in Alaska sind die Einheimischen noch immer verärgert über die Zeit, als die beiden Burgess und sechs britische Kumpane sich mit dreißig Kästen Bier aus der Fairview-Bar davonmachten und nur knapp dem Gefängnis entgingen.

Im Verlauf ihrer Reisen bestiegen die Zwillinge auch einen schwierigen Berg nach dem anderen, vom Fitzroy bis zum McKinley, vom Huascaran bis zu den Howser Towers, von Les Droites über den Logan zu den Grandes Jorasses. »Unser Leben wurde zu einer Aneinanderreihung von Trips«, sinniert Al mit einem Anflug von Ungläubigkeit. »Es waren so viele, daß es manchmal schwer war, sie auseinanderzuhalten.«

Die Kette der Begehungen durch die Burgess-Zwillinge blieb in britischen Bergsteigerkreisen nicht unbeachtet. Bereits 1975 dachte Chris Bonington daran, sie zu seiner historischen Expedition zur Südwestwand des Everest einzuladen – eine Route, die als »der schwerste Weg auf den höchsten Berg der Welt« bezeichnet wird. Die Expedition brachte schließlich Dougal Haston und Doug Scott auf den Gipfel, aber die Zwillinge schafften es nie bis ins Team, wahrscheinlich, wie Alan spekuliert, »weil wir irgendwie in dem Ruf standen, gelegentlich etwas aus der Rolle zu fallen, und Bonington, der durch und durch ein Medienmann ist, wollte niemanden dabei haben, dessentwegen er die Fassung hätte verlieren können.«

Als die Zwillinge merkten, daß ihr »Ruf, gelegentlich etwas aus der Rolle zu fallen«, verhindern könnte, jemals zu einer Expedition zu einem der bedeutenderen Himalajagipfel eingeladen zu werden, beschlossen sie, die Sache selbst in die Hand zu nehmen. 1979 taten sie sich mit einem Freund, Paul Moores, zusammen und reisten nach Nepal, um im kühnen Alpinstil die Begehung des 7937 Meter hohen Annapurna II zu versuchen. Auf 7050 Metern zwangen orkanartige Winde sie zur Umkehr, doch diese Kostprobe der dünnen Himalaja-Luft machte ihnen erst recht Appetit auf mehr; seitdem sind die Burgess-Brüder jedes Jahr im Himalaja oder Karakorum gewesen.

Im letzten Herbst war es der Lhotse, der die Neugier der Zwillinge weckte – der direkte Nachbar des Mount Everest und vierthöchste Berg der Erde. Wie sich herausstellte, war 1987 jedoch kein gutes Jahr für Touren im Himalaja. Stürme tobten in den Bergregionen mit solcher Häufigkeit und Wucht, daß kein einziger Bergsteiger den Gipfel des K2 oder Everest erreichte – das erste Mal seit sechzehn Jahren, daß niemand auf dem Everest stand. Die Zwillinge – auf dem halben Weg zum Lhotse – waren daher verständlicherweise erleichtert, als der 27. September strahlend und vielversprechend über dem Khumbugebiet von Nepal dämmerte.

Alan spurte auf dem Südostpfeiler des Lhotse, Adrian und Dick Jackson, ein Bekannter aus Colorado, folgten am Seil. Bei den riesigen Mengen Neuschnee am Berg achtete die Seilschaft ganz besonders auf Lawinen, doch der Hang machte unter der knietiefen Decke aus Pulverschnee einen beruhigend festen Eindruck; mit einem Dutzend Himalaja-Expeditionen auf dem Buckel glaubte Alan, beurteilen zu können, wann ein Hang sicher ist und wann nicht. Außerdem schien es wichtig, das Beste aus dem schönen Wetter zu machen in einer Saison, die so wenig davon gesehen hatte.

Auf 6900 Metern führte die Route im Zickzack durch mehrere Eisbrüche. Alan stieg voraus über leichtes Gelände an einem dieser Seracs vorbei, von unten gelegentlich durch seinen Bruder gesichert, als er durch ein gedämpftes, dumpfes WUUUMFF aus seinen höhenbedingten Tagträumen gerissen wurde. Alan blickte nach oben und sah, wie der gezackte Riß einer Bruchlinie quer über den Hang wanderte und sich direkt über seinem Standort ein riesiges Brett aus windgepreßtem Schnee löste, anderthalb Meter dick und fünfzig Meter breit.

Einen Augenblick schien sich das Schneebrett in Zeitlupe zu bewegen, aber als es sich vom unsicheren

Untergrund losgerissen hatte und sich in Richtung des 1500 Meter tiefer gelegenen Tales bewegte, bekamen die Schneemassen im Nu ein beängstigendes Tempo. Nach einer Rutschpartie von zehn, zwölf Metern prallte der untere Rand des Schneebretts Alan frontal auf die Brust. »Ich versuchte, mich oben zu halten«, erinnert er sich, »aber da lief gar nichts. Ich ging unter, und dann war alles schwarz, und ich dachte nur noch, ›Scheiße, so ist das also, wenn man stirbt‹.«

»Aber nach vielleicht drei Sekunden«, erzählt Alan weiter, »war ich plötzlich wieder an der Oberfläche, das Gesicht hangabwärts, und bis zur Hüfte in der Lawine, und der Schnee zerrte schwer an meinen Beinen. Instinktiv warf ich den Kopf zurück, beugte mich soweit es ging nach hinten, und die ganze Chose rutschte unter mir durch.«

Er kam jedoch vom Regen in die Traufe: Die Lawine hatte inzwischen seine beiden Seilgefährten erfaßt und trieb sie auf die Kante einer 70 Meter abfallenden Eiswand zu. Alan fand gerade noch die Zeit, sein Eisbeil zu verankern und die Hacken in den Schnee zu bohren, als das Seil zu Adrian und Jackson sich an seiner Hüfte spannte und ihn erneut aus der Flanke des Lhotse zu reißen drohte.

Während das Gewicht seiner Gefährten das Seil wie eine Klaviersaite straffte und Alans dürftiger Halt auf festem Grund schon nachgeben wollte, zog seine notdürftige Sicherung Jackson und Adrian an die Oberfläche des Schnees, so daß die Lawine unter ihnen durchgleiten konnte. Als Alan ihren Sturzflug schließlich stoppte, befanden sich Jackson und Adrian nur noch drei Meter vor dem Rand des Steilabbruchs.

Am folgenden Nachmittag, als sie sich im Basislager

erholten, bemerkten sie einen Lämmergeier – eine tibetanische Geierart mit einer Spannweite von über zweieinhalb Metern –, der im Aufwind über ihnen kreiste. Das war verwunderlich, denn Lämmergeier sind immer nur dann zu sehen, wenn ein toter Yak oder sonst ein Kadaver in der Nähe ist, und es gab keinen Grund für einen Yak, sich in dieser Gegend aufzuhalten. Das Rätsel wurde einen Tag später gelöst, als die Zwillinge den Arzt einer spanischen Expedition zum Fuß des Berges begleiteten, um nach vier überfälligen Teamgefährten zu suchen, und auf Teile von Bergausrüstung stießen, die über einen großen Lawinenkegel verstreut waren.

Die vermißten Spanier hatten versucht, den Lhotse auf einer Route zu besteigen, die neben jener der Burgess-Brüder und Jacksons verlief, und waren am selben Morgen von einer ähnlichen Lawine erfaßt worden. Die spanischen Kletterer hatten jedoch nicht soviel Glück gehabt: Alle vier wurden 1800 Meter tief in den Tod gerissen. Eine sorgfältige Suche in der Auslaufzone förderte die entstellten Leichen zweier Bergsteiger zutage, die der Arzt mit Adrians und Alans Hilfe begrub. »Mann«, erinnert sich Adrian schaudernd, »das war ein schrecklicher Job.« Es war jedoch kein Job, mit dem die Zwillinge nicht vertraut gewesen wären.

Jeder Alpinist, der die höheren Bereiche des Himalaja ins Auge faßt, hat gute Aussichten, den vorzeitigen Tod eines anderen mitzuerleben; für diejenigen, die so oft Achttausender angehen wie die Burgess-Brüder, ist es statistisch unausweichlich. Beide waren sie 1982 dabeigewesen – Alan als Mitglied einer großen kanadischen Expedition, Adrian mit einem kleinen Team aus

Neuseeland, das den Lhotse von Westen besteigen wollte –, als zuerst eine Lawine im berüchtigten Khumbu-Eisfall und dann ein einstürzender Serac fünf ihrer Gefährten tötete. Die Zwillinge waren auch in jenem schrecklichen Sommer 1986 am K2 gewesen, als der Berg nicht weniger als dreizehn Männer und Frauen das Leben kostete, darunter auch der Führer ihrer Expedition, der prominente englische Kletterer Alan Rouse, dessen Begleiter (nicht die Zwillinge) ihn, bewußtlos, aber noch lebend, in einem Zelt auf 7800 Meter hatten zurücklassen müssen, um ihr eigenes Leben zu retten.

Nach Adrians Rechnung hat es über die Hälfte der Kletterkollegen der Zwillinge, wie er sagt, »erwischt«, die meisten davon im Himalaja. Aber wenn diese schreckliche Liste die Burgess-Jungs beunruhigen sollte, lassen sie es sich nicht anmerken. Der Umgang mit der Gefahr, auf dem schmalen Grat wandeln, das Spiel mit einem immer größeren Risiko – darum geht es beim extremen Bergsteigen immer. Wer sich für diesen gefährlichen Zeitvertreib entscheidet, tut das nicht trotz, sondern gerade wegen des gnadenlosen Einsatzes.

Selbst nachdem die unangenehme Geschichte mit den Spaniern ihnen vor Augen geführt hatte, mit welch knapper Not sie der Lawine im letzten September entgangen waren, verschwendeten die Zwillinge keinen einzigen Gedanken daran, ihren ursprünglichen Plan aufzugeben, über den Südostpfeiler des Lhotse aufzusteigen, über den langen verwächteten Gipfelgrat zu klettern, über die Westseite des Berges abzusteigen und dann zum Abschluß den Spießrutenlauf durch den Khumbu-Eisfall anzutreten, um den Fuß des Berges zu erreichen. Alan schaffte es sogar, sich davon zu überzeugen, daß ihre Begegnung mit dem Tod ihre Chancen verbessert hätte – in Zukunft würden sie nämlich noch vorsichtiger sein.

Eine Woche nach der Lawine stiegen die Zwillinge, Dick Jackson und Joe Frank, ebenfalls aus Colorado, erneut auf, aber nur um auf 6500 Meter durch noch extremere Lawinenbedingungen als beim ersten Mal gestoppt zu werden. Aber die Zwillinge waren noch nicht bereit, sich vom Berg geschlagen zu geben. Sie kamen zu dem Schluß, daß die Route, auf der die Spanier umgekommen waren, sicherer aussah als ihre eigene, und deshalb begab sich Alan in das Dorf Namche Basar, um ihre Gipfelgenehmigung auf die spanische Route umschreiben zu lassen.

»Als Al unten in Namche war«, erzählt Adrian, »fiel dieser Megasturm über den Himalaja her, der schwerste im ganzen Jahr. Brachte über eineinviertel Meter Schnee in 36 Stunden.« In der zweiten Sturmnacht lag Adrian in seinem Zelt im Basislager, als die Rückseite der stabilen Kuppel plötzlich zusammenklappte, plattgedrückt von einem Haufen Schnee. Da er nicht zum Ausgang vordringen konnte, schnitt er sich den Weg frei und stellte fest, daß eine kleine Lawine – eigentlich nur ein Schneerutsch – sich lautlos vom Hang über dem Lager gelöst, die Hälfte seiner Behausung zerdrückt hatte und ihn um ein Haar begraben hätte. Das Zelt seines Bruders, das nur zwei, drei Meter entfernt stand, war vollkommen von zwei Meter hohem zementartigen Lawinengeröll verschüttet. »Wenn Al in der Nacht da drin gewesen wäre«, meint Adrian ernst, »ist wohl klar, wie das ausgegangen wäre.«

Am nächsten Morgen brach Adrian nach Namche

auf, um Alan zu suchen. Der Marsch erforderte das Spuren durch brusthohen Schnee; für die ersten anderthalb Kilometer, die er normalerweise in fünfzehn Minuten bewältigt hätte, brauchte er zwei Stunden. Nach weiteren anderthalb Kilometern stieß Adrian unterhalb des Island Peak auf das Basislager einer Expedition der britischen Luftwaffe. »Es sah aus, als ob eine Bombe eingeschlagen hätte«, sagte er. »Die Hälfte der Zelte waren platt, in der Nähe lagen zwei Tote, von einem dritten war nur die erfrorene Hand zu sehen, die aus dem Schnee ragte. Die Überlebenden erklärten, eine vierte Leiche sei noch irgendwo verschüttet, sie wußten nicht wo, und ein Tamang-Träger sei nach dem Abgang der Lawine verrückt geworden, habe sich die Sachen vom Leib gerissen und sei in die Nacht hinaus gelaufen. Das einzige, was ich noch denken konnte, war: O Mann, nimmt denn dieser Scheiß nie ein Ende?«

Der nackte Träger wurde schließlich gefunden, mit Erfrierungen und unterkühlt, aber er lebte noch. Adrian band ihn sich mit einem Riemen auf den Rükken und rannte sofort los nach Chukhung, der nächsten Siedlung, die elf Kilometer entfernt war. Auf halbem Weg kam Alan ihm entgegen. »Hallo, Alter«, begrüßte Adrian ihn, »gut, daß du kommst. Nimm mir den Kerl hier mal ab.« Gemeinsam liefen die Brüder das letzte Stück des Weges hinunter nach Chukhung, wechselten sich beim Tragen ab und erreichten das Dorf rechtzeitig, um dem Träger das Leben zu retten.

Am Ende mußten die Burgess-Boys ihre Lhotse-Expedition doch abbrechen. Aber sie waren noch nicht wieder in Kathmandu, da schmiedeten sie schon Pläne, Geld für eine K2-Expedition im nächsten Sommer aufzutreiben; einer dieser Pläne sah vor, *The National Enquirer* davon zu überzeugen, daß Alan Rouse nach zwei Jahren in einem Zelt auf 7800 Meter Höhe vielleicht noch lebte (niemand war mehr oben am K2 gewesen, seit man Rouse im August 1986 zurückgelassen hatte). Die Zwillinge würden mit der Geschichte zurückkommen, wie er seine toten Gefährten aufgefressen und so überlebt hätte, und den *Enquirer* dafür um ein bescheidenes Honorar bitten – vielleicht 10 000 oder 20 000 Dollar.

Das Geschäft mit dem *Enquirer* kam natürlich nie zustande, aber den Zwillingen gelang es dennoch, in den Karakorum zu kommen. Ende Mai richteten sie am Fuß des K2 ein Basislager ein; während ich dies schreibe, müßten die Burgess-Boys, wenn alles nach Plan gelaufen ist, auf dem Gipfel ankommen.

Aber vielleicht auch nicht. Wenn man sich die Liste ihrer Touren ansieht, fällt einem sofort auf, wie oft sie im Himalaja keinen Erfolg hatten: Die Zwillinge sind folgende Berge angegangen und gescheitert: Annapurna II, Nanga Parbat, Ama Dablam, Everest (Alan zweimal, Adrian einmal), Lhotse (Adrian dreimal, Alan zweimal), Cho Oyu (Alan zweimal) und K2; die einzigen großen Himalaja-Berge, deren Gipfel sie tatsächlich erreicht haben, sind der 7524 Meter hohe Annapurna IV und der 8167 Meter hohe Dhaulagiri. Würden Bergsteiger wie die Baseballer Buch über die durchschnittliche Trefferquote führen, käme Adrian in der Himalaja-Liga auf etwa 0,200, Alan auf bescheidene 0,167.

Diese nicht sehr eindrucksvollen Zahlen sind zumindest zum Teil auf die Gewohnheit der Zwillinge zurückzuführen, sehr schwierige Routen mit kleinen Teams anzugehen, und das auch noch häufig im Himalaja-Winter mit seinen heulenden Stürmen und der unvorstellbaren Kälte. Paradoxerweise schreiben die Zwillinge die relativ wenigen großen Gipfelerfolge ihrer »vorsichtigen Art« zu. Alan beharrt darauf, daß »wir bei unseresgleichen in England immer in dem Ruf standen, vorsichtige Bergsteiger zu sein und nicht zuviel zu riskieren. Weswegen wir auch noch leben, denke ich, und die meisten von ihnen nicht mehr.«

Beide Zwillinge räumen ein, daß es oft reine Glückssache ist, wer im Himalaja überlebt und wer nicht; sie meinen allerdings auch, daß die meisten Unfälle beim Bergsteigen vermeidbar wären. »So wie es aussieht«, sagt Adrian, »passieren die meisten Tragödien, weil Bergsteiger Fehler machen. Klar, auch wir können Fehler machen, aber wenn du die Augen offenhältst und nicht aus den falschen Beweggründen aufsteigst, machst du nicht so viele.«

Wie Alan sagt, ist der Tod von Al Rouse und Roger Marshall, zweier ihrer besten Freunde (die 1985 beim Versuch einer Solobegehung auf der Nordseite des Everest abstürzten), das beste Beispiel dafür, was passieren kann, wenn Leute aus den falschen Beweggründen losgehen. »Beide, Roger und Rouse«, erklärt Alan, »starben, weil sie bis zum äußersten gingen, um dem Druck von außen gerecht zu werden. Die Situation von Rouse zu Hause in England war so beschissen – die Frau, die er liebte, hatte ihn verlassen, und die Frau, die er nicht liebte, erwartete ein Kind von ihm –, daß er es einfach nicht ertragen hätte zurückzukommen, ohne auf dem Gipfel gewesen zu sein. Und bei Roger war es so, daß er unter unglaublichem finanziellen Druck stand, den Everest zu besteigen; er brauchte den Gipfel, damit er ein erfolgreiches Buch schreiben und einige Kredite abzahlen konnte, die ihn belasteten und an die Frau und die Familie fesselten, von denen er loskommen wollte. Es ist hart genug, in großer Höhe die richtigen Entscheidungen zu treffen, da muß man nicht noch diesen Druck haben, der einem das klare Denken erschwert.«

Wenn Vorsicht und bergsteigerisches Gespür zu den Mißerfolgen der Zwillinge beigetragen haben, sind die Kritiker – von denen es eine Menge gibt – sofort zur Stelle und führen andere, weniger wohlmeinende Gründe für ihr häufiges Scheitern an. Selbst diejenigen, die am lautesten über die Burgess-Boys lästern, räumen widerwillig ein, daß die Zwillinge in großen Höhen außergewöhnlich stark sind – daß sie in der kalten, dünnen Luft, wie man sie in jenen extremen Höhen findet, der sogenannten Todeszone, tatsächlich genauso gut sind wie jeder andere lebende Kletterer. Doch Gordon Smith – ein ehemaliger Burgess-Kumpel aus Calgary, der die Zwillinge zu Annapurna IV, Everest und Manaslu begleitete – behauptet, daß die lässige Einstellung der Burschen, ihr »Was, ich mir Sorgen machen?«, an Achttausendern fehl am Platz ist. »Es braucht sehr viel mehr, um auf einen hohen Berg zu kommen, als einen Fuß vor den anderen setzen zu können«, bemerkt Smith nüchtern, »und die Zwillinge haben keinen Schimmer, wie man eine Expedition organisiert. Irgendwie geht auf jedem ihrer Himalaja-Trips irgend etwas schief.«

Auf der Manaslu-Expedition führte der Eigensinn der Zwillinge laut Smith zu kritischen Engpässen bei wichtigen Ausrüstungsgegenständen, etwa bei Firnankern. Auf derselben Expedition wurde eine Gruppe von Trekkern, die saftige Gebühren für das Vorrecht gezahlt hatten, die Bergsteiger zum ersten Lager begleiten zu dürfen, beim Erreichen des Berges einfach wieder weggeschickt, weil Alan die Neulinge auf die Nerven gingen. Smith meint, die Mängel der Zwillinge als Expeditionsleiter rührten zum Teil daher, daß sie versuchen, zuviel zu machen. »Es ist sehr schwer«, erklärt er, »den ganzen Tag an vorderster Front zu stehen, eine schwierige Route zu gehen und dann abends noch genug Kraft zu haben, die Logistik der Expedition richtig zu überblicken.«

Aber Smith hat mehr als das unternehmerische Geschick der Zwillinge zu beanstanden. »Sie können liebenswert sein, wenn es ihnen nützt«, fährt er scharf fort, »aber im Grunde sind sie nichts weiter als zwei hochstapelnde Künstler. Ihnen ist offenbar egal, wie viele Feinde sie sich machen; wenn sie entlarvt werden, wechseln sie ganz einfach ihre Freunde und suchen sich ein neues Revier.« Smith' Abneigung gegen die Zwillinge erscheint ziemlich ausgeprägt, aber das könnte damit zusammenhängen, daß ihre letzte gemeinsame Tour – der erfolglose Besteigungsversuch am Manaslu 1983 – mit einer Auseinandersetzung über Alans Umgang mit der Expeditionskasse endete, die in einem Freistilboxkampf auf einer Straße in Katmandu gipfelte.

Ob Sie sich in Chamonix, Llanberis oder einem Chang-Haus im Khumbu aufhalten, Sie werden feststellen, daß es nicht an Geschichten über die Burgess-Boys, ihre schnellen Fäuste und ihre dreisten Touren mangelt. »Wohin man in Nepal auch kommt«, sagt der amerikanische Bergsteiger und Arzt Geoffrey Tabin, »sobald die Einheimischen merken, daß man aus dem Westen ist, fragen sie ganz erwartungsfroh: ›Sie kennen Burgess? Sie kennen Burgess?‹ Die Burschen sind lebende Legenden auf vier Kontinenten; allein Alans sexuelle Eskapaden könnten Dutzende von Seiten im *Penthouse Forum* füllen.«

Einer der neueren Nachträge zur Burgess-Legende kam direkt von einer Freizeitmesse im verrückten, neonleuchtenden Las Vegas. Die Zwillinge waren anwesend und nahmen Kontakte zu den wichtigen Leuten der Branche auf; sie suchten Geldgeber und die kostenlose Überlassung von Ausrüstung für ihre Lhotse-Expedition. Nach einem anstrengenden Tag Klinkenputzen klapperten die Zwillinge die üblichen Partys ab, wo Alan eine nette Einheimische kennenlernte, die ihn zu einem letzten Gipfelsturm in ihr Hotelzimmer einlud.

Alan, Adrian und Alans neue Freundin fuhren in Adrians Rostlaube den Strip hinunter, als an einer roten Ampel ein schnittiger Wagen mit einigen Vegas-Cowboys neben ihnen hielt. Um etwas zu plaudern, hielt Adrian die Flasche hoch, aus der er gerade trank, und grölte in schönstem Yorkshire-Slang aus dem Fenster: »Das amerikanische Bier schmeckt wie Pisse!«

An der nächsten roten Ampel kam der Edelschlitten wieder neben dem Wagen der Zwillinge zum Stehen, und zwei der Cowboys sprangen heraus. Adrian war auch sofort draußen, und da er fest vom Präventivschlag überzeugt war, langte er bei einem der Cowboys sofort richtig zu. Aber da Adrian so betrunken war, verlor er bei dem Schwinger das Gleichgewicht und stürzte zu Boden, bevor der Cowboy zurückschlagen konnte. Alan, der seinen Bruder auf der Straße liegen sah und annahm, er wäre zusammengeschlagen worden, sprang aus dem Wagen und verhalf dem unglückseligen Cowboy zu einer blutigen Nase (der andere Cowboy hatte sich schleunigst wieder in die Sicherheit des schnittigen Wagens zurückgezogen). Dann half er Adrian auf, sie stiegen wieder in ihren Wagen und preschten weiter den Strip hinunter.

Als sie an der nächsten roten Ampel halten mußten, setzte sich der Flitzer aggressiv direkt vor die Zwillinge, aber niemand von den Cowboys stieg aus. Das brachte Adrian so auf die Palme, daß er aus ihrem Kleinlaster sprang, von hinten auf den Wagen vor ihm hechtete und auf dem Dach auf und ab hüpfte, bis die Ampel auf Grün sprang und die Cowboys sich mit einem Blitzstart davonmachten.

Aber die Cowboys hatten an dem Abend kein Glück mit den Ampeln: Die nächste, an die sie kamen, stand ebenfalls auf Rot. Alan hielt mit dem Kleinlaster hinter dem schnittigen Wagen, wartete einen Augenblick und fuhr dann kurz und kräftig auf. Dann setzte er ein, zwei Meter zurück und rammte den Wagen erneut.

Inzwischen hatten die Cowboys erkannt, daß es ein schwerer Fehler gewesen war, sich mit den Burgess-Brüdern einzulassen. Sie sagten sich, pfeif was auf die rote Ampel, gaben Gas und krachten prompt mit einem anderen Fahrzeug zusammen. Alan, der bedauerte, daß das Spielchen mit den Cowboys zu Ende war, fuhr vorsichtig um den Haufen aus zerbeultem Blech und Glassplittern herum und dann gemächlich weiter auf dem Strip zu Adrians Hotel.

Kurz darauf umringten fünf Polizeiautos mit blinkendem Blaulicht und heulender Sirene den Kleinlaster, Alan wurde aus dem Fahrerhaus gezerrt und mit gespreizten Beinen und erhobenen Armen über die Motorhaube gedrückt. Die Polizisten erklärten, Alan ein paar Fragen stellen zu wollen über einen angeblichen Angriff auf einige Bürger der Stadt und eine anschließende Fahrerflucht. Alan erwiderte höflich, daß die Polizisten das ganz falsch sähen, daß nämlich er und sein ebenso unschuldiger Bruder, die wegen wichtiger internationaler Geschäfte in der Stadt weilten, Opfer, nicht Täter des Angriffs seien. Und was den Unfall anginge, so Alan, wären die Strolche, die sie angegriffen hätten, deshalb mit dem anderen Wagen zusammengestoßen, weil sie versucht hätten, sich fluchtartig vom Tatort zu entfernen.

Je weiter Alan die Geschichte ausschmückte, desto mehr freundeten sich die Polizisten mit ihr an. Sie klang ihrer Meinung nach glaubhaft. Alan gefiel ihnen. Ihnen gefielen auch sein respektvolles, jungenhaftes Verhalten und sein komischer Akzent, den sie fälschlicherweise für Australisch hielten. Alan erinnerte die Polizisten tatsächlich sehr an diesen Burschen aus einem Film, den sie erst vor kurzem gesehen hatten, diesen Crocodile-Dundee-Typ.

Von da an waren die Polizisten Wachs in den Händen des jungen Mannes aus Yorkshire. Toller Film, dieser *Crocodile Dundee*, erzählten die Polizisten ihm, müsse er sich unbedingt ansehen. Die Polizisten erklärten, wie sehr sie es bedauerten, daß Alan in ihrer sonst so friedlichen Stadt angegriffen worden sei, und er werde hoffentlich nicht alle Amerikaner nach dem Verhalten einiger fauler Kunden beurteilen. Und dann wünschten sie ihm noch einen schönen Abend.

Von allen grotesken Kapiteln in der Burgess-Saga ist wahrscheinlich keines grotesker als die Heirat von Adrian und Lorna Rogers. Adrian ist schließlich nach eigener Einlassung ein mittelloser, unzivilisierter neununddreißigjähriger Heranwachsender, wohingegen Lorna zur absoluten Oberschicht gehört. Ihre Familie zählt seit vier Generationen zu den Spitzen der Gesellschaft in Denver; ihre Welt ist die der Polopferde, Debütantinnenbälle und der exklusiven Clubs, eine Welt, in der von den Kindern erwartet wird, daß sie die richtigen Schulen besuchen und in die richtigen Familien einheiraten. Lorna – eine eigenwillige, energische, sehr attraktive Anwältin – machte das Debütantinnendasein mit allem, was dazugehört, mit, besuchte das College in Williams, hat einen Kongreßabgeordneten, Mo Udall, zum Onkel und entspannt sich gern bei Fuchsjagden auf dem Rücken von Vollblütern. Und 1981, elf Monate, nachdem sie ihn in der Yak und Yeti Bar in Kathmandu kennengelernt hatte, heiratete sie Adrian Burgess, den bösen Buben aus dem Himalaja.

Als ich Lorna fragte, was sie davon halte, einen Ehemann zu haben, der vier oder fünf Monate im Jahr nicht zu Hause sei, gestand sie: »In den ersten Jahren ist es mir wirklich schlechtgegangen, aber jetzt gefällt es mir irgendwie; mir gefällt das Kommen und Gehen und wie es dafür sorgt, daß die Beziehung nicht fad wird. Ich muß einen Mann haben und mit ihm ein gemeinsames Leben führen, aber ich muß auch viel Freiheit haben. Wenn Adrian weg ist, ist das nicht halb so schlimm wie das Chaos, das diese gottverdammten Expeditionen im Haus anrichten, bevor er aufbricht.«

Adrian hat sich unter dem nicht unbeträchtlichen

Einfluß Lornas ein wenig gemausert. Der notorische Kneipengänger und Raufbold findet seit einiger Zeit Gefallen am Reiten bei den Fuchsjagden der Familie, und das in vollem Ornat. Williams rotiert zweifellos in seinem Grab, aber wie Adrian sagt, »ist es ein bißchen aufregend, wenn man die Wahrheit herausfinden möchte. Auf einem dieser Pferde zu reiten ist wie das Fahren auf einem schnellen Motorrad, das fährt, wohin es will, nicht, wohin du es lenkst.«

Beim anderen Zwilling sind noch keine Fuchsjagden in Sicht. Alan ist nach wie vor der perfekte Überlebenskünstler, ein Großmeister in der Kunst, sich durchzuschlagen, der lebende Beweis für den oft zitierten Ausspruch von Eric Beck: »An beiden Enden des sozioökonomischen Spektrums gibt es eine Mußeklasse.« Alan, meint sein ehemaliger Freund, »bekommt von nirgendwoher eine erkennbare Unterstützung, er scheint nie irgend etwas zu arbeiten, und doch kommt er irgendwie über die Runden. Es ist ein kleines Wunder, wie er das schafft, wirklich.«

Eine Möglichkeit, das zu schaffen, ist die, daß er die meiste Zeit, selbst zwischen den Expeditionen, bei befreundeten Sherpas in Nepal lebt. »Ich denke, ich bin im Schnitt sechs oder sieben Monate im Jahr dort«, sagt Alan. »Es ist um einiges billiger, zwischen den Touren in Nepal zu bleiben, wo man mit drei Dollar am Tag auskommt, statt zurück in den Westen zu fliegen. Natürlich muß man, wenn man so durchkommen will, das gleiche essen wie die Sherpas, und dreimal am Tag Kartoffeln und Linsen und Quark zu essen kann schon etwas eintönig werden. Und bei dem Geld ist auch kein Bier drin, du mußt dich an Chang und Rakshi halten.«

»Ich will das aber keineswegs runtermachen. Inzwischen ist mir das Leben in der Dritten Welt tatsächlich lieber«, fährt er fort. »Wenn ich jetzt wieder in den Westen komme, verwirren mich die vielen Möglichkeiten. Du spürst den Kulturschock richtig, den Unterschied zwischen einer Kultur, die eine gewisse Tiefe hat, und der, die nur meint, sie zu haben. Mein Magen hat sich an das Sherpa-Gemüse gewöhnt, okay, und ich werde da drüben nicht mehr krank, aber sobald ich wieder hier bin – in Vancouver oder so –, BOING! krieg ich Dünnschiß, Brustbeklemmungen, die ganze Litanei.«

Das Leben in den hochgelegenen Sherpa-Dörfern ermöglicht Alan auch, sich davonzuschleichen und illegale Touren zu unternehmen, ohne das Theater mit Genehmigungen, Gipfelgebühren oder Verbindungsbeamten. Im Winter 1986 zum Beispiel schlichen sich er, ein Sherpa und ihre beiden Freundinnen, zwei Sherpani, nach Tibet und schafften es, innerhalb eines Tages einen Achttausender zu besteigen. »War natürlich alles total verboten«, sagt Alan, »aber es war die größte Sache, die ich in den letzten acht Jahren erlebt habe; es war riesig. Wir waren superleicht unterwegs: nur ein Zelt, zwei Matten und zwei Schlafsäcke für uns vier. Beim Marsch über die Berge mußten wir auf die Glocken der Yaks achten und jedesmal in Deckung gehen, wenn tibetische Händler den Pfad hochkamen, denn sie verraten dich gegen Belohnung an die nepalesischen Grenzposten, wenn sie dich sehen.«

In den acht Jahren, in denen Alan mit Pausen im Khumbugebiet von Nepal gelebt und Berge bestiegen hat, hat er ein intensives Verhältnis zu den Sherpas entwickelt. Weil kaum ein westlicher Bergsteiger es im

Himalaja mit der Leistung der Sherpas aufnehmen kann, sind die meisten Sherpas privat herablassend gegen die Sahibs. »Sie halten die Westler meistens für Tölpel«, bemerkt Alan nüchtern. Da Alan für einen Weißen in der Höhe ungewöhnlich stark ist und gelernt hat, wie ein Sherpa mit einem Tragriemen um die Stirn monströse Lasten zu tragen, hat er sich bei den Sherpas ein Höchstmaß an Achtung erworben. »In mancher Hinsicht«, sagt Alan stolz, »betrachten sie mich wie einen Einheimischen.«

Das ist zumindest teilweise der Tatsache zuzuschreiben, daß im Juni 1987 eine einundzwanzigjährige Sherpani mit Namen Nima Diki im Dorf Phortse auf 3900 Meter Höhe Alan einen Sohn gebar. Alan erzählt: »Als ich den Brief von einem befreundeten Sherpa bekam mit dem Hinweis, ›Nima Diki sieht ein bißchen rund aus‹, dachte ich, Scheiße, was machst du jetzt? Aber als ich dann hinkam und den kleinen Kerl sah, hab ich mir keine Gedanken mehr gemacht.«

Es bleibt abzuwarten, ob die Geburt des Buben, der Dawa heißt, Alans verzögerten Reifeprozeß endlich zu einem Abschluß bringt – denn er geht auf das fünfte Jahrzehnt zu – und ihn in die Welt der Verantwortung eines Erwachsenen einführt. Man hat jedoch schon mitbekommen, wie er sich über so schwierige erwachsene Fragen Gedanken gemacht hat wie die, ob Dawa in Katmandu oder besser im Distrikt Khumbu zur Schule gehen sollte.

Unterdessen hat Chris Bonington – der sich um den Ruf der Zwillinge keine Sorgen mehr macht – Adrian und Alan vor kurzem zu einer größeren Expedition eingeladen, die für das Frühjahr 1989 geplant ist und die letzte bedeutende, noch nicht begangene Route auf den Mount Everest zum Ziel hat, den berüchtigten Nordostgrat, von dem Joe Tasker und Peter Boardman, die beiden besten Himalaja-Kletterer Englands, 1982 nicht zurückkamen. Da die 1989er-Expedition eine typisch Boningtonsche Extravaganz ist – mit sechzehn westlichen Bergsteigern, dreißig Sherpas, Live-Übertragung im Fernsehen, Belagerungstaktik, Flaschensauerstoff – und sowohl Adrian als auch Alan schlechte Erfahrungen mit finanziell und mannschaftsmäßig großen Himalaja-Touren gemacht haben, haben die Zwillinge die Einladung dankend abgelehnt.

Nach der Teilnahme an der großen, unglücklichen Expedition von Alan Rouse 1986 zum K2 meint Adrian: »Wir haben ein für allemal beschlossen, von da an nur noch miteinander zu gehen und nie mehr mit einem großen Team.« Wegen der komplizierten Expeditionslogistik waren die Burgess-Brüder damals am K2 fast nie Seilgefährten und deshalb entsprechend unglücklich.

Die Sherpas glauben, daß eineiige Zwillinge – bei ihnen heißen sie *zongly* – mit außergewöhnlichem Glück ausgestattet sind. Glück oder nicht, die Kraft der Bindung zwischen Zwillingen ist kaum zu überschätzen. Ihr Verhältnis hat eine selbstverständliche Vertrautheit, die zuweilen an Hellseherei grenzt. »Beim eigenen Zwillingsbruder«, sagt Adrian, »weißt du immer, was er denkt und was er tun wird. Es ist ein ungeheures Vertrauen: Man könnte seinen Zwillingsbruder niemals anlügen, selbst wenn man es wollte, er würde es sofort durchschauen. Bei einem großen Vorhaben dagegen kannst du das eigene Handeln wegen all der Expeditionsprobleme nie gänzlich selbst bestimmen. Irgend jemand im Basislager entscheidet, mit wem du klettern sollst, wann du aufsteigen und wann du wieder absteigen solltest. Und das ist gefährlich.«

Adrian meint, daß Boningtons bevorstehende Everest-Expedition in dieser Hinsicht wahrscheinlich riskant wird. »Weil so viel Geld im Spiel ist«, erklärt er, »und die Medien direkt mit dabei sind, wird der Aufstieg wahnsinnig hochgejubelt. Und die Kletterer werden natürlich all diese Jubelarien glauben und eine ›Wir müssen da rauf‹-Mentalität entwickeln. Ich glaube, daß irgend jemand umkommt.«

Dieser jemand, meint Adrian, könnte sehr leicht ein Burgess sein, wenn sie denn mitgingen. »Ich habe gelernt, den Tod als einen Teil des Lebens in den Bergen zu akzeptieren«, sagt Adrian nachdenklich. »Ich habe sogar gelernt zu akzeptieren, wenn gute Freunde sterben. Aber ich glaube nicht, daß ich damit fertig würde, wenn es Al träfe; das könnte ich nicht akzeptieren.«

Wahrscheinlich hat Stolz, aber auch Vorsicht, eine Rolle bei der Entscheidung der Zwillinge gespielt, nicht bei Bonington mitzumachen. Bei der riesigen Everest-Expedition von 1982 trug Alan Burgess nach allem, was man hört, mehr zum Gelingen bei als jeder andere aus dem Team – was Routenvorbereitung, Führung und Tragen der Lasten anging –, doch schlechtes Timing und eine defekte Sauerstoffmaske brachten ihn um den Erfolg, auf dem Gipfel zu stehen. Das allein hätte Alan wohl kaum übermäßig gewurmt, hätte er nicht miterleben müssen, daß der Ruhm nach der Expedition – und die finanzielle Ausbeute – fast ausschließlich denen zukam, die den Gipfel erreicht hatten.

Gordon Smith, der am Everest ebenfalls mehr als seinen Anteil zur Arbeit beitrug, aber den Gipfel auch nicht erreichte, berichtet: »Als wir das Basislager nach der gelungenen Besteigung verließen, waren alle acht Alpinisten noch sehr freundlich zueinander. Dann kamen wir nach Katmandu, und die Medien teilten uns auf in Gewinner und Verlierer. Diejenigen, die den Gipfel geschafft hatten, die Gewinner, bekamen die ungeteilte Beachtung – und auch einiges an Geld, aus Zusatzverträgen und ähnlichem. Wir anderen fuhren zurück nach Hause, um festzustellen, daß wir keinen Job hatten, kein Geld und keine Anerkennung. Und man fing an zu überlegen, mein Gott, ich habe eine ganze Menge mehr geleistet als die Kerle, die zufällig auf den Gipfel gekommen sind; ist das gerecht?«

Die Frage, ob die Zwillinge 1989 mit zum Everest gehen würden, war also ganz einfach zu beantworten, oder schien es zumindest zu sein. Ein paar Tage, nachdem Alan zum K2 aufgebrochen war, erhielt ich jedoch eine Postkarte von ihm. Er habe einen Sinneswandel vollzogen, schrieb er, und sich entschlossen, Bonington nun doch zum Everest zu begleiten, auch wenn Adrian standhaft blieb und nicht mitkam. Da ich die beiden Brüder gerade erst an einem Tisch im Bustop über die Nachteile von Megaexpeditionen im allgemeinen und dieser Everest-Expedition im besonderen hatte reden hören, rief ich Adrian an – der noch nicht zum K2 aufgebrochen war –, um mich aufklären zu lassen.

»Al war schon immer gut im Verdrängen«, meinte Adrian, »und jetzt macht er sich weis, daß die Route viel schwieriger ist, als er zuerst geglaubt hat, und daher den Einsatz von Flaschensauerstoff und Fixseilen und einem großen Team und all dem anderen

Brimborium braucht. Ich glaube, der wirkliche Grund, warum er sich so plötzlich doch zum Mitgehen entschieden hat, ist der, daß eine Expedition zum Everest drei freie Mahlzeiten am Tag und einen Ort bedeutet, den er für drei Monate sein Zuhause nennen kann.« Es folgte eine lange, untypische Stille. Und dann sagte Adrian: »Tja, so ist mein Bruder nun mal, oder?«

KAPITEL ELF

Ein schlechter Sommer am K2*

* Anmerkung des Autors: Die ursprüngliche Fassung dieses Beitrags, der in der Zeitschrift *Outside* erschien, entstand in Zusammenarbeit mit Greg Child.

IN DER NÖRDLICHSTEN ECKE PAKISTANS, IM HERZEN DES Karakorums, befindet sich eine 65 Kilometer lange Zunge aus geröllbedecktem Eis, der Baltorogletscher, über dem sechs der siebzehn höchsten Berge der Erde aufragen. Im Juni 1986 standen am oberen Ende des Baltoro 150 Zelte, welche Expeditionen aus zehn Nationen beherbergten. Die meisten der Männer und Frauen, die in diesen Zelten wohnten und unter denen einige der ehrgeizigsten und renommiertesten Bergsteiger der Welt waren, hatten ihr Augenmerk auf einen einzigen Gipfel gerichtet, den K2.

Mit 8610 Metern ist der Gipfel des K2 etwa 240 Meter niedriger als der des Mount Everest, doch seine klareren und harmonischeren Proportionen machen ihn zu einem aufregenderen Berg, der dazu weit schwieriger zu ersteigen ist. So weist der K2 unter den vierzehn Achttausendern der Erde denn auch die höchste Rate an Mißerfolgen auf. Bis 1985 hatten nur neun der sechsundzwanzig Expeditionen, die den Berg besteigen wollten, Erfolg, wobei insgesamt neununddreißig Bergsteiger den Gipfel erreichten – und zwölf ihr Leben lassen mußten. 1986 erteilte die pakistanische Regierung eine noch nie dagewesene Zahl an Genehmigungen für den K2, und am Ende des Sommers hatten weitere siebenundzwanzig Bergsteiger den Gipfel erreicht. Aber auf zwei Bergsteiger, die auf dem Gipfel standen, kam ein Todesopfer – dreizehn insgesamt, wodurch sich die Zahl der tödlichen Unglücksfälle der vorangegangenen 84 Jahre verdoppelte. Dieser Tribut warf einige heikle Fragen über die neuere Entwicklung des Bergsteigens im Himalaja auf, die nach dem Dafürhalten vieler ein unverantwortliches Maß an Sorglosigkeit erkennen läßt. Der neue Stil läßt so wenig Spielraum für Irrtümer, daß Bergsteiger ihren Aufstieg heute im allgemeinen mit der Einstellung angehen, daß, wenn etwas schiefgeht, das Band zwischen Seilgefährten – ein Band, das bis in jüngste Zeit als unantastbar galt – zugunsten des Mottos »Jeder ist sich selbst der nächste« gekappt werden darf.

Die gegenwärtige Richtung beim Höhenbergsteigen wurde unzweifelhaft im Sommer 1975 vorgegeben, als Reinhold Messner und Peter Habeler eine neue Route auf einen 8068 Meter hohen Nachbarn des K2 eröffneten, den Hidden Peak, und zwar ohne Flaschensauerstoff, Hilfsteam, Fixseile, die Kette zuvor eingerichteter Lager und ohne andere Belagerungstaktiken, wie sie bisher im Himalaja üblich waren. Messner nannte diesen mutigen neuen Stil kurz und prägnant Bergsteigen »by fair means« – mit fairen Mitteln – und brachte damit zum Ausdruck, daß es unredlich sei, einen Berg auf andere Art zu besteigen.

Mit einem Schlag erhöhten Messner und Habeler deutlich den Einsatz in einem Spiel, dem es ganz und gar nicht an hohen Risiken mangelt. Als Messner erstmals ankündigte, einen Achttausender im Himalaja genauso anzugehen wie andere Bergsteiger die Teton Mountains in Wyoming oder einen Alpengipfel, bezeichneten die führenden Alpinisten dieses Vorhaben weltweit als unmöglich und selbstmörderisch. Nachdem Messner und Habeler erfolgreich waren, blieb allen, die davon geträumt hatten, Messners Platz an der Spitze einzunehmen – und von den Männern und Frauen, die 1986 am Fuß des K2 lagerten, träumten einige davon –, nur noch die geringe Chance, die höchsten Berge der Welt auf ebenso »faire wie gefährliche Weise« anzugehen.

Das begehrteste Ziel am K2 war der grandiose Südpfeiler, mächtig und noch unbestiegen, eines der »letzten großen Probleme«, dem Messner den Namen »Magic Line« gegeben hatte. Mit über 3000 Höhenmetern vom Gletscher bis zum Gipfel erfordert sie mehr steiles, technisches Klettern in extremer Höhe, als bisher im Himalaja je bewältigt worden ist.

Vier Teams versuchten 1986 die Magic Line, darunter eine amerikanische Gruppe unter Führung des fünfunddreißigjährigen John Smolich aus Oregon. Früh am 21. Juni, einem herrlichen, wolkenlosen Morgen, durchstiegen Smolich und sein Gefährte Alan Pennington eine leichte Rinne im unteren Bereich der Route, als die Sonne hoch über ihnen einen LKW-großen Felsen aus dem Eis löste, der die Bergflanke nach unten raste. Als der Brocken am oberen Ende der Rinne einschlug, entstand augenblicklich eine fünf Meter tiefe Bruchlinie quer über das nur mäßig geneigte Schneefeld und löste eine gewaltige Lawine aus, die Smolich und Pennington binnen Sekunden erfaßte. Bergsteiger, die Zeugen des Lawinenabgangs wurden, konnten Pennington bald lokalisieren und ausgraben, aber doch nicht schnell genug, um sein Leben zu retten. Smolich, dessen Körper unter Tausenden von Tonnen gefrorenem Geröll lag, wurde nie gefunden.

Die überlebenden Mitglieder des amerikanischen Teams brachen ihre Besteigung ab und fuhren nach Hause, doch die anderen Expeditionen am Berg betrachteten die Tragödie als einen unvorhersehbaren Unfall – schlicht als das Pech, zur falschen Zeit am falschen Ort gewesen zu sein – und setzten ihren Aufstieg ohne Unterbrechung fort.

Tatsächlich erreichten am 23. Juni zwei Basken – Mari Abrego und Josema Casimaro – sowie vier Mitglieder einer französisch-polnischen Expedition – Maurice und Liliane Barrard, Wanda Rutkiewicz und Michel Parmentier – den Gipfel des K2 über die Normalroute, den Abruzzensporn. Liliane Barrard und Rutkiewicz waren damit die ersten Frauen auf dem K2, und sie waren, was ihre Leistung noch steigert, ohne Flaschensauerstoff unterwegs.

Alle sechs Bergsteiger wurden jedoch durch die einbrechende Dunkelheit gezwungen, in großer Höhe an der ausgesetzten Seite der Gipfelpyramide zu biwakieren. Am nächsten Morgen war der klare, kalte Himmel, der die ganze vorige Woche vorgeherrscht hatte, dicht, und es tobte ein starker Sturm. Beim folgenden Abstieg fielen die Barrards – beide sehr erfahrene Himalaja-Bergsteiger, die bereits einige Achttausender bestiegen hatten – zurück und wurden nie mehr gesehen. Parmentier meinte, sie seien abgestürzt oder von einer Lawine fortgerissen worden, machte aber trotzdem halt, um in einem Hochlager auf sie zu warten in der geringen Hoffnung, daß sie vielleicht doch noch auftauchen würden, während Rutkiewicz und die Basken, deren Nasen und Fingerspitzen bereits schwarz vor Erfrierungen waren, den Abstieg fortsetzten.

In jener Nacht – am 24. Juni – wurde der Sturm noch stärker. Als Parmentier aufwachte, herrschten totaler Whiteout und ein Orkan. Über Walkie-talkie meldete er ins Basislager, daß er absteige; aber da die Fixseile und die Wegspuren seiner Gefährten unter Neuschnee begraben waren, verirrte er sich auf der weiten, gleichförmigen Südschulter des K2. Auf 7800 Meter irrte er orientierungslos im Schneesturm umher, murmelte »grande vide, grande vide« (große Leere), während die Gefährten im Basislager versuchten, ihn über Funk nach unten zu lotsen.

»Ich konnte die Verzweiflung und Erschöpfung in seiner Stimme hören, als er im Sturm hin und her lief und nach irgendeinem Anhaltspunkt für den Abstieg suchte«, sagte Alan Burgess, ein Mitglied einer britischen Expedition. »Schließlich stieß Parmentier auf eine Eiskuppe mit einer Urinverfärbung, und wir erinnerten uns, wo er sein könnte. Dank dieses unscheinbaren Hinweises konnten wir ihn über Funk den Rest der Route hinunterdirigieren. Er war überglücklich.«

Am 5. Juli erreichten vier Italiener, ein Tscheche, zwei Schweizer und ein Franzose, Benoit Chamoux, den Gipfel über den Abruzzensporn. Chamoux bewältigte den Aufstieg vom Basislager in einer vierundzwanzigstündigen Nonstoptour, eine außergewöhnliche sportliche Leistung, vor allem wenn man bedenkt, daß der Franzose nur zwei Wochen vorher die Flanken des benachbarten, 8046 Meter hohen Broad Peak vom Fuß bis zum Gipfel in nur siebzehn Stunden hinaufgesprintet war.

Noch außergewöhnlicher allerdings war das, was sich auf der Südseite des K2 abspielte, einer 3200 Meter hohen eisgepanzerten Steilwand mit Lawinenrinnen und gefährlichen Hängegletschern, die auf der einen Seite vom Abruzzensporn begrenzt wird, auf der anderen von der Magic Line. Am 4. Juli stiegen die Polen Jerzy Kukuczka, achtunddreißig, und Tadeusz Piotrowski, sechsundvierzig, mit einem Minimum an Material, in makellos reinem Stil durch das Zentrum der noch nicht begangenen Wand, entschlossen, die Grenzen des Himalaja-Kletterns in neue Dimensionen zu rücken.

Kukuczka galt als der legitime Anwärter auf Messners inoffiziellen Titel des größten Höhenbergsteigers der Welt. Als er im Basislager am K2 eintraf, war Kukuczka Messner im Rennen um die Ersteigung aller vierzehn Achttausender dicht auf den Fersen; er hatte bereits zehn Achttausender bestiegen, eine besonders beeindruckende Leistung, wenn man die Kosten für die Ausrichtung einer Himalaja-Expedition und den mitleiderregenden Wechselkurs des polnischen Zlotys bedenkt. Um ihre Expeditionen finanzieren zu können, waren Kukuczka und seine polnischen Gefährten immer wieder gezwungen, Wodka, Teppiche, Laufschuhe und andere ungewöhnliche Waren zu schmuggeln, die sie in harte Devisen umtauschen konnten.

Kurz vor Sonnenuntergang am 8. Juli, nach langer, extrem schwieriger Kletterei und vier brutalen Biwaks (die letzten beiden ohne Zelt, Schlafsack, Proviant und Wasser) kämpften sich Kukuczka und Piotrowski im heulenden Sturm zum Gipfel des K2. Sofort stiegen sie über den Abruzzensporn wieder ab. Zwei Tage später, als sie sich, total ausgelaugt und seilfrei, noch immer einen Weg durch den Schneesturm nach unten bahnten, trat Piotrowski, der wegen tauber Finger am Morgen die Steigeisen nicht richtig hatte festzurren können, auf ein Stück steinhartes Eis und verlor ein Steigeisen. Er stolperte, fing sich wieder und verlor dabei auch das zweite Steigeisen. Beim Versuch, sich zu halten, entglitt ihm der Eispickel, und kurz darauf rutschte er außer Kontrolle den steiler werdenden Hang hinunter. Kukuczka konnte nur zusehen, wie sein Gefährte von ein paar Felsen abprallte und dann im Schneegestöber verschwand.

Die Todesfälle des Sommers gaben den meisten Bergsteigern, die noch am Berg waren, allmählich zu denken, aber für viele erwies sich der Reiz des Gipfels als stärker. Kukuczka reiste direkt weiter nach Nepal, um seinen zwölften Achttausender anzugehen und im Wettrennen um die Besteigung aller vierzehn Achttausender gegen Messner aufzuholen. (Die Bemühungen sollten vergeblich sein, denn Messner erreichte den Gipfel von Makalu und Lhotse im folgenden Herbst und konnte sich die Vierzehn-Gipfel-Krone aufsetzen.)

Kurz nachdem Kukuczka mit seiner traurigen Nachricht ins Basislager zurückgekehrt war, brach der achtunddreißigjährige italienische Alleingänger Renato Casarotto zu seinem dritten Versuch in diesem Sommer auf, die Magic Line zu durchsteigen. Dieser Versuch, das hatte er seiner Frau Goretta versprochen, sollte der letzte sein. Solobegehungen schwieriger neuer Routen am Fitzroy, Mount McKinley und anderen großen Gipfeln in Südamerika und den Alpen hatten Casarotto den Ruf eines heldenhaften Draufgängers eingetragen, dabei war der Italiener in Wirklichkeit ein sehr vorsichtiger, sehr überlegter Alpinist. Am 16. Juli, nur 300 Meter unter dem Gipfel, brach er, da ihm das Wetter nicht behagte, seinen Versuch klugerweise ab und stieg den ganzen Südpfeiler bis zum Gletscher an seinem Fuß wieder ab.

Als Casarotto das letzte Stück des Gletschers vor dem Basislager überquerte, sahen Bergsteiger, die ihn vom Lager aus mit Ferngläsern beobachteten, wie er vor einer schmalen Gletscherspalte, die ihm den Weg versperrte, halt machte und sich zum Sprung vorbereitete. Dabei gab der Schnee am Rand der Spalte plötzlich nach, Casarotto verschwand zum Entsetzen der Beobachter und stürzte 40 Meter tief in die Eingeweide des Gletschers. Noch lebend, aber schwer verletzt und im eisigen Wasser am Grund der Spalte liegend, holte er das Walkie-talkie aus dem Rucksack und rief Goretta. Im Basislager hörte sie über Funk die schwache Stimme ihres Mannes: »Goretta, ich bin eingebrochen. Ich sterbe. Bitte, schick Hilfe, schnell!«

Sofort brach ein multinationaler Rettungstrupp auf, der die Spalte im letzten Tageslicht erreichte. Schnell war ein Rettungssystem installiert, und Casarotto, der noch bei Bewußtsein war, wurde nach oben geholt. Er stand aufrecht da, machte ein paar Schritte, legte sich dann auf seinen Rucksack und starb.

Die einzige Expedition zum K2, die sich gar nicht erst die Mühe machte, den ethischen Grundsätzen Messners zu genügen, war ein national gesponsertes Mammutunternehmen aus Südkorea. Es war den Koreanern tatsächlich egal, wie sie auf den K2 kamen, solange sie nur irgend jemand aus ihrem Team hinauf- und auch heil wieder herunterbrachten. Deshalb besorgten sie sich 450 Träger, die ein kleines Gebirge aus Ausrüstung und Proviant ins Basislager schleppten. Dann gingen sie ganz methodisch vor, installierten kilometerweise

Fixseile und richteten eine Kette gut ausgestatteter Zwischenlager den Abruzzensporn hinauf ein.

Spät am 3. August, bei herrlichem Wetter, erreichten drei Koreaner mit künstlichem Sauerstoff den Gipfel. Beim Abstieg wurden sie von zwei erschöpften Polen und einem Tschechen überholt, denen, zwar mit herkömmlicher Belagerungstaktik, aber ohne künstlichen Sauerstoff, soeben die Erstbegehung der Route gelungen war, auf der Casarotto und die beiden Amerikaner umgekommen waren – Messners vielgerühmte Magic Line. Beide Parteien stiegen zusammen in den Abend hinein ab; dabei rutschte Wojciech Wroz, ein berühmter polnischer Bergsteiger, unter dem Einfluß von Sauerstoffmangel und Erschöpfung aus dem Ende eines Fixseils und stürzte in die Dunkelheit – der siebte Todesfall der Saison. Am Tag darauf wurde Muhammed Ali, ein pakistanischer Träger, der beim Basislager Lasten trug, von Steinschlag getroffen und damit Opfer Nummer acht.

Die meisten Europäer und Amerikaner, die in dem Sommer auf dem Baltorogletscher lagerten, hatten die plumpen, überholten Methoden, mit denen die Koreaner am Abruzzensporn unterwegs waren, anfangs verachtet. Doch als die Zeit verging und der Berg sich von der abweisendsten Seite zeigte, warfen einige dieser Bergsteiger ihre vorher groß verkündeten Grundsätze stillschweigend über Bord und bedienten sich ausgiebig der Seilleitern und Zelte, die die Koreaner auf dem Sporn eingerichtet hatten.

Sieben Männer und Frauen aus Polen, Österreich und Großbritannien erlagen dieser Versuchung, nachdem ihre ursprünglichen Expeditionen eingepackt hatten, und beschlossen, sich zusammenzutun und über den Abruzzensporn aufzusteigen. Als die Koreaner ihren Gipfelaufstieg vorbereiteten, stieg diese Zweckgemeinschaft über die unteren Bergflanken auf. Auch wenn dieses multinationale »Team« unterschiedlich schnell aufstieg und weit über die Route verteilt war, erreichten die fünf Männer und zwei Frauen doch alle am Abend, bevor die Koreaner zu ihrem erfolgreichen Gipfelaufstieg starteten, das Lager IV auf 8000 Meter – das höchstgelegene Lager.

Während die Koreaner bei herrlichem Wetter am 3. Juli den Gipfel erreichten, blieb das österreichisch-englisch-polnische Team in den Zelten im Lager IV, da man sich entschlossen hatte, einen Tag zu warten und dann auf den Gipfel zu steigen. Die Gründe für diese Entscheidung sind nicht ganz klar; aber wie immer sie waren, als das europäische Team am Morgen des 4. Juli schließlich die Besteigung des Gipfelturms anging, war das Wetter im Begriff umzuschlagen. »Von Süden wurden mächtige Federwolken über die Chogolisa herübergeblasen«, sagt Jim Curran, ein britischer Kletterer und Filmemacher, der zu dem Zeitpunkt unten im Basislager war. »Es war offensichtlich, daß eine größere Schlechtwetterfront im Anmarsch war. Jedem mußte klar sein, daß er ein großes Risiko einging, wenn er weiterstieg, aber ich denke, wenn der Gipfel des K2 zum Greifen nahe ist, ist man wohl geneigt, etwas mehr zu riskieren als normalerweise. Rückblickend war das ein Fehler.«

Der vierunddreißigjährige Alan Rouse, einer der erfolgreichsten englischen Kletterer, und Dobroskawa Wolf, eine dreißigjährige Polin, waren die ersten, die zur Gipfelpyramide aufbrachen, aber Wolf wurde bald müde und fiel zurück. Rouse stieg jedoch weiter und leistete fast den ganzen Tag die mühselige Arbeit des Spurens, bis er um halb vier nachmittags kurz unter dem Gipfel von den Österreichern Willy Bauer, vierundvierzig, und Alfred Imitzer, vierzig, eingeholt wurde. Gegen vier Uhr nachmittags standen die drei Männer auf dem Gipfel, und Rouse, der erste Engländer auf dem K2, feierte das Ereignis, indem er einen Union Jack an zwei Sauerstoffflaschen band, welche die Koreaner zurückgelassen hatten. Beim gemeinsamen Abstieg stießen die drei 150 Meter unterhalb des Gipfels auf Wolf, die im Schnee lag und schlief; nach einer eindringlichen Diskussion überredete Rouse sie, umzukehren und mit ihnen abzusteigen.

Kurz darauf begegnete Rouse zwei weiteren Alpinisten auf ihrem Weg nach oben, dem Österreicher Kurt Diemberger und der Engländerin Julie Tullis. Der vierundfünfzigjährige Diemberger war in Westeuropa eine Berühmtheit, eine Bergsteigerlegende, dessen alpine Biographie zwei Generationen umfaßte. Er war ein Gefährte des berühmten Hermann Buhl gewesen und hatte fünf Achttausender bestiegen. Die siebenundvierzigjährige Tullis war sowohl Schützling als auch enge Freundin von Diemberger; sie hatte zwar keine große Himalaja-Erfahrung, war jedoch sehr zielstrebig, sehr stark und hatte 1984 mit Diemberger den Broad Peak bestiegen. Die gemeinsame Besteigung des K2 war ein Traum, den die beiden seit Jahren träumten.

Weil es schon so spät war und das Wetter sich rasch verschlechterte, redeten Rouse, Bauer und Imitzer auf Diemberger und Tullis ein, auf den Gipfel zu verzichten und abzusteigen. Sie erwogen den Rat, aber, wie Diemberger später einer britischen Zeitung erzählte, »ich war überzeugt, daß es besser wäre, es nach all diesen Jahren endlich zu versuchen. Und auch Julie sagte, ›ja, ich meine, wir sollten weitergehen‹. Es war ein Risiko, aber ein vertretbares.« Als Diemberger und Tullis um sieben Uhr abends den Gipfel erreichten, schien dieses Risiko tatsächlich vertretbar gewesen zu sein. Sie umarmten sich, und Tullis stieß hervor: »Kurt, endlich hat sich unser Traum erfüllt; jetzt gehört der K2 uns!« Sie blieben etwa zehn Minuten oben, machten ein paar Aufnahmen und stiegen, als die Abenddämmerung in der kalten, grimmigen Schwärze der Nacht versank, wieder ab, verbunden durch ein 15-Meter-Seil.

Unmittelbar nachdem sie den Gipfel verlassen hatten, stolperte Tullis, die oberhalb von Diemberger ging. »Für den Bruchteil einer Sekunde«, sagt Diemberger, »dachte ich, daß ich uns halten könnte, doch dann rutschten wir beide den steilen Hang hinunter, der an einem mächtigen Eisabbruch endet. Ich dachte: ›Mein Gott, das war es. Das ist das Ende.‹« Am Fuß des Berges, beim Aufstieg vom Basislager, waren sie an der Leiche von Liliane Barrard vorbeigekommen, dort, wo sie vor drei Wochen nach ihrem 3000-Meter-Sturz von den oberen Gipfelhängen gelandet war. Das Bild des zerschmetterten Körpers der Frau schoß Dimberger in dieser Sekunde durch den Kopf. »Das gleiche«, dachte er verzweifelt, »passiert jetzt auch mit uns.«

Aber wie durch ein Wunder gelang es ihnen irgendwie, ihre Schußfahrt zu stoppen, bevor sie über die Kante des Eisabbruchs hinauskatapultiert worden wären. Da sie einen weiteren Sturz in der Dunkelheit fürchteten, stiegen sie nicht weiter ab, sondern hackten einfach eine Mulde in den Schnee, wo sie die restliche Nacht zitternd vor Kälte auf über 8100 Metern im

Freien verbrachten. Am Morgen wütete der Sturm richtig, Tullis hatte Erfrierungen an der Nase und den Fingern und außerdem Probleme mit dem Sehen – vermutlich die ersten Anzeichen für ein Hirnödem –, aber die beiden hatten wenigstens die Nacht überlebt. Als sie gegen Mittag die Zelte des Lagers IV und ihre fünf Kameraden erreichten, glaubten sie, das Schlimmste hinter sich zu haben.

Doch je weiter der Tag voranschritt, desto schlimmer wurde der Sturm, brachte Unmengen Neuschnee, Windgeschwindigkeiten von über 160 Stundenkilometern und Temperaturen um –20 ° C. Das Zelt von Diemberger und Tullis hielt dem Ansturm des Orkans nicht stand, und so zwängte er sich zu Rouse und Wolf ins Zelt, und sie kroch in das Zelt von Bauer, Imitzer und Hannes Wieser, einem Österreicher, der nicht mit zum Gipfel gegangen war.

Irgendwann in der Nacht vom 6. August, während der Sturm draußen weiter zunahm, wurden für Tullis die Auswirkungen der Kälte, der Höhe und die Folgen ihres Sturzes und des erzwungenen Biwaks zuviel, und sie starb. Als Diemberger am Morgen von ihrem Tod erfuhr, war er am Boden zerstört. Später an diesem Tag brauchten die sechs Überlebenden ihren restlichen Proviant und, was noch verhängnisvoller war, den letzten Brennstoff auf, ohne den sie keinen Schnee mehr schmelzen konnten.

Über die nächsten drei Tage, in deren Verlauf sich ihr Blut verdickte und ihre Kräfte schwanden, berichtet Diemberger, daß sie »das Stadium erreichten, in dem Traum und Wirklichkeit nur noch schwer auseinanderzuhalten sind«. Diemberger, der immer wieder von halluzinatorischen Zuständen heimgesucht wurde, beobachtete, daß Rouse sehr viel schneller als die restlichen Gefährten abbaute und schließlich in ein Dauerdelirium verfiel, offensichtlich der Preis dafür, daß er beim Spuren am Tag des Gipfelaufstiegs so viel Kraft und Flüssigkeit verbraucht hatte. Rouse, so erinnert sich Diemberger, »konnte nur noch von Wasser reden. Aber es gab keins, nicht einen Tropfen. Und der Schnee, den wir zu essen versuchten, war so kalt und trocken, daß er im Mund kaum schmolz.«

Am Morgen des 10. August, der Sturm wütete seit fünf Tagen, fiel die Temperatur auf –30 ° C. Es stürmte zwar ununterbrochen weiter, aber es hörte auf zu schneien, und der Himmel klarte auf. Diejenigen, die noch klar denken konnten, erkannten, daß sie, wenn sie nicht sofort aufbrachen, bald nicht mehr genug Kraft haben würden, sich überhaupt noch von der Stelle zu rühren.

Diemberger, Wolf, Imitzer, Bauer und Wieser begannen sofort mit dem Abstieg. Sie glaubten, keine Chance zu haben, Rouse in seinem halbkomatösen Zustand nach unten zu bringen, machten es ihm deshalb so bequem wie möglich und ließen ihn in seinem Zelt zurück. Keiner machte sich irgendwelche Illusionen, ihn je wiederzusehen. Die fünf noch halbwegs klar denkenden Überlebenden befanden sich selbst in einer derart schlechten Verfassung, daß beim Abstieg sehr bald jeder nur noch für sich allein kämpfte.

Schon ein paar hundert Meter nach Verlassen des Lagers brachen Wieser und Imitzer durch die Anstrengung des Gehens im hüfthohen Schnee zusammen. »Vergeblich versuchten wir, sie aufzumuntern«, berichtet Diemberger. »Nur Alfred reagierte noch, schwach. Er könne nichts mehr sehen, murmelte er.«

Wieser und Imitzer wurden zurückgelassen, wo sie lagen. Die übrigen drei kämpften sich weiter nach unten, wobei Bauer spurte. Ein paar Stunden später fiel Wolf zurück und tauchte nicht mehr auf. Das Team war auf zwei Mann geschrumpft.

Bauer und Diemberger schafften es bis zum Lager III auf 7200 Meter, nur um festzustellen, daß es von einer Lawine zerstört worden war. Sie mühten sich weiter zum Lager II auf 6300 Meter, das sie nach Einbruch der Dunkelheit erreichten und wo sie Proviant, Brennstoff und Schutz fanden.

Zu diesem Zeitpunkt hatten nach den Worten von Jim Curran im Basislager alle »jede Hoffnung für die noch am Berg befindlichen Bergsteiger aufgegeben«. Sie konnten es daher kaum fassen, als bei Einbruch der Dämmerung am nächsten Abend »wir diese Gestalt langsam die Moräne zum Lager hinunterstolpern sahen, wie eine Erscheinung«.

Die Erscheinung war Bauer – mit entsetzlichen Erfrierungen, kaum noch am Leben, so erschöpft und dehydriert, daß er nicht einmal mehr sprechen konnte. Schließlich gelang es ihm, ihnen verständlich zu machen, daß auch Diemberger noch irgendwo da oben war und lebte. Curran und zwei polnische Bergsteiger machten sich sofort auf, um ihn zu suchen. Gegen Mitternacht entdeckten sie Diemberger, der im Schneckentempo an den Fixseilen zwischen Lager II und I abstieg, und benötigten den ganzen nächsten Tag, um ihn ins Basislager zu bringen, von wo er und Bauer am 16. August mit einem Hubschrauber ausgeflogen wurden; ein monatelanger Aufenthalt in Krankenhäusern und die Amputation mehrerer Finger und Zehen standen ihnen bevor.

Als die verstümmelte Nachricht von dieser kompletten Katastrophe Europa erreichte, machte sie sofort Schlagzeilen. Anfangs wurde, vor allem in England, der einst so beliebte Diemberger in den Medien geschmäht, er habe Rouse im Lager IV im Stich und damit sterben lassen, und das, nachdem Rouse, statt am 5. August sofort und rasch aus dem Hochlager abzusteigen, anscheinend gewartet hatte, ob Diemberger und Tullis es nach ihrer qualvollen Nacht unter dem Gipfel hinunter schaffen würden.

Curran erklärt mit Nachdruck, daß eine solche Kritik ungerechtfertigt ist. Rouse und die anderen, so meint er, blieben am 5. August nicht in erster Linie im Lager IV, um auf Diemberger und Tullis zu warten, sondern weil sie »vom Vortag unglaublich erschöpft gewesen sein müssen und es bei dem Sturm extrem schwierig gewesen wäre, den Weg vom Lager IV zum Lager III zu finden. Man muß wissen, daß das Gelände beim Lager IV fast keine Orientierungspunkte bietet, und allen war gegenwärtig, daß Michel Parmentier sich beinahe verirrt hätte bei dem Versuch, unter ähnlichen Bedingungen den Weg von dort zurück zu finden.«

Und als der Abstieg aus dem Lager IV schließlich begann, sagt Curran, »gab es absolut keine Möglichkeit, daß Diemberger oder Bauer Rouse lebend vom Berg hätten herunterbringen können. Sie waren beide selbst fast tot. Es war eine unvorstellbar verzweifelte Situation; ich glaube, es ist nicht möglich, sich aus der Ferne ein Urteil anzumaßen.«

Trotzdem fällt es schwer, der Versuchung zu widerstehen, die Ereignisse von 1986 mit einer verblüffend ähnlichen Notlage zu vergleichen, in der sich acht K2-Besteiger vor 33 Jahren an fast derselben Stelle des

Berges befunden haben. Die Bergsteiger, die zu einer amerikanischen Expedition unter Führung von Dr. Charles Houston gehörten, hatten auf 7500 Meter ein Lager auf dem damals noch nicht begangenen Abruzzensporn eingerichtet und bereiteten sich auf den Aufstieg zum Gipfel vor, als sie von einem ungewöhnlich schweren Schneesturm überrascht wurden, der sie neun Tage in ihren Zelten festhielt. Gegen Ende des Sturms zog sich ein junger Bergsteiger namens Art Gilkey ein tödliches Leiden zu, eine Thrombophlebitis, eine Verstopfung der Venen infolge von Höhe und Austrocknung.

Die sieben Kameraden Gilkeys, die sich selbst in keiner allzu guten Verfassung befanden, allerdings deutlich besser dran waren als später Diemberger und Gefährten, erkannten, daß Gilkey kaum eine Überlebenschance hatte und der Versuch, ihn zu retten, sie alle in Gefahr bringen würde. Trotzdem, so Houston, »waren die Bande zwischen ihnen so stark geworden, daß keiner daran dachte, ihn zurückzulassen und sich selbst in Sicherheit zu bringen – daran war nicht einmal im Traum zu denken, wenngleich er wahrscheinlich an seiner Erkrankung sterben würde.« Als Gilkey am Berg nach unten transportiert wurde, wurde er von einer Lawine erfaßt und in den Tod gerissen, aber man ist doch beeindruckt, wie seine Kameraden bis zum bitteren Ende bei ihm blieben, auch wenn sie dabei alle selbst beinahe umgekommen wären.

Man kann die Entscheidung, Gilkey 1953 nicht aufzugeben, als den Gipfel des Heroismus bezeichnen – oder als törichte Gefühlsduselei, die acht Tote statt einem gefordert hätte, wenn Gilkey seinen Gefährten nicht zufällig durch eine Lawine entrissen worden wäre. So gesehen, erscheint die Entscheidung der Überlebenden von 1986 am K2, die tödlich geschwächten Partner zurückzulassen, nicht kaltherzig oder feige, sondern eher äußerst vernünftig.

Aber auch wenn die Handlungsweise von Diemberger und Bauer als gerechtfertigt erscheint, bleiben einige beunruhigende Fragen. Es ist bei jeder Sportart natürlich, immer größere Herausforderungen zu suchen; was aber soll man bei einem Sport machen, bei dem eben das auch bedeutet, daß immer größere Risiken in Kauf genommen werden? Sollte eine zivilisierte Gesellschaft weiterhin eine Tätigkeit billigen oder gar feiern, bei der offenbar eine zunehmende Akzeptanz des Todes das wahrscheinliche Ergebnis ist?

Seit der Mensch im Himalaja klettert, ist ein nicht unerheblicher Prozentsatz der Bergsteiger dort ums Leben gekommen, doch das Blutbad am K2 im Jahr 1986 war wieder etwas anderes. Eine neuere und sehr eingehende Untersuchung der Daten zeigt, daß seit dem Beginn der Bergsteigerei im Himalaja bis 1985 etwa einer von dreißig Alpinisten, die einen Achttausender besteigen wollten, nicht zurückgekommen ist; am K2 lag dieses Verhältnis für den Sommer 1986 bei dramatischen eins zu fünf.

Es fällt schwer, diese betrübliche Statistik nicht zumindest teilweise den beachtlichen bergsteigerischen Heldentaten Reinhold Messners in den letzten anderthalb Jahrzehnten im Himalaja zuzuschreiben. Messners außergewöhnliches Können hat das Urteilsvermögen einiger, die mit ihm konkurrieren, möglicherweise getrübt; das gefährliche Neuland, das Messner erschlossen hat, hat vielen Bergsteigern, denen das phänomenale »bergsteigerische Gespür« fehlt, das

Messner all diese Jahre hat überleben lassen, vielleicht ein nicht gerechtfertigtes Selbstvertrauen eingeflößt. Eine Handvoll Alpinisten aus Frankreich und Polen besitzt vielleicht das, was man braucht, um an dem Tisch zu bleiben, an dem um die großen Einsätze gespielt wird, die Messner eingeführt hat. Aber einige Männer und Frauen scheinen den Blick dafür verloren zu haben, daß die Verlierer bei solchen Spielen in der Regel sehr viel verlieren.

Curran warnt, man könne nicht verallgemeinernd beurteilen, warum im Sommer 1986 so viele Bergsteiger im Karakorum ums Leben gekommen sind. Er weist darauf hin, daß »Leute umgekommen sind, die an Fixseilen geklettert sind, und Leute, die ohne geklettert sind; es sind Leute am Gipfel und am Fuß des Berges ums Leben gekommen; alte und junge Leute wurden getötet.«

Curran sagt jedoch weiter, daß, »wenn die meisten Toten irgend etwas gemeinsam hatten, war es das, daß eine Menge von ihnen sehr ehrgeizig waren und mit der Besteigung des K2 sehr viel zu gewinnen hatten – und auch sehr viel zu verlieren. Casarotto, die Österreicher, Al Rouse, die Barrards waren alle übermotiviert – das ist das Wort, das einem in den Sinn kommt. Ich denke, wenn man Achttausender im Alpinstil angeht, muß man sich Raum zum Scheitern lassen.«

Am K2 haben das in jenem Sommer offenbar zu wenige getan.

KAPITEL ZWÖLF

Der Devils Thumb

ALS ICH SCHLIESSLICH DIE INTERSTATE I ERREICHTE, hatte ich Mühe, die Augen offenzuhalten. Auf der kurvenreichen zweispurigen Asphaltstraße zwischen Fort Collins und Laramie war es noch gutgegangen, aber als der Pontiac dann auf den glatten, schnurgeraden Belag der I-80 kam, nagte das einschläfernde Sirren der Reifen mit der Zeit an meiner Wachsamkeit, wie Ameisen an einem abgestorbenen Baum.

Am Nachmittag, nach neun Stunden Balkenschleppen und dem Einschlagen widerspenstiger Nägel, hatte ich meinem Boß erklärt, daß ich kündige: »Nein, Steve, nicht in ein paar Wochen, ich hatte eher an sofort gedacht.« Ich brauchte drei Stunden, um mein Werkzeug und die übrigen Habseligkeiten aus dem verrosteten Bauwagen zu holen, der mir in Boulder als Zuhause gedient hatte. Ich packte alles in den Wagen, fuhr die Pearl Street zu Tom's Tavern hoch und genehmigte mir zur Feier des Tages ein Bier. Dann war ich weg.

Um ein Uhr in der Nacht, 50 Kilometer östlich von Rawlins, holten die Strapazen des Tages mich ein. Die überschwengliche Freude, die mich nach meiner schnellen Flucht durchströmt hatte, wich einer übermächtigen Müdigkeit; ich fühlte mich plötzlich müde wie ein Hund. Der Highway erstreckte sich schnurgerade bis zum Horizont und darüber hinaus. Außerhalb des Wagens war die Nachtluft kalt, und das kahle Flachland von Wyoming leuchtete im Mondlicht wie Rousseaus Gemälde *Schlafende Zigeunerin.* Wie gern wäre ich gerade da diese Zigeunerin gewesen, hingestreckt auf dem Rücken unter den Sternen. Ich schloß die Augen – nur eine Sekunde, doch es war eine Sekunde des Glücks. Sie schien mich wiederzubeleben, wenn auch nur kurz. Der Pontiac, ein robuster Koloß aus der Eisenhower-Zeit, schwebte auf Stoßdämpfern, die längst hinüber waren, auf der Straße wie ein Floß in der Meeresbrandung. In der Ferne blinkten beruhigend die Lichter eines Ölbohrturms. Ich schloß die Augen ein zweites Mal und hielt sie etwas länger geschlossen. Das Gefühl war wohliger als Sex.

Ein paar Minuten später ließ ich die Augenlider erneut sinken. Ich weiß nicht, wie lange ich diesmal einnickte – es können fünf Sekunden gewesen sein, aber auch dreißig –, aber als ich aufwachte, spürte ich das Bocken des Pontiacs, der mit 110 Stundenkilometern heftig über das unbefestigte Bankett holperte. Eigentlich hätte der Wagen in die Büsche fliegen und sich überschlagen müssen. Das Heck schleuderte sechs- oder siebenmal wild hin und her, aber dann gelang es mir doch, das widerspenstige Fahrzeug zurück auf die Straße zu lenken, ohne daß ein Reifen geplatzt wäre, und es kontrolliert anzuhalten. Meine um das Lenkrad gekrallten Hände entspannten sich, ich atmete einige Male tief durch, um das Hämmern in meiner Brust abklingen zu lassen, legte dann den Ganghebel wieder ein und fuhr weiter.

An die Seite zu fahren und zu schlafen wäre das Vernünftigere gewesen, aber ich war unterwegs nach Alaska, um mein Leben zu ändern, und Geduld war etwas, das die Einsicht eines Dreiundzwanzigjährigen überfordert hätte.

Vor sechzehn Monaten hatte ich mit mäßigem Erfolg und noch weniger brauchbaren Fähigkeiten das College abgeschlossen. Unterdessen war auch eine vierjährige An-aus-an-aus-Beziehung – die erste große Liebe meines Lebens – zu einem chaotischen, längst überfälligen Ende gekommen; fast ein Jahr danach war mein Liebesleben immer noch bei Null. Um mich über Wasser zu halten, arbeitete ich bei einem Bautrupp, stöhnte unter unmenschlichen Sperrholzlasten, zählte die Minuten bis zur nächsten Kaffeepause und wischte mir vergebens das Sägemehl ab, das auf ewig an meinem verschwitzten Nacken zu kleben schien. Für dreifünfzig die Stunde Colorado mit Eigentumswohnanlagen und Siedlungshäusern zu verschandeln war irgendwie nicht das, wovon ich als Junge geträumt hatte.

Spät an einem Abend machte ich mir auf einem Barhocker bei Tom's über all das Gedanken, stocherte unglücklich in meinen existentiellen Wunden herum, als mir eine Idee kam, ein Plan, das zu richten, was in meinem Leben falsch war. Es war herrlich unkompliziert, und je mehr ich darüber nachdachte, desto besser hörte sich der Plan an. Nach dem ersten Glas waren seine Vorzüge unanfechtbar. Alles in allem bestand der Plan darin, einen Berg in Alaska zu besteigen, der Devils Thumb heißt, Teufelsdaumen.

Der Devils Thumb ist ein Horn aus schuppigem Diorit, das aus jeder Himmelsrichtung ein imposantes Profil bietet, vor allem aber von Norden: Die gewaltige Nordwand, die noch nie durchstiegen worden war, ragt vom Gletscher am Wandfuß steile 1800 Meter empor. Die Nordwand des Thumb, doppelt so hoch wie die des El Capitan im Yosemite, ist eine der größten Granitwände des Kontinents und sicher auch der Welt. Ich wollte nach Alaska fahren, mit Skiern über das Stikine Icecap zum Devils Thumb marschieren und als erster die berüchtigte Nordwand durchsteigen. Nach der Hälfte des zweiten Glases schien es auch eine besonders gute Idee zu sein, das alles solo zu machen.

Heute, da ich diese Zeilen im Abstand von einem Dutzend Jahren schreibe, ist mir ganz und gar nicht mehr klar, wieso ich dachte, daß eine Solobegehung des Devils Thumb mein Leben verändern würde. Es hatte etwas damit zu tun, daß Bergsteigen das erste und einzige war, worin ich wirklich gut gewesen war. Meine Überlegungen wurden gewissermaßen angeheizt durch die zufälligen Leidenschaften der Jugend sowie eine literarische Kost, in der die Werke von Nietzsche, Kerouac und John Menlove Edwards besonders stark vertreten waren – letzterer ein zutiefst verstörter Schriftsteller und Psychiater, der, bevor er seinem Leben 1958 mit einer Zyankalikapsel ein Ende machte, einer der herausragendsten britischen Felskletterer jener Tage war.

Dr. Edwards betrachtete Klettern eher als eine »psychoneurotische Tendenz« denn als Sport; er kletterte nicht, weil es ihm Freude machte, sondern um Zuflucht vor der inneren Qual zu finden, die sein Dasein prägte. Ich weiß noch, daß mich in jenem Frühjahr 1977 eine Passage aus einer Kurzgeschichte Edwards' mit dem Titel »Letter From a Man« ganz besonders berührt hat:

Ich wuchs daher, wie Sie sich wohl denken können, in körperlicher Hinsicht bestens gerüstet auf, jedoch mit einem kühnen, sehnsuchtsvollen Geist. Er verlangte etwas mehr, etwas Greifbares. Ich suchte intensiv nach Wirklichkeit, immer als wäre sie nicht da …

Aber Sie sehen augenblicklich, was ich mache. Ich klettere.

Jemanden, dem es diese Art von Prosa angetan hat, lockte der Thumb wie ein Leuchtfeuer an. Mein Glaube an den Plan wurde unerschütterlich. Mir war vage bewußt, daß mir die Sache über den Kopf wachsen könnte, aber wenn ich irgendwie auf den Devils Thumb kommen konnte, würde alles, was danach kam, sich zum Guten wenden, dessen war ich sicher. Und so trat ich das Gas etwas weiter durch und fuhr zügig weiter in die Nacht nach Westen, getragen vom Adrenalinstoß, den die flüchtige Bekanntschaft des Pontiacs mit der Zerstörung mir versetzt hatte.

Mit dem Wagen kommt man nicht sehr nah an den Devils Thumb heran. Der Gipfel steht in der Kette der Boundary Ranges an der Grenze zwischen Alaska und der Provinz British-Columbia, nicht weit vom Fischerdorf Petersburg entfernt, einem Ort, der nur mit dem Boot oder dem Flugzeug zu erreichen ist. Es gibt zwar eine regelmäßige Flugverbindung nach Petersburg, doch meine Besitztümer beliefen sich auf den Pontiac und zweihundert Dollar in bar, was nicht einmal für den Hinflug gereicht hätte. Ich fuhr daher mit dem Wagen bis Gig Harbor, Washington, und ließ mich von einem Fischerboot mitnehmen, das nach Norden fuhr und noch ein Besatzungsmitglied gebrauchen konnte. Als die *Ocean Queen* nach fünf Tagen in Petersburg anlegte, um Treibstoff und Wasser zu fassen, packte ich meinen Rucksack, schlich mich von Bord und lief im Dauerregen Alaskas das Dock hinunter.

Daheim in Boulder hatten alle, denen ich von meinen Plänen am Thumb erzählt hatte, ohne Ausnahme barsch und zutreffend erklärt, ich hätte wohl zuviel Hasch geraucht, das sei eine Schnapsidee. Ich würde meine Kletterfähigkeiten gewaltig überschätzen, niemals völlig allein einen ganzen Monat durchhalten, in eine Gletscherspalte stürzen und sterben.

Die Einwohner von Petersburg reagierten anders. Als Bewohner Alaskas waren sie Leute mit verrückten Ideen gewohnt; ein beträchtlicher Prozentsatz der Bevölkerung des Bundesstaates trug sich schließlich mit so spleenigen Plänen, wie in der Brooks Range Uran abzubauen, den Japanern Eisberge zu verkaufen oder Elchlosung per Versandhandel zu vertreiben. Die meisten Einheimischen, die ich kennenlernte, fragten, wenn sie überhaupt reagierten, nur, wieviel Geld es bringe, wenn man einen Berg wie den Devils Thumb besteige.

Auf jeden Fall war eine der schönen Seiten an der Besteigung des Thumb – und eine der schönen Seiten an der Besteigung eines Berges generell –, daß es vollkommen schnurz war, was irgend jemand dachte. Die Umsetzung des Plans hing nicht davon ab, die Zustimmung irgendeines Personalchefs, Zugangskomitees, Zulassungsrates oder eines Gremiums finster blickender Richter zu erhalten; wenn mir danach war, mich an irgendeiner noch nicht durchstiegenen Wand zu versuchen, brauchte ich nichts anderes zu tun, als mich zum Fuß dieses Berges zu begeben und meine Eisbeile zu schwingen.

Petersburg liegt auf einer Insel, der Devils Thumb steht auf dem Festland. Um zum Fuß des Berges zu kommen, mußte ich zuerst 40 Kilometer Salzwasser überqueren. Fast einen ganzen Tag trieb ich mich im Hafen herum und versuchte ohne Erfolg, ein Boot zu erwischen, das mich über den Frederick Sound gebracht hätte. Dann liefen mir Bart und Benjamin über den Weg.

Bart und Benjamin waren pferdeschwänzige Angehörige einer Gruppe von Baumpflanzern aus Woodstock Nation, die sich Hodads nannte. Wir kamen ins Gespräch. Ich erwähnte, daß auch ich schon einmal als Baumpflanzer gearbeitet hätte. Die Hodads erklärten, daß sie ein Wasserflugzeug gechartert hätten, das sie am nächsten Morgen zu ihrem Lager auf dem Festland fliegen werde. »Ist dein Glückstag heute, Junge«, sagte Bart. »Für zwanzig Dollar kannst du mitfliegen. Wir bringen dich stilvoll zu deinem komischen Berg.« Am 3. Mai, anderthalb Tage nach meiner Ankunft in Petersburg, entstieg ich der Cessna der Hodads, watete zum flachen Strand am Ende der Thomas Bay und machte mich auf den langen, mühsamen Marsch landeinwärts.

Der Devils Thumb ragt aus dem Stikine Icecap, einem riesigen Labyrinth aus Gletschern, das den Kamm des schmalen Landfortsatzes von Alaska wie ein Krake mit unzähligen Tentakeln umschlingt, die sich vom schroffen Hochland an der kanadischen Grenze hinunter zum Meer schlängeln. Als ich in der Thomas Bay an Land ging, vertraute ich darauf, daß einer dieser gefrorenen Arme, der Bairdgletscher, mich sicher zum 50 Kilometer entfernten Thumb führen würde.

Nach einer Stunde Kiesstrand kam ich zur zerklüfteten blauen Gletscherzunge. Ein Holzfäller in Petersburg hatte mir geraten, an diesem Küstenabschnitt auf

Grizzlybären zu achten. »Die Viecher da oben werden um diese Jahreszeit wach«, lächelte er. »Sind ziemlich ruppig, nachdem sie den ganzen Winter nichts gefressen haben. Aber wenn du dein Gewehr dabei hast, dürfte das kein Problem sein.« Das Problem war nur, ich hatte gar kein Gewehr. Wie sich dann aber herausstellte, bestand mein einziges Zusammentreffen mit feindseligen freilebenden Tieren in einer Schar Möwen, die mit Hitchcockscher Wut im Sturzflug über mich herfielen. Nachdem der Angriff der Vögel und meine Angst vor den Bären überstanden waren, kehrte ich dem Strand mit nicht geringer Erleichterung den Rücken, schnallte die Steigeisen an und kletterte auf die breite, unbelebte Gletscherzunge.

Nach fünf, sechs Kilometern kam ich an die Schneegrenze, wo ich die Steigeisen gegen die Skier austauschte. Die Bretter anzuschnallen erleichterte die Last, die ich zu schleppen hatte, um 15 Pfund und ließ mich außerdem sehr viel schneller vorankommen. Doch jetzt, wo das Eis mit Schnee bedeckt war, waren viele Gletscherspalten verborgen, was das Alleingehen äußerst gefährlich machte.

In weiser Voraussicht dieser Gefahr hatte ich mir in Seattle in einem Haushaltswarenladen zwei solide, jeweils drei Meter lange Gardinenstangen aus Aluminium gekauft. Als ich die Schneegrenze erreichte, band ich die beiden Stangen im rechten Winkel zusammen, befestigte das Gebilde dann so auf meinem Rucksack, daß die Stangen waagerecht zum Schnee standen. Wie ich so langsam den Gletscher mit dem überschweren Rucksack unter dem eigenartigen Metallkreuz hinaufwankte, kam ich mir wie ein reumütiger Sünder vor. Sollte ich über einer Gletscherspalte durch die dünne

Schneeschicht brechen, würden die Stangen, wie ich sehr hoffte, den Spalt überspannen und verhindern, daß ich in die eisigen Eingeweide des Bairdgletschers stürzte.

Die ersten Bergsteiger, die sich auf das Stikine Icecap wagten, waren Bestor Robinson und Fritz Wiessner, der legendäre deutsch-amerikanische Alpinist, der 1937 einen ganzen stürmischen Monat in den Boundary Ranges verbrachte, aber keinen bedeutenden Gipfel erreichen konnte. 1946 kam Wiessner mit Donald Brown und Fred Beckey wieder, um den Devils Thumb zu besteigen, den am gefährlichsten aussehenden Gipfel in der Stikine. Bei dieser Tour verletzte sich Fritz beim Anmarsch bei einem Sturz am Knie und mußte enttäuscht heimhumpeln, aber Beckey kam im selben Sommer mit Bob Craig und Cliff Schmidtke zurück. Am 25. August, nach mehreren abgebrochenen Versuchen und einigen äußerst haarigen Klettereien am Ostgrat, saßen Beckey und Gefährten müde und benommen auf dem handtuchschmalen Gipfel des Thumb. Es war der mit weitem Abstand anspruchsvollste Aufstieg, der jemals in Alaska bewältigt wurde, ein Meilenstein in der Geschichte des amerikanischen Bergsteigens.

In den darauffolgenden Jahrzehnten schafften drei weitere Teams den Weg auf den Gipfel des Thumb, aber alle hielten sich von der mächtigen Nordwand fern. Bei der Lektüre der Berichte über diese Expeditionen hatte ich mich gewundert, warum niemand von ihnen beim Anmarsch die, zumindest auf der Karte, leichteste und logischste Route gewählt hatte, nämlich über den Bairdgletscher. Ich wunderte mich nicht mehr ganz so sehr, nachdem ich auf einen Artikel von Beckey gestoßen war, in dem der erfahrene Bergsteiger warnte: »Lange, steile gefrorene Wasserfälle versperren den Weg vom Bairdgletscher zur Eiskappe beim Devils Thumb.« Aber nachdem ich Luftaufnahmen studiert hatte, kam ich zu dem Schluß, daß Beckey sich geirrt hatte, denn die gefrorenen Wasserfälle waren nicht so hoch oder schwierig. Der Baird bot für mich mit Sicherheit den besten Anmarschweg zum Berg.

Zwei Tage lang stapfte ich den Gletscher ohne Zwischenfall hinauf und beglückwünschte mich, einen so schlauen Weg zum Thumb gefunden zu haben. Am dritten Tag kam ich unter der eigentlichen Stikine Icecap an, wo der lange Arm des Baird in die Inlandseismasse übergeht. Hier fließt der Gletscher abrupt über den Rand eines Hochplateaus und stürzt in einem Chaos aus zersplittertem Eis durch die Lücke zwischen zwei Gipfeln hinunter zum Meer. Der Anblick des gefrorenen Wasserfalls in natura machte doch einen anderen Eindruck als auf den Fotos. Als ich aus etwa eineinhalb Kilometern auf dieses Chaos blickte, kam mir zum erstenmal seit meiner Abreise aus Colorado der Gedanke, daß diese Tour zum Devils Thumb vielleicht doch nicht die beste Idee war, die ich jemals hatte.

Der gefrorene Wasserfall war ein Labyrinth aus Spalten und schwankenden Seracs. Von weitem erinnerte es an eine schlimme Zugkatastrophe, als ob in großer Zahl gespenstisch weiße Güterwaggons an der Kante der Eiskappe entgleist und planlos den Hang hinuntergestürzt wären. Je näher ich kam, desto unangenehmer sah es aus. Meine drei Meter langen Gardinenstangen schienen ein untauglicher Schutz gegen

Spalten, die zwölf Meter breit und achtzig Meter tief waren. Noch bevor ich mir eine Fährte durch den gefrorenen Wasserfall suchen konnte, kam Wind auf, und aus den Wolken trieb mir schräg und hart stechend der Schnee ins Gesicht, so daß die Sicht fast auf Null sank.

In meinem Übermut beschloß ich weiterzugehen. Den größten Teil des Tages tastete ich mich im Schneesturm fast blind durch das Labyrinth, lief immer wieder denselben Weg zurück, wenn ich in eine Sackgasse geraten war. Ein ums andere Mal meinte ich, einen Durchschlupf gefunden zu haben, nur um in einer tiefen blauen Sackgasse zu landen oder auf einem alleinstehenden Pfeiler aus Eis. Meinen Bemühungen wurde durch die Geräusche unter meinen Füßen eine gewisse Dringlichkeit verliehen. Ein Madrigal aus knarrenden und scharf knallenden Lauten – in der Art, in der sich ein dicker Tannenast wehrt, wenn er langsam bis zum Brechen durchgebogen wird – erinnerte mich daran, daß es in der Natur der Gletscher liegt, zu wandern, und in der Natur der Seracs, einzustürzen.

Sosehr ich fürchtete, von einer einstürzenden Eiswand plattgewalzt zu werden, noch mehr Angst hatte ich davor, in eine Spalte zu stürzen, eine Angst, die sich jedesmal steigerte, wenn ich mit einem Fuß durch eine Schneebrücke über einem Spalt trat, der so tief war, daß ich nicht einmal den Boden erkennen konnte. Etwas später brach ich bis zur Brust durch eine Brücke; die Stangen bewahrten mich vor dem 30 Meter tiefen Abgrund, aber nachdem ich mich befreit hatte, ging es mir doch gehörig an die Nieren, als ich mit trockenem Mund daran dachte, wie ein Klumpen unten in der Spalte zu liegen und auf den Tod zu warten, ohne daß irgend jemand auch nur gewußt hätte, wie und wo ich mein Ende gefunden hatte.

Es war fast schon Nacht, als ich vom oberen Ende der Seraczone auf die vom Wind blankgescheuerte freie Fläche des oberen Gletscherplateaus kam. Geschockt und durchgefroren bis auf die Knochen ging ich mit den Skiern noch so weit, daß ich das Grummeln des gefrorenen Wasserfalls nicht mehr hörte, baute das Zelt auf, kroch in den Schlafsack und zitterte mich in einen unruhigen Schlaf.

Auch wenn mein Plan, den Devils Thumb zu besteigen, erst im Frühjahr 1977 richtig ausgereift war, spukte mir der Berg doch schon seit etwa fünfzehn Jahren im Kopf herum – seit dem 12. April 1962, um genau zu sein. Der Anlaß war mein achter Geburtstag. Als es an der Zeit war, die Geburtstagsgeschenke auszupacken, erklärten meine Eltern mir, daß sie mir die Wahl zwischen zwei Geschenken böten: Ganz nach meinen Wünschen würden sie mich entweder zur neuen Weltausstellung in Seattle begleiten, wo ich mit der Einschienenbahn fahren und die Weltraumnadel sehen könnte, oder mir einen Vorgeschmack auf das Bergsteigen geben und mich auf den dritthöchsten Berg in Oregon mitnehmen, einen seit langem untätigen Vulkan, die South Sister, die ich an klaren Tagen von meinem Schlafzimmerfenster aus sehen konnte. Es war eine schwere Entscheidung. Ich überlegte mir die Sache lange und entschied mich für das Bergsteigen.

Um mich auf den anstrengenden Aufstieg vorzubereiten, schenkte mein Vater mir ein Exemplar von *Mountaineering: The Freedom of the Hills*, dem damals führenden Lehrbuch, ein dicker Wälzer, der kaum weniger wog als eine Bowlingkugel. Von da an hockte ich fast jede wache Stunde über dem Buch, studierte die Schwierigkeiten des Hakenschlagens und das Setzen von Schrauben, die Selbstsicherung und den Seilquergang. Wie sich herausstellte, war nichts von alldem für meine erste Bergtour zu gebrauchen, denn die South Sister entpuppte sich als eine eindeutig nicht extreme Kletterei, die an technischem Geschick nichts weiter als kräftiges Gehen erforderte; der Berg wurde denn auch jeden Sommer von Hunderten von Farmern, Haustieren und kleinen Kindern bestiegen.

Was nicht heißen soll, daß meine Eltern und ich den Gipfel des mächtigen Vulkans erreicht hätten: Ich hatte den unzähligen gefährlichen Situationen, die in *Mountaineering: The Freedom of the Hills* dargestellt waren, entnommen, daß Bergsteigen eine Sache auf Leben und Tod sei, immer. Auf halbem Weg zum Gipfel der South Sister fiel mir das plötzlich wieder ein. Mitten auf einem 20-Grad-Schneehang, an dem man nicht einmal hätte abstürzen können, wenn man es gewollt hätte, entschied ich, daß ich mich in Todesgefahr befände, und brach in Tränen aus, was den Aufstieg beendete.

Seltsamerweise steigerte sich nach dem Debakel an der South Sister mein Interesse am Bergsteigen noch. Ich nahm das besessene Studium des *Mountaineering* wieder auf. Der auf diesen Seiten geschilderte Schrekken der Bergsteigerei hatte etwas, das mich nicht mehr losließ. Neben den vielen Strichzeichnungen – die meisten davon Karikaturen eines Männchens mit einem flotten Tirolerhut –, die Geheimnisse wie das Sichern unter Einsatz der Stiefelabsätze und die Bilgeri-Technik illustrieren sollten, enthielt das Buch auch sechzehn Schwarzweißtafeln bemerkenswerter Gipfel im Nordwesten der USA und in Alaska. Sämtliche Fotografien waren faszinierend, aber die eine auf Seite 147 war weit, weit mehr als das: Sie ließ mich erschauern. Die Luftaufnahme des Glaziologen Maynard Miller zeigte einen alleinstehenden finsteren Turm aus eisgepanzertem schwarzen Fels. Auf dem ganzen Berg gab es keinen einzigen Fleck, der sicher oder ungefährlich ausgesehen hätte. Ich konnte mir nicht vorstellen, daß jemand diesen Berg besteigen könnte. Unten auf der Seite stand der Name des Berges: Devils Thumb.

Vom ersten Augenblick, in dem ich das Bild sah – eine Aufnahme der Nordwand des Thumb –, übte es eine beinahe pornographische Faszination auf mich aus. Bei Hunderten, nein, Tausenden von Gelegenheiten in den anschließenden eineinhalb Jahrzehnten holte ich mein Exemplar von *Mountaineering* aus dem Regal, schlug die Seite 147 auf und betrachtete es schweigend. Wie mochte es sein, fragte ich mich ein ums andere Mal, auf diesem daumennagelschmalen Gipfelgrat zu stehen, besorgt die Sturmwolken zu beobachten, die am Horizont aufzogen, gegen den Wind und die beißende Kälte gestemmt, und nachdenklich die zu beiden Seiten abstürzenden schrecklichen Steilabfälle zu betrachten? Wie konnte jemand das durchstehen? Würde ich, wenn ich mich oben in der Nordwand befände, überhaupt versuchen, es durchzustehen? Oder würde ich mich einfach entschließen, mich in das Unvermeidliche zu ergeben, und springen?

Ich hatte geplant, zwischen drei Wochen und einem Monat auf dem Stikine Icecap zu bleiben. Da ich mich nicht für den Gedanken begeistern konnte, für vier Wochen Proviant, schwere Wintercamping- und einen Zentner Kletterausrüstung den Bairdgletscher hinaufzuschleppen, zahlte ich, bevor ich Petersburg verließ, einem Piloten 150 Dollar – meine letzte Barschaft –, damit er mir sechs Kisten Ausrüstung und Vorräte abwarf, sobald ich den Fuß des Thumb erreicht hätte. Ich zeigte dem Piloten auf seiner Karte genau, wo ich zu sein gedachte, und bat ihn, mir drei Tage für den Anmarsch zu lassen; er versprach, zu kommen und die Kisten abzuwerfen, sobald das Wetter es zuließ.

Am 6. Mai errichtete ich auf dem Icecap direkt nordöstlich des Thumb ein Basislager und wartete auf den Fallschirmabwurf. Die nächsten vier Tage schneite es, was jede Chance für einen Flug vereitelte. Aus Angst vor Spalten entfernte ich mich nicht weit vom Lager und lief nur gelegentlich etwas Ski, um die Zeit totzuschlagen, aber meistens lag ich still im Zelt – es war zu niedrig, um darin sitzen zu können –, allein mit meinen Gedanken, und kämpfte gegen die aufkommenden Zweifel an.

Die Tage vergingen, und ich wurde immer ängstlicher. Ich hatte keinen Funk und auch sonst keine Möglichkeit, Kontakt zur Außenwelt aufzunehmen. Es war viele Jahre her, daß jemand diesen Teil des Stikine Icecap aufgesucht hatte, und wahrscheinlich würden viele weitere vergehen, bevor wieder jemand hierher käme. Ich hatte fast keinen Brennstoff mehr und nur noch ein einziges Stück Käse, ein Päckchen Nudelsuppe und eine halbe Schachtel Kakaogebäck. Das reichte, wie ich überschlug, notfalls für drei oder vier Tage, aber was machte ich dann? Ich brauchte nur zwei

Tage, um mit Skiern den Baird hinunter zur Thomas Bay zu fahren, aber dann konnte es durchaus eine Woche oder länger dauern, bis zufällig ein Fischer vorbeikam und mich mit nach Petersburg nehmen konnte (die Hodads, mit denen ich herübergekommen war, lagerten 25 Kilometer weiter unten an der unpassierbaren, mit Landzungen übersäten Küste und waren nur mit dem Boot oder Flugzeug zu erreichen).

Als ich mich am 10. Mai abends schlafen legte, schneite und stürmte es immer noch. Am Morgen überlegte ich hin und her, ob ich zur Küste aufbrechen oder auf der Eiskappe ausharren sollte, im Vertrauen darauf, daß der Pilot auftauchen würde, bevor ich verhungerte oder verdurstete, als ich, nur einen Moment, ein schwaches Summen vernahm, wie von einer Mücke. Ich riß den Zelteingang auf. Die Wolken hatten sich größtenteils verzogen, aber ein Flugzeug war nicht zu sehen. Das Summen kam wieder, diesmal lauter. Und dann sah ich es: einen winzigen rot-weißen Punkt, hoch oben am Himmel im Westen, der sich brummend näherte.

Ein paar Minuten später war das Flugzeug direkt über mir. Der Pilot war jedoch nicht mit dem Gletscherfliegen vertraut und hatte die Dimensionen des Geländes falsch eingeschätzt. Aus Angst, zu tief und in unerwartete Turbulenzen zu geraten, flog er gut 300 Meter über mir – glaubte aber die ganze Zeit, kurz über dem Boden zu sein – und sah das Zelt im schrägen Abendlicht nicht. Mein Winken und Schreien waren vergebens; aus der Höhe war ich nicht von einem Felsbrocken zu unterscheiden.

Eine ganze Stunde kreiste er über dem Eis und suchte erfolglos das öde Gelände ab. Aber zur Ehrenrettung des Piloten muß gesagt werden, daß er den Ernst meiner schwierigen Lage offensichtlich erkannte und nicht aufgab. Hastig befestigte ich den Schlafsack an einer der Gardinenstangen und schwenkte sie aus Leibeskräften. Als das Flugzeug eine enge Kurve flog und direkt auf mich zukam, spürte ich Freudentränen in den Augen.

Dreimal brauste der Pilot kurz nacheinander über mein Zelt und warf jedesmal zwei Kisten ab, dann verschwand die Maschine hinter einem Gebirgskamm, und ich war wieder allein. Als über dem Gletscher wieder Stille einkehrte, kam ich mir verlassen, verletzlich, verloren vor. Ich merkte, daß ich schluchzte. Peinlich berührt, stoppte ich das Geheule, indem ich laut Obszönitäten hinausschrie, bis ich heiser war.

Am 11. Mai wachte ich bei klarem Himmel und relativ warmen –6 ° C früh auf. Aufgescheucht vom guten Wetter, geistig nicht darauf vorbereitet, die eigentliche Kletterei zu beginnen, packte ich dennoch hastig meinen Rucksack und machte mich mit Skiern zum Fuß des Thumb auf. Zwei Expeditionen in Alaska hatten mich gelehrt, daß man, bereit oder nicht, es sich einfach nicht leisten kann, einen Tag mit gutem Wetter zu vergeuden, wenn man etwas erreichen will.

Vom Rand der Eiskappe führt ein kleiner Hängegletscher wie ein Steg quer durch die Nordwand des Thumb nach oben. Ich wollte diesem Steg bis zu einem markanten Felsvorsprung in der Mitte der Wand folgen und so die scheußliche, lawinengefährdete untere Wandhälfte umgehen.

Der Steg entpuppte sich als eine Reihe 50 Grad steiler Eisfelder, die von knietiefem Pulverschnee überzogen und mit Spalten durchsetzt waren. Der tiefe

Schnee machte das Gehen langsam und beschwerlich; als ich drei oder vier Stunden nach Verlassen des Lagers mit Frontalzackentechnik die überhängende Wand des obersten Bergschrundes emporstieg, war ich kaputt. Dabei hatte die »richtige« Kletterei noch gar nicht begonnen. Die fing erst unmittelbar darüber an, wo der Hängegletscher dem senkrechten Fels wich.

Der Fels, der kaum Griffe bot und mit fünfzehn Zentimeter dickem Reif überzogen war, sah nicht sehr vielversprechend aus, doch gleich links neben dem markanten Vorsprung gab es eine Verschneidung – ein offenes Buch, wie die Kletterer auch sagen –, die mit gefrorenem Schmelzwasser überzogen war. Dieses Eisband führte achtzig, neunzig Meter direkt hinauf, und wenn das Eis sich als fest genug erwies, meine Eisbeile zu halten, war das eine mögliche Linie. Ich hackte eine kleine Plattform in den Schneehang, das letzte ebene Stück, das ich wahrscheinlich für lange Zeit unter den Füßen haben würde, und machte eine Pause, um einen Riegel zu essen und meine Gedanken zu sammeln. Fünfzehn Minuten später warf ich mir den Rucksack über und schob mich zentimeterweise dem unteren Ende der Verschneidung zu. Mit Schwung schlug ich das rechte Eisbeil in das fünf Zentimeter dicke Eis. Es war fest, gut zu bearbeiten – etwas dünner, als mir lieb gewesen wäre, aber ansonsten perfekt. Ich war auf dem richtigen Weg.

Die Kletterei war steil und aufregend, so ausgesetzt, daß sich mir der Kopf drehte. Unter meinen Schuhsohlen stürzte die Wand 900 Meter bis in das schmutzige, lawinenzerfurchte Kar des Witches-Cauldron-Gletschers. Über mir zog der Vorsprung unmißverständlich zum Gipfelgrat hinauf, 800 Meter weiter oben.

Jedesmal, wenn ich eines meiner Eisbeile plazierte, schrumpfte diese Strecke um einen weiteren halben Meter.

Je höher ich kam, desto sicherer wurde ich. Das einzige, was mich am Berg hielt, an der Welt, waren sechs feine Zacken aus Chrommolybdänstahl, die eineinhalb Zentimeter tief in einer Masse aus gefrorenem Wasser steckten, doch ich fing an, mich für unbezwingbar zu halten, schwerelos, wie jene Echsen, die in billigen mexikanischen Hotels an den Decken sitzen. Am Anfang einer schwierigen Kletterei, vor allem wenn man solo geht, ist man sich des Abgrunds, der einem am Rücken zerrt, mit jeder Faser bewußt. Ständig spürt man seinen Ruf, seine unersättliche Gier. Dem zu widerstehen erfordert eine ungeheure, konzentrierte Anstrengung; man wagt nicht, die Wachsamkeit auch nur einen Augenblick sinken zu lassen. Der verlokkende Gesang der Leere macht einen unruhig, läßt die Bewegungen zögernd, unbeholfen, fahrig werden. Aber im Verlauf des Aufstiegs gewöhnt man sich an das Ausgesetztsein, man erträgt die Nähe des Schicksals, man bekommt Vertrauen in die Zuverlässigkeit von Händen, Füßen und Kopf. Man lernt, der eigenen Selbstbeherrschung zu trauen.

Nach und nach konzentriert sich die Aufmerksamkeit derart, daß man die aufgescheuerten Knöchel, die verkrampften Oberschenkel, die Anspannung, ständig konzentriert zu sein, gar nicht mehr spürt. Ein tranceartiger Zustand legt sich über die Anstrengung, das Klettern wird zu einem scharfsichtigen Traum. Stunden vergehen wie Minuten. Die aufgelaufene Schuld und das alltägliche Chaos – die kleinen Fehler des Gewissens, die unbezahlten Rechnungen, die verpatzten Gelegenheiten, der Staub unter der Couch, die schwärenden familiären Wunden, das Gefängnis der Gene, dem man nicht entkommt – sind vorübergehend vergessen, von einer übermächtigen Klarheit des Ziels und der Ernsthaftigkeit der aktuellen Aufgabe aus den Gedanken vertrieben.

In solchen Augenblicken rührt sich so etwas wie Glück in der Brust, aber es ist nicht die Art von Gefühl, auf die man sich zu sehr verlassen möchte. Beim Soloklettern wird das ganze Unternehmen vor allem durch Frechheit zusammengehalten, und das ist kein besonders zuverlässiger Klebstoff. Spät an diesem Tag in der Nordwand des Daumens merkte ich beim Plazieren eines Eisbeils, daß dieser Klebstoff nicht mehr hielt.

Seit ich den Hängegletscher verlassen hatte, hatte ich etwa 200 Höhenmeter geschafft, ausschließlich auf Frontalzacken und mit den Eisbeilen. Das Band aus gefrorenem Schmelzwasser war nach 90 Metern zu Ende gewesen, und es hatte sich ein brüchiger Panzer aus reifähnlichen Eisbildungen angeschlossen. Obwohl er kaum massiv genug war, das Körpergewicht zu tragen, bedeckte der Reif den Fels in einer Stärke von einem halben bis einem Meter, und so mühte ich mich weiter hoch. Die Wand war jedoch kaum merklich steiler geworden und die reifähnlichen Eisbildungen entsprechend dünner. Ich war in einen langsamen, hypnotischen Rhythmus verfallen – Schwung, Schwung, Tritt, Tritt; Schwung, Schwung, Tritt, Tritt –, als mein linkes Eisbeil wenige Zentimeter unter dem Reif auf eine Dioritplatte prallte.

Ich versuchte es links, dann rechts, stieß aber überall auf Fels. Die reifähnlichen Eisbildungen, die mich hielten, waren, wie jetzt deutlich wurde, vielleicht zwölf bis fünfzehn Zentimeter stark und hatten die strukturelle Beschaffenheit von altbackenem Maisbrot. Unter mir lagen 1100 Meter Luft, und ich balancierte auf einem Kartenhaus. In Wellen überkam mich die Panik. Die Sicht verschwamm. Die Atmung steigerte sich übermäßig, die Waden fingen an zu zittern. Ich schob mich etwas nach rechts in der Hoffnung, stärkeres Eis zu finden, aber schaffte es auch da nur, auf Fels zu schlagen.

Unbeholfen und starr vor Angst arbeitete ich mich wieder nach unten. Der Reif wurde allmählich wieder dicker, und nachdem ich etwa 25 Meter abgestiegen war, kam ich wieder auf einigermaßen festen Untergrund. Ich legte eine lange Pause ein, um meine Nerven zur Ruhe kommen zu lassen, lehnte mich dann nach hinten und blickte die Wand hinauf. Ich suchte nach einem Anzeichen für festes Eis, nach irgendeiner Veränderung in den Gesteinsschichten, nach irgend etwas, das mir ermöglichte, die vereisten Platten zu überwinden. Ich suchte, bis mir der Nacken weh tat, aber es war nichts zu sehen. Der Aufstieg war vorüber. Der einzige Weg führte nach unten.

Dichtes Schneetreiben und anhaltender Wind fesselten mich die nächsten drei Tage fast ohne Unterbrechung ans Zelt. Die Stunden verrannen schleppend. Um sie etwas anzutreiben, rauchte ich Kette, bis mein Zigarettenvorrat aufgebraucht war, und las. Ich hatte mehrere schlechte Entscheidungen auf der Tour getroffen, daran kam ich nicht vorbei, und eine davon betraf das Lesefutter, das ich eingepackt hatte: drei alte Ausgaben von *The Village Voice* sowie Joan

Didions neuesten Roman *A Book of Common Prayer*. Die *Voice*-Ausgaben waren einigermaßen amüsant – dort auf der Eiskappe bekam der Inhalt eine Schärfe, einen gewissen Sinn für das Absurde, von dem die Zeitschrift (ohne eigenes Verschulden) sehr profitierte –, aber Didions nekrotische Einstellung zur Welt war in diesem Zelt und unter diesen Umständen etwas zu nah an der Sache.

Am Ende von *Common Prayer* sagte eine von Didions Figuren zu jemandem: »Du bekommst nichts dafür, wenn du hierbleibst, Charlotte.« Und Charlotte antwortet: »Ich kann dir offenbar nicht sagen, wofür du doch etwas bekommst, und deshalb werde ich wohl noch etwas hierbleiben.«

Als ich nichts mehr zu lesen hatte, blieb mir nur noch das Studium der Nahtmuster im Zeltdach. Damit beschäftigte ich mich stundenlang, flach auf dem Rükken liegend, und verwickelte mich gleichzeitig in eine ausgedehnte und sehr hitzige Debatte mit mir selbst: Sollte ich, sobald sich das Wetter besserte, zur Küste aufbrechen oder so lange ausharren, daß ich noch einen zweiten Versuch am Berg machen konnte? In Wahrheit hatte der kleine Ausflug in die Nordwand mich erheblich verunsichert, und ich hatte überhaupt keine Lust, noch einmal am Thumb aufzusteigen. Andererseits war der Gedanke, geschlagen nach Boulder zurückzukehren – den Pontiac hinter dem Wohnwagen abzustellen, den Werkzeuggürtel umzuschnallen und zurück zu der gleichen geisttötenden Arbeit zu gehen, die ich vor einem Monat gerade erst so triumphierend verlassen hatte –, auch nicht sehr verlockend. Vor allem konnte ich den Gedanken nicht ertragen, die selbstgefälligen Mitleidsbekundungen all der Schwachköpfe und großen Jäger über mich ergehen zu lassen, die natürlich von Anfang an gewußt hatten, daß ich scheitern würde.

Am dritten stürmischen Nachmittag hielt ich es nicht mehr aus: Die gefrorenen Schneeklumpen, die sich mir in den Rücken bohrten, die klammen Nylonwände, die mir gegen das Gesicht klatschten, der unbeschreibliche Geruch, der aus den Tiefen meines Schlafsacks aufstieg. Ich kramte in dem Durcheinander bei meinen Füßen, bis ich einen kleinen grünen Stoffbeutel gefunden hatte, in dem sich eine Filmdose aus Metall befand, die die Zutaten zu einer, wie ich gehofft hatte, Art Siegerzigarre enthielt. Ich hatte sie für die Rückkehr vom Gipfel aufgehoben, aber was sollte es, es sah nicht so aus, als würde ich so bald hinaufkommen. Ich schüttete den größten Teil des Doseninhalts auf ein Zigarettenpapier, rollte es zu einem krummen, traurig aussehenden Joint und rauchte ihn bis zum letzten Krümel.

Die Selbstgedrehte ließ das Zelt natürlich noch beengter, noch stickiger, noch unerträglicher erscheinen. Außerdem machte sie mich schrecklich hungrig. Ich beschloß, dem mit etwas Haferschleim abzuhelfen. Die Zubereitung war jedoch ein langwieriges, lachhaft aufwendiges Vorhaben: Ich mußte draußen im Sturm einen Topf Schnee holen, den Kocher zusammenbauen und in Gang setzen, Hafermehl und Zucker suchen und die Reste vom gestrigen Essen aus dem Topf kratzen. Ich hatte den Kocher angeworfen und schmolz den Schnee, als es plötzlich verbrannt roch. Eine eingehende Untersuchung des Kochers und seiner Umgebung ergab nichts. In meiner Ratlosigkeit war ich schon bereit, es meiner chemisch gesteigerten Einbildungskraft zuzuschreiben, als ich direkt hinter mir etwas knistern hörte.

Ich wirbelte herum und konnte gerade noch rechtzeitig sehen, daß ein Abfallbeutel, in den ich das Streichholz geworfen hatte, mit dem ich den Kocher angezündet hatte, in hellen Flammen aufging. Ich schlug mit den Händen auf das Feuer und hatte es in wenigen Sekunden gelöscht, aber doch erst, nachdem ein großer Teil der Innenwand des Zeltes vor meinen Augen verdampft war. Die eingebaute Zeltklappe gegen Regen blieb zwar von den Flammen verschont, so daß die Unterkunft noch mehr oder weniger wasserdicht war, doch es war jetzt im Innern schätzungsweise zehn Grad kälter. Meine linke Handfläche fing an zu schmerzen. Ich untersuchte sie und bemerkte die gerötete Schwellung einer Verbrennung. Was mir jedoch am meisten Kummer bereitete, war, daß das Zelt nicht einmal mir gehörte – ich hatte es von meinem Vater geliehen. Das teure »Early Winters Omnipo Tent« war brandneu – die Etiketten mit dem Namen des Herstellers und den Materialangaben waren noch nicht entfernt – und nur widerwillig ausgeliehen worden. Ich saß einige Minuten wie benommen inmitten des beißenden Geruchs von verbranntem Haar und geschmolzenem Nylon und starrte auf die Überreste der einst so schmucken Behausung. Du mußtest es mir geben, dachte ich: Ich hatte wirklich ein Talent, die schlimmsten Befürchtungen des alten Mannes zu bestätigen.

Das Feuer versetzte mich in eine derartige Panik, die keine dem Menschen bekannte Droge hätte besänftigen können. Als ich mir den Haferschleim gekocht hatte, stand für mich fest: In der Sekunde, wo der

Sturm aufhörte, würde ich das Lager abbauen und zur Thomas Bay aufbrechen.

Vierundzwanzig Stunden später hockte ich in einem Biwaksack unter dem Wulst des Bergschrundes in der Nordwand des Thumb. Das Wetter war wieder so schlecht wie vorher. Es schneite stark, wahrscheinlich zwei, drei Zentimeter pro Stunde. Schneestaub von kleinen Lawinen aus der oberen Wand zischte vorbei, umhüllte mich wie Gischt und begrub den Sack alle zwanzig Minuten unter sich.

Der Tag hatte ganz gut begonnen. Als ich aus dem Zelt kroch, hingen zwar noch Wolken an den Gratspitzen, aber der Wind hatte sich gelegt, und die Eiskappe war mit Sonnentupfen übersät. Ein Sonnenflecken, der mich fast blendete, glitt träge über das Lager. Ich breitete meine Isomatte aus und streckte mich in meiner langen Unterhose auf dem Gletscher aus. Ich aalte mich in der strahlenden Wärme und empfand die Dankbarkeit eines Gefangenen, dessen Strafe soeben verkürzt worden war.

Als ich so dalag, fiel mein Blick auf einen engen Kamin, der leicht gekrümmt in der Osthälfte der Nordwand des Thumb emporstrebte, links von der Route, die ich vor dem Sturm versucht hatte. Ich schraubte ein Teleobjektiv auf meine Kamera. Mit ihm konnte ich eine schimmernde graue Eisschicht erkennen – festes, zuverlässiges, hartes Eis –, die die Rückseite des Spalts bedeckte. Die Ausrichtung des Kamins machte es unmöglich zu erkennen, ob das Eis von unten bis oben eine durchgehende Unterlage bildete. Wenn ja, dann bot der Kamin vielleicht eine Aufstiegsmöglichkeit über die reifbedeckten Platten, die meinen ersten Versuch vereitelt hatten. So in der Sonne liegend stellte ich mir vor, wie sehr ich mich in einem Monat verfluchen würde, wenn ich das Handtuch nach nur einem Versuch warf, wenn ich die ganze Expedition nur wegen etwas schlechten Wetters schmiß. Innerhalb einer Stunde hatte ich die Ausrüstung zusammengepackt und war auf Skiern unterwegs zum Wandfuß.

Das Eis im Kamin war tatsächlich durchgehend, aber es war sehr, sehr dünn – nur eine ganz zarte Glasur. Außerdem fungierte der Spalt als natürlicher Ablauf für allen Schrott, der sich aus der Wand löste; bei meinem mühsamen Aufstieg durch den Kamin wurde ich von einem steten Strom aus Pulverschnee, Eissplittern und kleinen Steinen berieselt. Nach fünfunddreißig Metern in der Rinne blätterten die letzten Reste meiner Fassung wie alter Gips ab, und ich drehte um.

Statt die ganze Strecke zum Basislager abzusteigen, beschloß ich, die Nacht im Schrund unter dem Kamin zu verbringen; ich hatte die schwache Hoffnung, daß morgen in meinem Kopf mehr Ordnung herrschte. Der heitere Himmel, der den Tag angekündigt hatte, erwies sich jedoch nur als eine kurze Pause in einem fünftägigen Sturm. Am Nachmittag war der Sturm in all seiner Pracht wieder da, und mein Biwakplatz war bald alles andere als ein angenehmer Aufenthaltsort. Das Band, auf dem ich kauerte, wurde immer wieder von abgehendem Schneestaub eingehüllt. Fünfmal wurde mein Biwaksack – ein dünner Nylonbehälter, der genau wie die Plastiktüte für ein Sandwich aussah, nur größer – bis zum Atemschlitz zugeschüttet. Nachdem ich mich zum fünftenmal ausgebuddelt hatte, kam ich zu dem Schluß, daß es reichte. Ich schmiß die ganze Ausrüstung in den Rucksack und flüchtete zurück zum Basislager.

Der Abstieg war entsetzlich. Bei den Wolken, dem Schneesturm am Boden und dem fahlen schwindenden Licht konnte ich Schnee und Himmel nicht auseinanderhalten und auch nicht erkennen, ob ein Hang anstieg oder abfiel. Nicht ohne Grund hatte ich Angst, von der Spitze eines Seracs blind ins Leere zu treten und einen Kilometer weiter unten am Fuß des Witches-Cauldron-Gletschers zu landen. Als ich schließlich auf der gefrorenen Fläche der Eiskappe ankam, stellte ich fest, daß meine Spuren längst verweht waren. Ich hatte keinen Anhaltspunkt, um auf dem gleichförmigen Gletscherplateau mein Zelt wiederzufinden. Ungefähr eine Stunde lief ich auf Skiern im Kreis herum und hoffte, mit etwas Glück auf mein Lager zu stoßen, bis ich mit einem Fuß in eine kleine Spalte geriet und mir klar wurde, daß ich mich wie ein Idiot benahm – daß ich mich dort, wo ich stand, hinhocken und den Sturm aussitzen mußte.

Ich grub eine flache Mulde, wickelte mich in den Biwaksack und setzte mich im Schneegestöber auf den Rucksack. Rings um mich bildeten sich Schneewehen. Meine Füße wurden taub. Eine feuchte Kälte kroch mir vom Nacken, wo Schneestaub in den Parka geraten war und mein Hemd durchfeuchtet hatte, die Brust hinunter. Wenn ich wenigstens eine Zigarette gehabt hätte, dachte ich, eine einzige Zigarette, könnte ich meine ganze Charakterstärke aufbieten und gute Miene zu diesem beschissenen Spiel machen, zu dem ganzen beschissenen Trip. »Wenn wir Speck hätten, könnten wir Eier mit Speck machen, wenn wir ein paar Eier hätten«, fiel mir mein Freund ein, der diesen Satz einmal bei einem ähnlichen Sturm von sich gegeben hatte, vor zwei Jahren oben auf einem anderen Gipfel in Alaska, dem Mooses Tooth. Ich hatte das damals wahnsinnig komisch gefunden, und ich hatte laut gelacht. Als ich jetzt an die Worte dachte, kamen sie mir nicht mehr so komisch vor. Ich zog den Biwaksack enger um meine Schultern. Der Wind zerrte an meinem Rücken. Ohne mich zu schämen, vergrub ich den Kopf in den Armen und erging mich in einer Orgie aus Selbstmitleid.

Ich wußte, daß Menschen beim Bergsteigen gelegentlich sterben. Aber mit dreiundzwanzig Jahren lag die persönliche Sterblichkeit – der Gedanke an den eigenen Tod – jenseits jeder gedanklichen Vorstellung; es war eine so abstrakte Vorstellung wie die nichteuklidische Geometrie oder die Ehe. Als ich im April 1977 in Boulder aufbrach, mit Visionen von Ruhm und Erlösung am Devils Thumb im Kopf, kam mir nicht in den Sinn, daß für mich die gleichen Zusammenhänge von Ursache und Wirkung gelten wie für andere. Von Hybris hatte ich noch nie etwas gehört. Weil ich den Berg unbedingt besteigen wollte, weil ich so intensiv und lange an den Thumb gedacht hatte, schien es mir außerhalb jeder Möglichkeit, daß irgendein lächerliches Hindernis wie das Wetter oder Gletscherspalten oder reifbedeckter Fels meinen Willen am Ende durchkreuzen könnte.

Bei Einbruch der Dämmerung legte sich der Wind, und die Untergrenze der Bewölkung stieg auf fünfzig Meter über dem Gletscher, so daß ich das Basislager entdecken konnte. Ich fand das Zelt intakt vor, aber ich konnte nicht länger übersehen, daß der Thumb meine

Pläne zu Makulatur gemacht hatte. Ich mußte anerkennen, daß das Wollen allein, auch wenn es noch so stark war, mich nicht durch die Nordwand brachte. Ich erkannte schließlich, daß nichts mich da hoch brachte.

Es bestand jedoch immer noch eine Möglichkeit, die Expedition irgendwie zu retten. Vor einer Woche war ich mit Skiern zur Südostwand des Berges gegangen, um mir die Route anzusehen, die Fred Beckey 1946 als erster gegangen war – die Route, über die ich nach der Durchsteigung der Nordwand hatte absteigen wollen. Bei dieser Erkundung hatte ich eine offensichtlich noch nicht begangene Linie links von der Beckey-Route entdeckt – ein unregelmäßiges Netz aus Eis, das die Südostseite überzog –, die mir als relativ einfacher Weg zum Gipfel erschien. Damals hatte ich diese Route als unter meiner Würde betrachtet. Jetzt, nachdem ich bei meiner ruhmlosen Annäherung an die Nordwand abgeblitzt war, war ich bereit, die Latte etwas niedriger zu legen.

Am Nachmittag des 15. Mai, als der Schneesturm schließlich abgeflaut war, kehrte ich zur Südostwand zurück und stieg zum Kamm eines schmalen Grates, der zum oberen Gipfelbereich führte, wie ein Strebebogen einer gotischen Kathedrale. Ich beschloß, die Nacht auf diesem luftigen, messerscharfen Grat 500 Meter unter dem Gipfel zu verbringen. Der abendliche Himmel war kalt und wolkenlos. Ich konnte bis zum Flutgebiet an der Küste und noch weiter blicken. In der Dunkelheit beobachtete ich gebannt, wie in den Häusern von Petersburg im Westen die Lichter angingen. Die Lichter in der Ferne, die seit dem Fallschirmabwurf einem menschlichen Kontakt am nächsten gekommen waren, lösten bei mir eine Flut von Empfindungen aus, die mich völlig aus der Bahn warfen. Ich stellte mir die Leute vor, die sich im Fernsehen die Red Sox ansahen, in hell erleuchteten Küchen Brathähnchen aßen, Bier tranken, sich liebten. Als ich mich hinlegte, um zu schlafen, überfiel mich eine bedrückende Einsamkeit. Noch nie hatte ich mich so allein gefühlt.

In jener Nacht hatte ich wilde Träume, von Polypen und Vampiren und einer Hinrichtung in Unterweltmanier. Ich hörte jemanden flüstern: »Er ist da drin. Sobald er rauskommt, machst du ihn kalt.« Ich saß kerzengerade da und öffnete die Augen. Die Sonne war im Begriff aufzugehen. Der ganze Himmel war scharlachrot. Es war noch klar, aber von Südwesten zogen zarte Fasern hoher Cirruswolken auf, und direkt über dem Horizont war eine dunkle Linie sichtbar. Ich zog die Schuhe an und schnallte hastig die Steigeisen an. Fünf Minuten, nachdem ich aufgewacht war, stieg ich in Frontalzackentechnik vom Biwak auf.

Ich hatte kein Seil mitgenommen, kein Zelt oder Biwakzeug und kein Gerät außer den Eisbeilen. Ich wollte ultraleicht und ultraschnell gehen, den Gipfel erreichen und wieder absteigen, bevor das Wetter umschlug. Ich trieb mich an, war immer außer Atem, hetzte hoch nach links über kleine Schneefelder, die durch schmale glasierte Rinnen und kurze Felsbänder verbunden waren. Es war fast eine Genußkletterei – der Fels war mit großen, tiefen Griffen übersät, und das Eis war zwar dünn, wurde aber nie so steil, daß es extrem geworden wäre –, aber mir machten die Wolkenbänder Sorge, die hastig vom Pazifik herantrieben und den Himmel überzogen.

Es schien kaum Zeit vergangen zu sein (ich hatte gar keine Uhr mitgenommen), da stand ich auf dem markanten letzten Eisfeld. Inzwischen war der Himmel total bewölkt. Es sah leichter aus, sich etwas links zu halten, aber der direkte Weg zum Gipfel war sicher schneller. Ich hatte wahnsinnige Angst, oben am Gipfel ohne jeden Schutz vom Sturm überrascht zu werden, und entschied mich für den direkten Anstieg. Das Eis wurde steiler, dann noch etwas steiler, und dadurch wurde es auch dünner. Ich plazierte das linke Eisbeil und traf auf Fels. Ich suchte eine andere Stelle, und wieder prallte es mit einem stumpfen, gräßlichen Geräusch vom unnachgiebigen Diorit ab. Und noch einmal, und noch einmal: Es war eine Wiederholung meines ersten Versuchs an der Nordwand. Ich schaute zwischen den Beinen nach unten und erhaschte einen kurzen Blick auf den Gletscher mehr als 600 Meter unter mir. Mein Magen rebellierte. Ich fühlte meine Sicherheit wie Rauch im Wind verfliegen.

Fünfzehn Meter über mir wich die Wand zurück auf die geneigte Gipfelschulter. Nur noch lächerliche fünfzehn Meter, und der Berg würde mir gehören. Steif klammerte ich mich an die Beile, regungslos, gelähmt vor Angst und Unentschlossenheit. Erneut blickte ich hinab in die schwindelnde Tiefe zum Gletscher, dann hinauf, dann kratzte ich den Eisfilm über meinem Kopf weg. Ich hakte die Hacke des linken Eisbeils in einen winzigen Felsvorsprung und belastete sie. Sie hielt. Ich zog das rechte Beil aus dem Eis, langte nach oben und drehte die Hacke in einen gewundenen, zwei Zentimeter tiefen Riß, bis sie festsaß. Kaum noch atmend, zog ich die Füße nach, kratzte mit den Frontalzacken über die Eisglasur. So hoch ich konnte, plazierte ich mit vorsichtigem Schwung das linke Eisbeil in der schimmernden undurchsichtigen Fläche, ohne zu wissen, was sich darunter befand. Die Hacke blieb mit einem ermutigenden TANK! stecken. Ein paar Minuten später stand ich auf einem breiten, gewölbten Absatz. Der eigentliche Gipfel, eine Reihe schlanker Rippen, die wie eine groteske Eismeringe aufragten, erhob sich sechs Meter direkt über mir.

Die zarten reifähnlichen Eisbildungen sorgten dafür, daß diese letzten sechs Meter hart, gruselig, mühsam wurden. Aber dann gab es plötzlich nichts mehr, was höher gewesen wäre. Es war nicht möglich. Ich konnte es kaum glauben. Ich spürte, wie sich meine rissigen Lippen zu einem breiten, schmerzlichen Grinsen weiteten. Ich stand auf der Spitze des Devils Thumb.

Der Gipfel war, wie sich das gehörte, ein unwirtlicher feindseliger Flecken, ein unwahrscheinlich schlanker Fächer aus Fels und Reif, der nicht größer als ein Aktenschrank war. Er ermunterte nicht zum Verweilen. Als ich breitbeinig über der höchsten Stelle stand, fiel die Nordwand an meinem linken Schuh 1800 Meter in die Tiefe, an meinem rechten Schuh stürzte die Südwand 2500 Meter ab. Ich machte ein paar Aufnahmen zum Beweis dafür, daß ich oben gewesen war, und verbrachte ein paar Minuten damit, eine verbogene Hacke gerade zu klopfen. Dann stand ich auf, drehte mich vorsichtig um und machte mich auf den Heimweg.

Fünf Tage später campierte ich im Regen am Meer, staunte über den Anblick von Moos, Weiden, Moskitos. Zwei Tage danach tuckerte ein kleines Skiff in die Thomas Bay und legte nicht weit von meinem Zelt am Strand an. Der Mann, der das Boot steuerte, stellte sich als Jim Freeman vor, Holzfäller aus Petersburg. Er hatte seinen freien Tag, wie er sagte, und machte diese Ausfahrt, um seiner Familie den Gletscher zu zeigen und nach Bären Ausschau zu halten. Er fragte mich, ob ich »jagen oder so« gewesen wäre.

»Nein«, antwortete ich etwas verlegen. »Ich bin auf den Devils Thumb gestiegen. Ich war zwanzig Tage hier oben.«

Freeman bastelte irgend etwas an einer Klampe am Boot herum und sagte eine Weile gar nichts. Dann sah er mich streng an und spuckte aus: »Willst du mich auf den Arm nehmen, Freundchen?« Erschrocken stammelnd verneinte ich. Es war offensichtlich, Freeman glaubte mir kein Wort. Er schien auch nicht gerade entzückt von meinen zerzausten schulterlangen Haaren oder der Art, wie ich roch. Als ich ihn fragte, ob er mich mit in den Ort nehmen könne, brummte er jedoch widerwillig: »Ich wüßte nicht, warum nicht.«

Die See war kabbelig, und die Fahrt über den Fredericksund dauerte zwei Stunden. Je länger wir uns unterhielten, desto mehr taute Freeman auf. Er glaubte mir immer noch nicht, daß ich den Thumb bestiegen hatte, aber als er das Boot schließlich in die Wrangell Narrows steuerte, gab er es zumindest vor. Als wir ausstiegen, bestand er darauf, mir einen Cheeseburger zu spendieren. Und für die Nacht ließ er mich sogar in einem ausrangierten Kleinlaster schlafen, der hinten im Hof stand.

Ich lag eine Zeitlang auf der Ladefläche des alten Lasters, konnte aber nicht einschlafen, und so stand ich auf und ging zu einer Kneipe, die Kito's Kave hieß. Die Euphorie, das überwältigende Gefühl der Erleichterung, die meine Rückkehr nach Petersburg anfangs begleitet hatten, schwanden, und eine unerwartete

Schwermut nahm ihren Platz ein. Die Leute, mit denen ich im Kito plauderte, schienen nicht daran zu zweifeln, daß ich auf dem Thumb gewesen war, aber es war ihnen ziemlich egal. Der Abend ging dahin, und die Kneipe leerte sich, bis nur noch ein Indianer an einem Tisch in der Ecke und ich dasaßen. Ich trank allein vor mich hin, steckte Münzen in die Jukebox, spielte wieder und wieder dieselben fünf Stücke, bis die Bedienung mich anschrie: »Hei, jetzt reicht's aber, Mann! Wenn ich noch ein einziges Mal ›Fifty Ways to Lose Your Lover‹ höre, dann verliere ich was, nämlich die Nerven.« Ich murmelte eine Entschuldigung, machte, daß ich rauskam, und schlich zurück zu Freemans Laster. Dort, im Duft alten Motoröls, legte ich mich neben dem ausgebauten Getriebe auf die Ladepritsche und schlief ein.

Wenn man jung ist, glaubt man gern, daß das, was man sich wünscht, nichts anderes ist als das, was man verdient, und man nimmt an, daß, wenn man etwas unbedingt haben möchte, es das selbstverständliche Recht ist, es auch zu bekommen. Nicht einmal einen Monat, nachdem ich auf dem Gipfel des Thumb gesessen hatte, war ich wieder in Boulder und nagelte die Seitenwandung auf die Häuser der Spruce Street, der gleichen Eigentumswohnungen, die ich gezimmert hatte, bevor ich nach Alaska aufgebrochen war. Ich bekam eine Lohnerhöhung auf vier Dollar pro Stunde und zog am Ende des Sommers aus dem Wohnwagen in ein Einzimmerapartment am West Pearl, aber ansonsten schien sich in meinem Leben wenig zu ändern. Irgendwie paßte das alles nicht so recht zu den grandiosen Veränderungen, von denen ich im April geträumt hatte.

Die Besteigung des Devils Thumb hatte mich jedoch etwas von der verstockten Unschuld der Kindheit abrücken lassen. Sie lehrte mich etwas darüber, was Berge können und was nicht, über die Grenzen der Träume. Damals habe ich das natürlich nicht erkannt, aber heute bin ich dankbar dafür.

ÜBER DEN AUTOR

Jon Krakauer ist der Autor von *In eisige Höhen.* Er schreibt für zahlreiche nationale Zeitschriften und Zeitungen, darunter auch für *Outside,* dessen Mitherausgeber er ist. Der Gewinner des American Alpine Club Literary Award war auch einer der Kandidaten der Endausscheidung für den National Magazine Award. Er lebt mit seiner Frau in Seattle, Washington.

Jon Krakauer
In die Wildnis

Aus dem Amerikanischen von Stephan Steeger.
229 Seiten. Serie Piper 2708

Im August 1992 wurde die Leiche eines unbekannten jungen Mannes im unendlichen Eis von Alaska gefunden, der, ausgestattet mit einer kleinen Pistole und einem Fünf-Kilo-Sack Reis, vier Monate zuvor aufgebrochen war, um die Wildnis kennenzulernen. Nachdem seine Identität geklärt war, ging die Geschichte von Chris McCandless durch sämtliche Zeitungen Amerikas.
Jon Krakauer, der bedeutende amerikanische Wissenschaftsjournalist, ist der seltsamen Vorgeschichte von McCandless auf den Grund gegangen und hat ein wunderbares Buch geschrieben über die Sehnsucht, die diesen Mann veranlaßte, sämtliche Besitztümer und Errungenschaften der Zivilisation hinter sich zu lassen, um tief in die wilde und einsame Schönheit der Natur einzutauchen

»Selten hat ein Autor unser aller Sehnsüchte nach dem Besten aller Leben – nicht im Rückgriff auf das 19. Jahrhundert, sondern im hier und jetzt – so beeindruckend und so spannend beschrieben, wie Jon Krakauer.«
Süddeutscher Rundfunk

MALIK

Lieve Joris

Die Tore von Damaskus

Aus dem Niederländischen von Barbara Heller.
301 Seiten. Geb.

Spannend wie ein Roman liest sich die Geschichte der syrischen Soziologin Hala, die mit ihrer Tochter Asma allein in Damaskus lebt. Vor zwölf Jahren, als Asma gerade vier Wochen alt war, hatte die syrische Geheimpolizei bei einer Razzia Halas Wohnung gestürmt und Achmed, ihren Mann, verhaftet: Er war Marxist. Halas Leben wird nun bestimmt von der Übermacht der konservativen Familie ihres Mannes, der wechselhaften Tagespolitik und gleichzeitig Halas Wunsch, ein selbständiges Leben zu führen.
Lieve Joris begleitet sie auf ihren Fahrten kreuz und quer durchs Land, wo sich karge Wüstenlandschaften und üppige Oasen abwechseln, moderne Großstädte und alte syrische Dörfer. Durch Halas persönliches Schicksal wird uns die ganze Tragik des Nahen Ostens verständlich.

»Besseren Reisejournalismus gibt es nicht.«
New York Times Book Review

MALIK

Lieve Joris
Mali Blues

Ein afrikanisches Tagebuch. Aus dem Niederländischen von Ira Wilhelm und Jaap Grave. 313 Seiten. Geb.

Was ist es, das Lieve Joris' Erzählungen über fremde Länder so anders, so besonders berührend macht? Sie lebt mit den Menschen, an den Orten, bevor sie über sie schreibt. Die Afrikaner, die sie auf ihren Reisen trifft, sind Überlebenskünstler, die Zauberei, Tradition und Moderne zu vereinbaren wissen. Der politischen Unfähigkeit ihrer Regierungen bewußt, nehmen sie mit Mut und viel Humor ihr Leben selbst in die Hand.
Lieve Joris schreibt aus tiefer persönlicher Kenntnis heraus über dieses riesige, heterogene Land, über diesen Kontinent mit seinen enormen Ressourcen und seinen enormen Mängeln; sie schildert dessen Würde, Hoffnung und Poesie.

»Joris schreibt so, daß man beim Lesen glaubt, einer Kamera zu folgen. Bunt wie ein Film baut sich das Leben eines Dorfes, einer Stadt, eines Landes auf. Man wird beim Lesen schnell nach dieser Kamera süchtig, denn sie zeigt ein menschliches Afrika.«
Sybille Mulot

PIPER

Reinhold Messner

13 Spiegel meiner Seele

320 Seiten mit 27 Abbildungen und 38 Farbfotos.
Leinen

Mit diesem Buch zeigt uns Reinhold Messner die andere Seite seines Wesens, jene Seite, die bisher allzu oft hinter seinen sensationellen Abenteuern verborgen blieb: seine selbst verordnete Einsamkeit, seine Flucht in die Arbeit und in die Tröstlichkeit von Wüstensand, Eis und Schnee. In keinem seiner Bücher hat Reinhold Messner einen so tiefen Blick in sein Innerstes tun lassen wie in diesen 13 Geschichten, die seine Seele nach draußen spiegeln.
Er erzählt von seiner Burg Juval im Vinschgau (»Meine Fluchtburg«) vom tibetischen Sagenkönig Gesar, nach dem er seinen Sohn benannt hat, von seiner Familie, seiner Jagdleidenschaft. Der Bergbauer und Weltflüchtling begegnet uns in diesem Buch ebenso wie der »öffentliche« Reinhold Messner, der in überfüllten Arenen von seinen abenteuerlichen Reisen berichtet und Tausende in den Bann seiner Bilder und Geschichten schlägt – und der dann wenig später zum Opfer seiner Prominenz wird, wenn ihm im »Kiosk am Matterhorn« die »Versteckte Kamera« auflauert.

2064m
1
2
2520m
Stat. Eigergletsch
2323m
2590
Biglen Alp
Clubhütte
2397
3060
3359
3415
3560
3788
3398 m